Helmut Wittmann
Von Drachenfrau und Zauberbaum

Helmut Wittmann

Von Drachenfrau und Zauberbaum

Das große österreichische
Märchenbuch

Mit Aquarellzeichnungen von
Anna Vidyaykina

Tyrolia-Verlag · Innsbruck-Wien

Inhaltsverzeichnis

Einleitung 7

Wenn sich Weisheit und Witz die Hand geben

Die Glocken der Gerechtigkeit 10
Für die Zweiunddreißig! 14
Von drei und einem Rätsel 21
Vom Rom, der fortging, um den lieben Gott zu suchen 32
Vom goldenen Zaumzeug 36
Vergelt's Gott im Himmel droben 38
Vom Schneider und vom Riesen 40
Die Wette 44
Vom verlorenen Weidmesser 51
Vom siebenkröpfigen Hansl 54
Vom Hofnarren 61
Unglaublich - aber wahr? 63

Von ganz schön starken Frauen

Von Sedunkrătlipa, Siebenschön 68
Von List und Weisheit der Frauen 73
Vom roten Apfel 85
Vom Zistl im Körbl 90
Von der weißen Rose 99
Vom Grafensohn, der nicht auf die Erde treten durfte 106

Armreich und Schmerzenreich 117
Von den drei Eiern 129
Von der schwarzen Frau 134
Vom Rotkopf 143

Vom kleinen Volk in den Bergen

Vom Hansl, dem Saubartl 148
Von den goldenen Birnen 153
Vom Senavogel 156
Vom Vater Winterkölbl 167
Vom Hahnengiggerl 172

Von Drachen und anderen Ungeheuern

Von der Drachenfrau 188
Vom Walddrachen 195
Vom geraden Weg 207
Vom Königsschloss unter der Alm 212
Von den Hutzapfen 222

Zum Gruseln und Fürchten

Vom Hans Fürcht-nix 236
Von der hüpfenden Schlafhaube 243
Von den sieben Rehen 251
Vom Barbiermandl 255
Von der Prinzessin, die mit dem Teufel tanzte 259

Was wäre das Leben ohne seinen Zauber?

Vom redenden Vogel, vom singenden Baum und vom
goldenen Wasser 266
Von der Prinzessin mit dem Wasserschädel 278
Vom Hansl Gwagg–Gwagg 286
Vom schwarz-braunen Michl 292
Die sonderbare Braut 301
Vom langen Schlaf 304
Von der schönen Jungfrau Pomeranze 309
Von der weißen Feder 317
Von der Zaubermühle 323
Vom Wunderbaum 329
Von der Jungfrau am gläsernen Berg. 334

Quellenverzeichnis. 341

Das Märchen ist einfach, klar, durchsichtig und ein Labsal wie die Luft.

Adalbert Stifter, Dichter (1805–1868)

Ja, das Märchen kommt oft luftig, leicht, kindlich und mitunter auch ein wenig naiv daher. Und doch spricht es immer und immer wieder Wesentliches an. Seine Heldinnen und Helden werden aus dem alltäglichen Leben herausgerissen und müssen Herausforderungen bestehen, die oft unüberwindlich erscheinen. Mitunter machen sie sich auch aus eigenem Antrieb auf und ziehen aus Lust am Neuen hinaus in die Welt. Immer aber geht es darum, das Glück zu finden.
Was sonst ist unser Leben?
Mit Märchen lernen wir spielerisch Probleme mit Zuversicht und Fantasie anzugehen. Vor allem aber erinnern uns Märchen mit ihrer freundlichen Weisheit immer wieder an das, was wirklich zählt.
Das Schöne daran: Märchen wirken, ohne zu belehren. Ihre archetypischen Bilder sind Kraftnahrung für die persönliche Entwicklung. Mit ihnen lassen sich die markanten Abenteuer des Menschseins nicht nur im Kopf, sondern auch im Herzen erleben.
Kein Wunder, dass die UNESCO das Märchenerzählen in Österreich in das nationale Verzeichnis des immateriellen Kulturerbes aufgenommen hat. Märchen zu erzählen ist eine der ältesten Kulturtechniken der Menschheit, und die Märchen sind ein immaterieller Schatz an Erfahrung und Lebensweisheit. Menschen auf der ganzen Welt kennen Märchen und geben in und mit ihnen das Wissen um Wege zu einem erfüllten und glücklichen Leben weiter.

Natürlich erzählt jeder Kulturkreis, jedes Land und jede Region diese Überlieferungen auf eine ganz eigene Weise. Immer spiegeln sich darin das Weltbild, die Mentalität und die Lebensweise der Menschen.

So taucht im alpenländischen Märchen »Von der Wette« unverkennbar das Motiv des »Hans im Glück« auf. Das Ende der Geschichte ist aber ein erfrischend anderes – typisch österreichisch eben. So typisch alpenländisch das Kärntner Zaubermärchen »Vom Senavogel« auch klingt: Seine Wurzeln hat es in den zoroastrischen Überlieferungen des alten Persien. Das Wiener Märchen »Vom Schneider und vom Riesen« nahmen die Gebrüder Grimm sogar in ihre deutschen Märchensammlungen auf. Unverkennbar kommt darin hinter dem kecken Schneider ein Wiener Strizzi zum Vorschein.

Ganz und gar einzigartig sind die österreichischen Märchen »Von den drei Eiern«, »Die sonderbare Braut« und »Von drei und einem Rätsel«. Die gibt es so sonst nirgends auf der Welt. Genau diese Mischung aus einzigartigen Erzählungen und Märchen, die vertraut klingen und doch ganz anders enden, macht das Wesen, den Reiz und den Charme österreichischer Volksmärchen aus.

WENN SICH WEISHEIT UND WITZ DIE HAND GEBEN

In jeder dieser Geschichten spürt man, dass da mehr ist,
als Unterhaltung und Lust an einer fantasievollen Erzählung.
Was das genau ist, das gilt es selbst zu erkunden.
Denn wenn es so etwas gibt wie die Weisheit des Märchens,
dann wird die zwischen den Zeilen geflüstert: Vertraue der Welt –
und du wirst von ihr angenommen. Mach dich auf. Bleib dir selber
treu – gleich was kommt – und geh deinen Weg.
Das Märchen schreit das, was es zu sagen hat, nicht plakativ in die
Welt. Es tritt auch nicht besserwisserisch auf oder gar schulmeisternd.
Es hält der Welt einfach einen Spiegel vor. Mit wachem Geist
und offenen Augen können wir uns darin selbst erkennen.
Darüber hinaus zeigt uns das Märchen anschaulich, dass auch
verschlungene Lebenswege zum glücklichen Ziel führen können.
Im Märchen »Die Wette« lachen wir über die Dummheit des
Bauern und seiner Frau – und staunen schlussendlich,
wie gescheit die zwei das Leben eigentlich angehen.
So lernen wir in diesen fantasievollen Geschichten oft mehr
über die Welt, als wir mit dem Verstand je begreifen könnten.

Die Glocken
der Gerechtigkeit

Aus der Gegend um Reutte wurde den Gebrüdern Joseph und Ignaz Zingerle dieses Tiroler Märchen zugetragen. Es findet sich in ihrer Sammlung »Kinder- und Hausmärchen aus Süddeutschland«, die 1854 in Regensburg erschien.

Es lebte einmal ein reicher und mächtiger Graf. Bei dem musste alles nach seinem Kopf gehen. Er fragte nicht nach Recht und Billigkeit, sondern schaltete ganz nach seinem Belieben.

Einmal kam er auf einem Spazierritt zu einem prächtigen Gut. Das stach ihm schon von Weitem ins Auge. Er ritt näher und schaute sich in aller Ruhe um. Was er sah, gefiel ihm ganz und gar.

Vor dem Haus traf er den Bauern. Der Graf grüßte ihn freundlich, stieg vom Pferd und fragte: »Ist das alles dein Besitz?« – »Ja, Herr!« – »Sag, guter Mann, willst du mir das Anwesen nicht verkaufen?« – »Nein, Herr«, sagte der Bauer, »das Gut ist nicht zu verkaufen!« – »Ich würde dir einen stattlichen Betrag dafür bezahlen.« – »Nichts für ungut, Euer Gnaden, aber aus dem Handel wird nichts. Hier auf dem Schauferle-Hof sind schon meine Altvorderen gewesen und ich werde den Hof an meine Kinder weitergeben.« – »Überleg dir das Ganze, Bauer«, sagte der Graf, »morgen komme ich wieder.« Drauf schwang er sich aufs Ross und sprengte davon.

Der Bauer schüttelte nur den Kopf. Da gibts nichts zu überlegen, dachte er sich.

Am anderen Tag kam der Graf in aller Frühe dahergeritten. Ohne abzusteigen fragte er den Bauern: »Nun, wie ists, Schauferle? Hast du dir die Sache durch den Kopf gehen lassen?« – »Euer Gnaden, da gibts nichts, was ich mir durch den Kopf gehen lassen müsste. Mein Entschluss ist fest: Aus dem Handel wird nichts.« – Da sah der Graf den Bauern streng an: »Ich frage dich noch einmal im Guten: Willst du dein Anwesen hergeben? Wenn nicht, so kriege ich es doch!« – Der Schauferle schüttelte nur den Kopf: »Es bleibt dabei, Herr. Ich verkaufe den Hof nicht.«

Da wurde der Graf ganz wild vor Zorn. Er gab seinem Ross die Sporen und sprengte wieder auf und davon, schnurstracks zu einem Advokaten. So nannte man früher einen Anwalt. Den Advokaten köderte er mit viel Geld und ließ dem Bauern einen Prozess anhängen.

Beim Gericht bestach der Graf auch den Richter. Der wusste vom Reichtum des Grafen, und dass da viel Geld zu holen sein würde. Drum hielt er zu ihm und versprach, den Schauferle mürbe zu machen.

Durch die Gerichtsdiener ließ er den Bauern herbeiholen. »Willst du deinen Hof jetzt verkaufen oder nicht?«, fragte der Richter. »Nein«, sagte der Schauferle entschieden, »gleich was geschieht: Mein Hof ist nicht zu haben.«

Da wurde ihm die Klageschrift des Grafen vorgelesen. »Wenn du deinen Hof behalten willst, wirst du gegen den Grafen einen Prozess führen müssen«, sagte der Richter. Der Bauer, der von Rechtssachen keine Ahnung hatte, ging darauf ein, und so kam es zum Prozess.

Der Graf hatte einen pfiffigen Advokaten. Der Schauferle wollte sparen und hatte keinen. Es wurde hin und her prozessiert. Immer wieder musste der Bauer in die Stadt, um sich vor Gericht zu verteidigen. Das hielt ihn von der Arbeit ab und kostete viel Geld. Obendrein wurde er vor Gericht ein ums andere Mal übertölpelt. Bald war er bis über die Ohren verschuldet.

Zu guter Letzt entschied der Richter auch noch gegen ihn: Er musste vom Hof. Das Einzige, was ihm von seinem stattlichen Anwesen blieb, waren hundert Gulden.

Da machte er dem Richter bittere Vorwürfe: »Wenn es schon auf Erden keine Gerechtigkeit mehr gibt, so lebt doch über uns ein Richter. Der wird auch Euch, Herr, finden und zur Rechenschaft ziehen!« Aber der Richter lachte ihn nur aus: »Ja, mein lieber Schauferle, die Gerechtigkeit, die ist schon lange gestorben. Die kann dir nimmer helfen«, sagte er. »Und jetzt schau, dass du weiterkommst!«

Der Bauer verlor drauf kein Wort mehr und ging hinaus – schnurstracks zum Pfarrer. Den kannte er gut. »Grüß dich Gott, Hans«, rief der Pfarrer, als er den Schauferle kommen sah, »besuchst mich auch einmal in der Stadt?«

»Ja«, sagte der Bauer, »aber es ist ein trauriger Anlass.« Drauf erzählte er dem Kirchenvater die ganze Geschichte. »Jetzt sag mir eines«, fragte er den Pfarrer zum Schluss: »Was kostet es, wenn Ihr für einen Verstorbenen die große Glocke läutet?« – »Hundert Gulden.« – »Die habe ich gerade noch. Nimm das Geld und läute dafür der Gerechtigkeit die Sterbeglocke – aber läute recht lang.«

Der Pfarrer nahm das Geld und ging mit seinem Knecht in den Turm. Bald war von dort die Glocke zu hören. Sie läutete und läutete – es nahm schier kein Ende.

In der Stadt wunderten sich die Leute: »Wer ist denn gestorben, dass die Glocke so lang läutet?«, fragten sie untereinander. Keiner und keine wusste eine Antwort.

Auch der König erkundigte sich, wer denn gestorben sei. Selbst er bekam keine Auskunft. So schickte er einen Boten zur Kirche.

»Nun, wer ist gestorben?«, fragte der König, als der Bote schnaufend zurückkam. »Majestät, der Pfarrer sagt: Die Gerechtigkeit!« – »Die Gerechtigkeit soll gestorben sein!?« – »Ja, Eure Majestät, die Gerechtigkeit.«

Da wurde der König fuchsteufelswild: »Wer wagt das zu behaupten? – Holt mir den Pfarrer!«

Bald stand der Kirchenvater vor dem Thron: »Wie kommst du dazu, der Gerechtigkeit die Sterbeglocke zu läuten?«, fuhr ihn der König an. »Majestät, der Schauferle Hans hat dafür bezahlt.« Drauf ließ der König noch den Schauferle kommen. »Wie kannst du behaupten, dass in meinem Land die Gerechtigkeit gestorben ist?«, fragte er ihn streng. – »Ja, Majestät, ich bin um Haus und Hof gekommen, weil sie nicht mehr lebt. Der Richter selbst hat mir gesagt, dass sie schon lange tot ist.« – Drauf schilderte der Schauferle dem König, was geschehen war.

»Hör zu«, sagte der König, als der Schauferle seine Geschichte beendet hatte, »mag sein, dass die Gerechtigkeit gerade schläft, aber dann werden wir sie eben wieder aufwecken.«

Auf königlichen Befehl mussten der Graf, sein Advokat und der bestochene Richter vor dem Thron erscheinen. Vor den Augen des Königs wurde die Sache noch einmal untersucht und Recht gesprochen.

Das Urteil war hart und fiel mit einer hohen Strafe gegen den Grafen, seinen Anwalt und den Richter aus. Der Bauer bekam seinen Hof zurück und eine reichliche Entschädigung für das, was er mitgemacht hatte, dazu.

Jetzt war die Gerechtigkeit wieder putzmunter. Sollte sie aber wieder einmal einschlafen, so heißt es, dann liegt es eben an uns, sie wieder aufzuwecken.

Für die Zweiunddreißig!

*Märchen waren immer schon auch eine fantasievolle Möglichkeit,
der Obrigkeit mehr oder weniger unverblümt die
Meinung zu sagen. Denn auf der einen Seite war da der harte Arbeitsalltag
der bäuerlichen Bevölkerung, auf der anderen Seite der Adel, der mit
nonchalanter Selbstverständlichkeit in Saus und Braus lebte.
Beides wird in diesem Tiroler Volksmärchen aus der Sammlung der
Gebrüder Ignaz und Joseph Zingerle auf originelle Weise
angesprochen.*

Es lebte einmal ein Bauer. Der hatte ein hartes Leben. Ein beinhartes Leben! – Sein Hof lag hoch droben am Berg. Die Hänge waren steil. Selbst die Ameisen mussten, wenn sie hinaufkrabbelten, aufpassen, dass sie nicht arschlings, also rückwärts, wieder hinunterfielen. Mühselig rang der Bauer mit seiner Familie dem Boden Tag für Tag das ab, was sie alle zum Leben brauchten. Viel war das nicht – auf der einen wie auf der anderen Seite.
Einmal plagte sich der Bauer bei der Arbeit auf einem steilen Hang so sehr, dass ihm schier die Rippen krachten. Gerade da, da ritt unterhalb der Kaiser vorbei. Er sah den Bauern bei seiner Arbeit und rief: »Nicht zu fleißig!« Der Bauer sah den Reiter. Dass es der Kaiser war, erkannte er nicht sofort. Dass das aber ein Edelmann sein musste, war nicht zu übersehen. Zuerst wollte er auf das »Nicht zu fleißig!« mit einem »Ach, scher dich doch zum Teufel!« antworten. Dann aber schnaufte der Bauer einmal durch und rief

dem Edelmann zu: »Wohl, wohl, für die Zweiunddreißig! Und sieben müssen für fünf gut sein, und dann muss noch etwas übrig bleibn, denn den Rest, den steckt ein andrer ein!«

Jetzt war der Reiter verblüfft. »Was hat denn das zu bedeuten?«, fragte er den Bauern. – »Das wisst Ihr doch selbst am besten«, gab der zurück: »Ihr seid doch ein Edelmann. Studiert habt ihr wohl auch. Da versteht Ihr doch bestimmt, was ein einfacher Bauer sagt, wenn er in Rätseln spricht.«

Jetzt war es am Reiter, einmal durchzuschnaufen. »Hör zu, Bauer«, sagte er, »irgendwie habe ich nicht genau verstanden, worum es da geht. Erklär es mir also!« – »Da werdet Ihr doch wohl draufkommen, Herr!«, beharrte der Bauer. – »Nein, da komme ich eben nicht drauf!«, sagte der Reiter. »Drum erklärs mir. Es soll auch nicht umsonst sein: Zehn Golddukaten ist mir die Erklärung schon wert.«

Zehn Golddukaten waren für einen armen Bauern ein kleines Vermögen. So viel Geld sah er das ganze Jahr nicht. »Gut«, meinte drauf der Bauer. »Für zehn Golddukaten will ich Euch sagen, worum es geht. Allerdings möchte ich zuerst das Geld sehen – Münze für Münze bar auf die Hand.«

Umständlich packte der Kaiser seinen Geldbeutel aus, holte die Münzen hervor und drückte eine nach der anderen dem Bauern in die Hand. Der schnappte die Münzen, biss in eine jede hinein, um das Gold zu prüfen, beschaute sie genau, dann sah er auf und dem Reiter in die Augen. – Jetzt ging ihm ein Licht auf.

»Alsdann, Bauer, rede!«, meinte der Reiter unwirsch.

»Herr«, sagte der Bauer bedächtig, »Ihr habt mir zugerufen ›Nicht zu fleißig!‹ Meine Antwort drauf war ›Wohl, wohl, für die Zweiunddreißig‹. Denn es heißt fleißig sein für die zweiunddreißig Zähne, die wir im Mund haben, damit wir etwas zu beißen haben.« – »Stimmt! Das leuchtet mir ein«, sagte der Reiter. »Und weiter?« – »Und sieben müssen für fünf gut sein«, sagte der Bauer. »Die sieben Monate, in denen wir Grund und Boden bewirtschaften

können, müssen auch genug für die fünf Wintermonate bringen, in denen wir nichts tun können.« – »Sehr gescheit!«, meinte der Reiter nachdenklich. »Und was ist mit dem Rest?« – »Mit dem Rest?«, lachte der Bauer. »Es gilt und dann muss noch etwas übrig bleiben, denn den Rest, den steckt ein andrer ein'. – Was damit gemeint ist, wisst Ihr, Herr, wohl am allerbesten. Von dem, was wir ernten, müssen wir ja auch noch die Steuern zahlen.« – Da lachte der Kaiser. »Gut gesagt, Bäuerlein«, meinte er dann, und weiter: »Hör zu: Für die Lösung von diesem Rätsel habe ich teuer bezahlt. Die verrätst du niemand anderem. Versprich mir das!« – »Hand drauf!«, sagte der Bauer. »Wenn wir uns hundert Mal gesehen haben, dann kannst du das Ganze von mir aus weitererzählen«, meinte der Kaiser drauf launig. Flugs gab er seinem Pferd die Sporen und ritt auf und davon.

Zurück im Jagdschloss saß der Kaiser mit den Edlen in seinem Gefolge am Abend beim Essen. Die Begegnung mit dem Bauern und das ungewöhnliche Rätsel gingen ihm immer noch durch den Kopf.

»Hört zu, ihr Leute«, sagte er schließlich. »Heute habe ich bei meinem Ausritt einen Bauern getroffen. Der hat sich rechtschaffen abgemüht bei seiner Arbeit. Aus einer Laune heraus habe ich ihm zugerufen ‚Nicht zu fleißig!'. Der gute Mann aber war um keine Antwort verlegen. Gleich hat er zurückgegeben: ‚Wohl, wohl, für die Zweiunddreißig, und sieben müssen für fünf gut sein, und dann muss noch etwas übrig bleibn, denn den Rest, den steckt ein andrer ein.' – Kann mir eine oder einer von euch sagen, was das zu bedeuten hat? – Ich bin gespannt, wer morgen Abend die Lösung weiß.« Damit packte der Kaiser die Edelleute am Hof natürlich bei ihrem Ehrgeiz. Eine jede und ein jeder wollte die Lösung präsentieren. So überlegten sie hin und her. Gelehrte Leute wurden konsultiert. Die Adeligen waren sich auch nicht zu gut, auf den Märkten und in den Wirtshäusern rundum das einfache Volk zu fragen. Es half aber alles nichts. Niemand wusste die Lösung.

Unter all den Adeligen war ein Edelmann, der sich das Ganze noch einmal durch den Kopf gehen ließ. Schließlich dachte er sich, ‚Werte Hoheit, mag sein, dass du uns schon zu viel verraten hast!'

Drauf hin schwang sich der Edelmann aufs Pferd und ritt übers Land, gerade dorthin, wo die Täler eng und die Wiesen steil waren. Sah er jemand bei der Arbeit, dann rief er laut: »Nicht zu fleißig!«

Oft genug bekam er drauf ein »Scher dich fort!« oder »Ach, halt dochs Maul!« und »Zum Teufel mit dir und deinen dummen Sprüchen!« zu hören.

Schließlich kam er in ein enges Gebirgstal. Da mühte sich gerade ein Bauer, auf einem steilen Hang das karge Heu einzubringen. Als der den Ruf hörte, drehte er sich um und sagte mit vergnügter Stimme: »Wohl, wohl, für die Zweiunddreißig! Und sieben müssen für fünf gut sein, und dann muss noch etwas übrig bleibn, denn den Rest, den steckt ein andrer ein!« – »Oh!«, rief der Edelmann da, »das ist einmal eine Widerrede! – Und? Was hat sie zu bedeuten?« – »Das wisst Ihr, Herr, wohl nur zu gut!«, lachte der Bauer. »Nein«, sagte der Edelmann, »komm, sag!« – »Kein Wort sage ich«, meinte der Bauer. »Wenn Ihr's nicht wisst, dann müsst Ihr schon selber draufkommen!« – »Jetzt rede!«, rief ihm der Edelmann zu. »Ich lass dafür auch etwas springen!« – »Nein«, sagte der Bauer, »meine Lippen sind versiegelt!« – »Komm!«, setzte der Edelmann nach, »zehn Golddukaten ist mir die Lösung schon wert.« – »Nein«, sagte der Bauer, »ich sage nichts mehr!« – »Na dann, für zwanzig Golddukaten!« – »Nein!« – »Für dreißig Golddukaten!« – »Nein!« – »Für vierzig Golddukaten!« – »Nein!« – »Für fünfzig!« – »Nein!« – Der Edelmann steigerte auf sechzig, siebzig, achtzig Golddukaten. Jedes Mal hieß es »Nein!«. Er war schon bei neunzig Golddukaten. Wieder »Nein!«. Schließlich hieß es: »Hundert Golddukaten! – Und jetzt ist Schluss!« – »Na gut«, lenkte der Bauer da ein, »für hundert Golddukaten lässt sich schon etwas erklären. Zuerst möchte ich das Geld aber sehen. Immerhin reden wir von keinem Pappenstiel.« – »Stimmt!«, sagte der Edelmann. »Das Geld muss ich deshalb erst holen. Man reitet ja nicht einfach so mit hundert Golddukaten durch die Gegend.«

Der Bauer hatte Zeit. Als der Edelmann mit dem Geld zurückkam, ließ sich der Bauer die Golddukaten Münze für Münze vorzählen. Er prüfte jede einzelne und besah sie genau. Immerhin war jeder dieser Golddukaten für ihn ein Vermögen. Schließlich war das Geld abgezählt und gut verstaut. Jetzt bekam der Edelmann seine Lösung präsentiert. »Schlau! Sehr schlau!«, meinte der dann und ritt zurück ins kaiserliche Jagdschloss.

Nach dem Abendessen fragte der Kaiser launig in die Runde: »Und? Ich sehe viele Edle um den Tisch versammelt. Gestern hab ich euch ein Rätsel gestellt. Hat mir eine oder einer dazu etwas zu sagen?«

Zuerst ging ein Gemurmel durch den Raum. Dann trat der Edelmann vor, der dem Bauern die hundert Golddukaten bezahlt hatte, und präsentierte stolz die Lösung.

Jetzt war der Kaiser baff!

»Schön und gut«, meinte er dann, »aber das ist dir wohl nicht selber eingefallen! – Sag, wer hat dir die Lösung verraten?« – »Der, der sie wohl wissen muss, Majestät!«, lachte der Edelmann. »Und offen gestanden, war das nicht ganz billig!« – »Eine Unverschämtheit!«, ärgerte sich der Kaiser. »Aber jetzt bringt mir den Kerl!« – Genau beschrieb er seinen Gefolgsleuten, wo denn der Bauer wohne, und befahl ihnen, den Mann tags darauf zur abendlichen Tafel ins kaiserliche Jagdschloss zu bringen.

Der Kaiser war empört, hatte sich dieser Bauernlümmel doch einen Teufel um die getroffene Vereinbarung geschert. Das war eine persönliche Beleidigung seiner Majestät. Das schrie nach Strafe.

Tags darauf war es so weit. Die Gefolgsleute des Kaisers brachten den Bauern. Der spazierte in aller Seelenruhe vor die kaiserliche Tafel.

»Wie konntest du es wagen, gegen unsere Vereinbarung zu verstoßen?«, fuhr ihn der Kaiser an. »Das Geld ist dir offenbar mehr wert als das Wort, dass du deinem Kaiser gegeben hast. Das wird dich das Leben kosten!« – »Verzeiht, Majestät«, antwortete der Bauer ruhig und gelassen, »aber ich habe mich ganz und gar an unsere Vereinbarung gehalten.« – »Willst du jetzt auch noch lügen?«, tobte der Kaiser. »Das wird dir nichts helfen! Wir alle wissen, was geschehen ist!« – »Mit Verlaub, Majestät«, antwortete der Bauer: »Ihr selbst habt gesagt, dass ich die Lösung verraten darf, wenn ich euch hundert Mal gesehen habe.« – »Stimmt!«, antwortete der Kaiser wutschnaubend. »Und? Was willst du damit sagen?« – »Damit will ich sagen, Majestät, dass ich Euch gestern hoch zu Ross gesehen habe.« – »Und?«, setzte der Kaiser nach. »Und die Münzen, die ihr mir gegeben habt, hab ich genau angeschaut«, lachte der Bauer. »Darauf habe ich Euch zehn Mal gesehen. Der Edelmann, der die Lösung unbedingt wissen wollte, hat mir noch einmal hundert Golddukaten mit Eurem Abbild gegeben. Alle habe ich sie genau betrachtet. So sehe ich Euch jetzt zum hundertzwölften Mal!« Das gab dem Kaiser zu denken. Und – er regierte nicht nur über ein großes Reich, er hatte auch menschliche Größe. Verblüfft schaute er den Bauern an. Dann meinte er: »Respekt, Bauer! – Du hast recht. Und du bist gewitzter als viele hier am Hof! – Einen wie dich kann ich brauchen. Willst du nicht künftig mein Ratgeber sein?« – »Majestät, Euer Antrag ehrt mich«, meinte der Bauer. »Aber mein Platz ist nicht am kaiserlichen Hof, sondern auf meinem Hof draußen in den Bergen. Solltet Ihr aber einmal meinen Rat brauchen können, so schickt nach mir, und ich werde gerne kommen.«
So wars ausgemacht. Es heißt, dass der Kaiser immer wieder einmal den Bauern kommen ließ, wenn es drum ging, in heiklen Angelegenheiten eine Lösung mit Herz und Hausverstand zu finden. Immer aber, wenn der Bauer an den Hof kam, mussten die Edelleute auf Geheiß des Kaisers vor dem Bauern den Hut ziehen.

Von drei und einem Rätsel

*Friedrich Kuthmayer hat diese Geschichte 1916 in der Sammlung
»Österreichische Volksmärchen« veröffentlicht.
Schade, dass er nicht angemerkt hat, von wem
er dieses Märchen bekommen hat und woher es stammt.
Es taucht in keiner anderen österreichischen Sammlung auf –
und ist inhaltlich und mit seinen erstaunlichen Wendungen
eines der beeindruckendsten alpenländischen Märchen überhaupt.*

Vor langer, langer Zeit, wars gestern oder wars heut, da lebten einmal eine Königin und ein König. Die hatten einen einzigen Sohn. Bei dem zeigte sich von klein auf, dass er verständig war und geschickt. Er war einfach ein vifes Bürschchen. Ein gutes Herz hatte er obendrein.

Der Prinz war noch in den Kinderschuhen, da zettelte der König des Nachbarreichs einen Krieg an. Jetzt hieß es für den Vater vom Prinzen, mit seinem Heer in die Schlacht zu ziehen. Der Kampf aber ging verloren. Der fremde König eroberte das Reich mitsamt der Königsstadt. Aus wars mit dem ruhigen Leben: Der König und die Königin wurden gefangen genommen. In den Kriegswirren entstand ein großes Durcheinander. Das nutzte der kleine Prinz, um zu flüchten.

Gerade noch war er der verhätschelte Königssohn gewesen. Jetzt war er ganz und gar auf sich alleine gestellt. »Wer weiß, wie es Vater und Mutter ergeht«, sagte er sich. »Das Beste wird sein, dass ich einen sicheren

Unterschlupf finde. Vielleicht kann ich sie später aus der Gefangenschaft befreien.«

In solche Gedanken versunken, kam er auf seinem Weg zu einem Bauernhof. Der war nicht viel mehr als eine armselige Hütte. Der Prinz erzählte den Hausleuten, dass er im Krieg Vater und Mutter verloren habe und einen Unterschlupf suche. Der Mann und die Frau, die die Keusche bewirtschafteten, hatten selber nicht viel. Der Bub gefiel ihnen aber. Und weil sie selber keine Kinder hatten, drum nahmen sie ihn auf und zogen ihn groß wie ein eigenes Kind. Natürlich hieß es für den Prinzen jetzt fleißig zupacken am Hof. Er stellte sich aber so geschickt an und war dabei so umsichtig, dass der Bauer und seine Frau an ihrem neu gewonnenen Sohn eine wahre Freude hatten.

Die Jahre vergingen. Aus dem Knaben wurde ein stattlicher anmutiger Jüngling. Und je größer er wurde, desto größer wurde auch seine Sehnsucht nach seiner wirklichen Mutter und nach seinem wirklichen Vater. »Wie wird es ihnen wohl gehen?«, fragte er sich. »Wer weiß, ob sie überhaupt noch am Leben sind! – Aber gleich wie es ist: Es ist hoch an der Zeit, dass ich mir Klarheit darüber verschaffe. Vielleicht kann ich ihnen ja helfen!«

Diese Gedanken ließen ihm keine Ruhe. Sogar in seinen Träumen holten sie ihn ein.

So fasste er sich schließlich ein Herz und sagte zu seinen Zieheltern: »Ich danke euch für alles, was ihr für mich getan habt. Das werde ich euch nie vergessen. Es gibt aber einige Fragen, die mir auf der Seele brennen. Drum ist es Zeit hinauszuziehen in die Welt, um die Antworten zu finden.«

Als er das sagte, wurde den Bauersleuten recht schwer ums Herz. In all den Jahren hatten sie ihn wirklich liebgewonnen. So war es für sie nicht einfach, ihn wieder ziehen zu lassen. Natürlich verstanden sie, was ihn bewegte und warum er hinausziehen wollte in die Welt. Schließlich gaben sie ihm ihren Segen. Versehen mit ein paar Notgroschen und einem Laib Brot machte er sich auf den Weg.

Frohgemut zog der junge Prinz dahin. An seinem armseligen Gewand war nicht zu sehen, dass ein Königssohn darin steckte. Überall fragte er nach der alten Königin und dem alten König. Kein Mensch wusste, was mit denen geschehen war. Bald war der letzte Notgroschen aufgebraucht. Das Gewand war mitgenommen und zerrissen vom Weg. So mühte er sich einmal gegen Abend auf einen Berg. Unter ihm taten sich Waldungen auf. Nicht weit aber sah er die Lichter einer großen Stadt. Von dort her war das Geläut von Glocken zu hören. Ja, es klang so laut und vielstimmig, als ob alle Glocken der Stadt gleichzeitig läuten würden. Danach war aus der Stadt bis auf den Berg herauf eine feine Musik zu hören. Verzückt lauschte der Prinz. Einen solchen Klang hatte er noch nie gehört.

»Bestimmt wird da ein großes Fest gefeiert«, sagte er sich. »Vielleicht ist das die Hauptstadt des fremden Königs. Hier ist gewiss eine Spur von meiner Mutter und meinem Vater zu finden.«

Gleich machte er sich auf durch den Wald hinunter in die Stadt. Vor dem Stadttor kam er zu einer kleinen Hütte. Auf sein Klopfen öffnete eine alte Frau. Die schaute ihn freundlich an. »Was willst du?«, fragte sie. »Großmutter, ich bin müde und erschöpft«, sagte er. »Hast du Platz für einen armen Wanderer, der sonst nichts hat als sich selbst?« – »Komm nur herein!«, meinte die Alte. »Ich habe auch nichts. Aber gleich ob alt, ob jung, wenn wir schon nichts haben, dann müssen wir wenigstens zusammenhalten. Ein warmer Platz und ein Stück Brot finden sich immer.«

Groß war die Hütte nicht, aber gemütlich wie ein Nest. Die Alte richtete ihm einen Platz und ein Lager beim Ofen. In der glühenden Asche buk sie ihm dann ein Fladenbrot. Dem hungrigen Burschen schmeckte der Fladen so gut wie ein Festessen. »Sag, gute Frau, was ist denn das für eine Stadt?«, fragte er neugierig. – »Das ist die Stadt von unserem mächtigen König«, meinte sie. »Vor Jahren war unser Land bei weitem nicht so groß. Dann aber eroberte unser König mit seinem Heer ein Nachbarkönigreich. Mit der Größe vom Reich ist dann auch unsere beschauliche Stadt zu einer prächtigen Residenzstadt geworden.« –

Da wurde der Bursch hellhörig. Jetzt wusste er, wo er wirklich war. »Weißt du denn auch, was aus der Königin und dem König vom Land, das erobert wurde, geworden ist? Sind die noch am Leben?« – »Ja, die sind am Leben«, sagte die Alte. »Es heißt, dass sie in einem Schloss gefangen gehalten werden. Die Leute erzählen, dass es ihnen dort an nichts fehlt, nur fort dürfen sie eben nicht!« – »Und warum haben heute Abend alle Glocken geläutet?«, fragte der Bursch weiter. – »Die läuteten zu Ehren der Prinzessin«, meinte die Alte. »Sie will sich verheiraten. Deshalb hat sie beschlossen, sich die heiratsfähigen Männer gut anzuschauen. Alle, die nicht gerade als Landstreicher und Bettler durchs Land ziehen, sind eingeladen, ihr die Aufwartung zu machen. Allerdings stellt sie jedem drei Rätsel. Wer die löst, der soll der ihre werden.« – »Das gefällt mir!«, rief der Bursch »Bitte weck mich morgen zeitig in der Früh auf! Dann will auch ich mein Glück versuchen.« – »Da hab ich dem jungen Herrn ja schöne Flausen in den Kopf gesetzt!«, lachte die Alte.

In der Früh weckte sie ihn zeitig auf. Sie half ihm auch, sein Gewand zu waschen und so weit in Ordnung zu bringen, dass er nicht wie ein Bettler daherkam. »So, jetzt kannst du dich aufmachen zur schönen Prinzessin«, lachte sie dann. » Aber vergiss nicht auf die arme Alte in ihrer Hütte vor der Stadtmauer, wenn du dann König bist.« – »Gott bewahr!«, gab der Prinz zurück. »Großmutter, ich danke dir schon jetzt für alles, was du für mich getan hast. Und mein Dank ist dir dann auch als König noch gewiss.«

Vergnügt machte er sich auf den Weg hinein in die Stadt und hinauf ins königliche Schloss. Dort warteten schon Prinzen und Fürsten darauf, von der Prinzessin empfangen zu werden. Unter all den prächtig gekleideten Herrn wirkte der Bursch, in seinem sauberen, aber abgeschabten Gewand, als ob er sich verirrt hätte. Abschätzig maßen ihn viele der Freier mit ihren Blicken. Aus ihnen schrie es ihm entgegen: »Was will denn der hier?«

Einer nach dem anderen wurden die Prinzen und Fürsten aufgerufen. Einer nach dem anderen bekamen sie von der Prinzessin die drei Rätselfragen gestellt. Und einer nach dem anderen konnte sie nicht beantworten. So verdrückten sie sich auch, einer nach dem anderen.

Als einer der letzten kam der junge Bursch an die Reihe. »Was will denn der hier?«, meinte die Prinzessin zu ihren Dienerinnen, als sie ihn in seinem kargen Aufzug sah, und fuhr ihn an: »Seid Ihr denn überhaupt ein Edelmann?« – »Edler Abkunft bin ich wohl«, meinte der Bursch. »Obwohl mein Gewand nicht danach aussieht. Mir scheint, dass das aber wenig zur Sache tut: Ja, Prinzessin, ich bin arm. Ihr aber sucht jemand, der Geist und Verstand hat. Drum bin ich hier, um Eure Rätsel zu lösen.« – »Schau an«, meinte da die Prinzessin, »ein armer Teufel, der sich was traut! – Hört zu, wenn Ihr schon den Schneid habt, kühn vor mich hinzutreten, habt Ihr dann auch den Mut, mit Eurem Leben dafür einzustehen?«

Der Bursch schaute der Prinzessin unerschrocken in die Augen. Hart war sie wohl, aber schön war sie auch! Und was er in ihr sah, gefiel ihm. »Ja!«, sagte er entschlossen. »Wenn Ihr es auch ernst meint.« – »Gewiss«, sagte die Prinzessin, »wenn Ihr die drei Rätselfragen löst, dann will ich die Eure werden. – Löst Ihr aber eine der Fragen nicht, dann kostet es Euch Euer Leben, und das Behältnis von Eurem Verstand rollt dem Henker vor die Füße.«

So war es ausgemacht.

»Die erste Frage ist«, sagte die Prinzessin, »was lässt hier im Land alles wachsen und gedeihen, macht es allen gleich und gibt keiner und keinem den Vorzug?« – Ohne lange zu überlegen, antwortete der Bursch: »Das ist die Sonne. Sie erleuchtet und erwärmt alles, die Höhen genauso wie die Tiefen, die Erde und das Meer, die Tiere und die Pflanzen, die Armen und die Reichen, die Könige wie die Bettler.«

Für einen kurzen Moment schaute die Prinzessin erstaunt. Dann meinte sie nur: »Hört, hört, das hat der arme Edle gut erraten. – Jetzt aber die zweite Frage: Es ist ein Baum. Der ist auf der einen Seite leuchtend und voll Freude, auf der anderen aber voller Trübsinn und Traurigkeit. Der Baum hat viele Blätter. Auch die sind auf der einen Seite licht und freundlich, auf der anderen aber schwarz und düster.«

Wieder überlegte der Bursch nicht lange. Dann sagte er: »Dieser Baum ist das Jahr. Seine freundliche schöne Seite sind der Frühling und der Sommer bis in den Herbst hinein. Dunkel und trüb kommen dann der späte Herbst und der Winter. Die Blätter aber sind die Tage mit ihrer hellen Seite am lichten Tag und der finstern bei Nacht.«

»Na, gut«, meinte die Prinzessin. »So ist denn der Kopf ein zweites Mal gerettet. Wisst Ihr aber die Antwort auf die dritte Frage nicht, so hilft Euch das alles nichts: Wer ist diese Mutter? Sie setzt ihre Kinder in die Welt und ernährt sie, danach aber holt sie sie in ihren Schoß zurück?« – »Ganz einfach«, lachte da der Bursche, »diese Mutter ist die Erde! Sie setzt ihre Kinder, die Menschen, in die Welt, sie ernährt sie, und wenn die Menschen sterben, kehren sie wieder in ihren Schoß zurück.«

Da ging ein Raunen und ein Murmeln durch den Saal. Fassungslos schaute die Prinzessin den Burschen an. »Ja«, sagte sie dann, »auch das stimmt!«

Jetzt war es am König, das Zepter wieder in die Hand zu nehmen. Er hatte das ganze Schauspiel mitverfolgt. Jetzt stand hier also einer, der um keine Antwort verlegen war und die Lösung jeder Frage klar und deutlich ausgesprochen hatte.

»So ist es also entschieden«, meinte der König. »Dieser Bursche hat Kühnheit und Verstand bewiesen. Damit hat er das Zeug, das es zu einem König

braucht. Liebe Tochter, er soll der deine werden. Du selber hast es dir so ausgesucht.«

Dagegen konnte die Prinzessin nichts sagen. Ja, sie selber hatte es so und nicht anders bestimmt und gewollt. Alle am Hof waren Zeuge. Jetzt blieb ihr keine andere Wahl.

Der Bursche wurde in die Kammern gebracht, die für den Bräutigam der Prinzessin vorbereitet worden waren. Der König selbst achtete darauf, dass ihn die Diener mit allem versorgten. Das karge Gewand wurde gegen prächtige königliche Kleider getauscht.

Die Prinzessin aber konnte immer noch nicht recht fassen, was da geschehen war. Hatte dieser dahergelaufene einfache Bursche es doch tatsächlich geschafft, ihre Rätsel zu lösen. Stolz war er, kühn war er auch, und Verstand hatte er obendrein. Dagegen gab es nichts zu sagen. Aber jetzt sollte er ihr Mann werden? Das war ein Stück, an dem sie zu kauen hatte. Wo kam der Bursche überhaupt her?

Zuerst sprach sie mit ihrer Leibdienerin darüber. Als die ihr nicht weiterhelfen konnte, sprach sie den Burschen drauf an. Er aber wich ihr aus. Auf die Frage nach seiner Herkunft bekam sie keine klare Antwort.

Der Prinzessin ließ das keine Ruhe. Und aus ihrer Unruhe entstand schließlich Ärger und Groll. Den spürte auch ihr Bräutigam. So sagte er schließlich: »Prinzessin, mir scheint, Euch bedrückt die Unausweichlichkeit von dem, was da geschehen ist. Deshalb will ich Euch diesmal ein Rätsel aufgeben. Löst Ihr es innerhalb von acht Tagen, so seid Ihr von Eurem Wort entbunden und müsst mich nicht heiraten. Löst Ihr es aber nicht, dann ist es wohl Zeit, Euren Kummer abzulegen und anzunehmen, was Euch das Schicksal bestimmt hat.«

Da war der Prinzessin gleich wieder leichter ums Herz. »Na gut«, sagte sie, »dass Ihr Gleiches mit Gleichem vergelten wollt, gefällt mir. Also: Was ist die Frage?« – Der Bursche schaute sie fest an. Dann sagte er: »Wer ist der

König, der aus seinem Reich verstoßen worden ist und doch wieder in sein Reich zurückkehrt?« – Die Prinzessin überlegte und überlegte. Jetzt auf die Schnelle fiel ihr die Antwort nicht ein – aber sie hatte ja auch noch acht Tage Zeit. So war sie guter Dinge.

Die nächsten Tage ging ihr die Rätselfrage nicht mehr aus dem Sinn. Sie fragte ihren Vater und alle anderen am Hof, ob denn jemand eine Lösung wüsste, aber keine und keiner konnte diese Frage beantworten. Schließlich kam der fünfte Tag, dann der sechste, der siebte. Mit der Zeit, die verging, schmolz die Zuversicht der Prinzessin wie eine Kerze, deren Docht an zwei Enden brennt. Es konnte doch nicht sein, dass dieser dahergelaufene Fremde, so kühn und so gescheit er auch war, sie noch ein zweites Mal mit einem Rätsel besiegte.

Schließlich befahl sie ihren Dienerinnen, ihren Bräutigam bei Tag und bei Nacht zu belauschen. Vielleicht gab er ja selbst den Hinweis, der ihr, der Prinzessin, helfen würde, das Gesicht nicht noch einmal zu verlieren. Die Hofdamen horchten und lauschten, so gut sie nur konnten. Jede Regung des Burschen wurde verfolgt. Als er sich am Abend des siebten Tages niederlegte, kauerte eine der Hofdamen vor seiner Kammertür und horchte durchs Schlüsselloch. Vielleicht war da etwas zu hören, das ihrer Herrin, der Prinzessin, helfen könnte.

Und wirklich: Vor dem Einschlafen seufzte der Bursche: »Ach, du armer Prinz, was bist du mehr als ein König ohne Reich! Und was wird aus dir werden, wenn dich die schöne Prinzessin nicht liebt? Verstoßen wirst du aus dem Reich deines Glücks, während deine Mutter und dein Vater in der Gefangenschaft leiden.«

Drauf war noch ein Seufzer zu hören. Dann blieb alles still.

Die Hofdame aber lief flugs zur Prinzessin. Eine bessere Nachricht hätte sie ihr nicht überbringen können. Vergnügt lachte die Prinzessin auf. Jetzt lag es an ihr, über ihren Bräutigam zu triumphieren.

Tags darauf trat der Bursch vor sie hin und sagte: »Nun, Prinzessin, die acht Tage sind um: Wer ist also dieser König, der aus seinem Reich verstoßen wurde und doch wieder in sein Reich zurückkehrt?« – »Ihr seid es!«, rief sie vergnügt. »Ihr seid der Sohn von der Königin und dem König, die mein Vater seit Jahren gefangen hält. Damit ist das Rätsel gelöst – und ich bin wieder frei!«

Da war der Bursche wie vom Blitz getroffen. Er ließ den Kopf sinken und sagte: »Ja, Ihr habt es erraten. Genauso ist es, und damit seid Ihr wieder frei! Ich werde wieder fortziehen. Eins solltet Ihr aber noch wissen, Prinzessin: Das Reich, das mir lieb und wert war, wäre nicht Euer Königreich gewesen, sondern Euer Herz und Eure Liebe. Ein solches Reich kann man nicht mit Gewalt und in einem Heerzug erobern, sondern nur gewinnen. Mir war das nicht vergönnt. Wenn ich nun gehe, bitte ich noch um ein Zeichen der Gnade: Schenkt meiner Mutter und meinem Vater die Freiheit, damit sie mit mir gehen können. Wir werden uns irgendwo weit, weit weg niederlassen, um unser Leben in Ruhe zu leben.«

Erhobenen Hauptes schaute er sie an. Vor ihr stand einer, der wusste, dass er verloren hatte, und der das in Würde eingestand. Die Prinzessin sah aber auch die Wehmut in seinem Blick. Jetzt war es an ihr, Größe zu zeigen. Unter Tränen umarmte sie ihn und sagte: »Nein, dich lass ich nicht mehr fort – auch wenn du ein größeres Glück verdienst, als ich es dir geben kann. Nicht ich habe dein Rätsel gelöst, sondern du selbst hast die Lösung ausgesprochen. Eine Dienerin hat sie mir dann zugetragen. Wir wissen alle zwei, was wir aneinander haben. Da braucht sich niemand vor dem anderen zu verstecken.« Drauf gab sie ihm einen Kuss. Der besiegelte das, was sie gesagt hatte. Bald darauf wurden die Mutter und der Vater des Bräutigams aus der Gefangenschaft freigelassen. War das eine Freude, als sie nach all den Jahren ihren Sohn wieder umarmen konnten. Zur Hochzeit wurden auch seine Zieheltern, die Bauersleute, geladen.

So ein Fest hatte selbst die Königsstadt noch nie gesehen. Der alte König übergab das Reich danach dem jungen Paar. So lebten sie noch lange glücklich und zufrieden. Wer weiß, wie viele Kinder sie miteinander gehabt haben – und wenn sie nicht gestorben sind, dann leben sie wohl heute noch. Ach ja – auch die alte Frau in ihrer Hütte vor der Stadtmauer vergaß der neue König nicht: Sie bekam ein schmuckes neues Haus. Dort saß sie dann auf der Hausbank und erzählte den Leuten, die vorbeikamen, wie sie dem König in der Glut vom Ofen einen Brotfladen gebacken und das zerlumpte Gewand geflickt hatte.

Vom Rom, der fortging, um den lieben Gott zu suchen

Johann Knobloch hörte diese Geschichte 1943 im »Anhaltelager Lackenbach« im Burgenland. Dieses Märchen hat ihm wohl der 20-jährige Stefan Hodosi aus Liebing erzählt. Meist waren es aber Frauen, wie die 18-jährige Elisabeth Horváth aus Langental oder die 30-jährige Elisabeth Hodosi, die Geschichten erzählten. Knobloch schreibt dazu »Einer geübten Erzählerin lauscht der ganze Sintistamm und Jung und Alt erfreut sich an den Märchen.« Angesichts der mehr als bedrückenden Lage im Lager liest sich das makaber.
Im Winter 1941/42 gingen im »Anhaltelager Lackenbach« 250 bis 300 Menschen an einer Typhus-Epidemie zugrunde. Medizinische Hilfe war ihnen verweigert worden. 1943 begannen die Deportationen ins Konzentrationslager Auschwitz-Birkenau und ins Ghetto von Lódz.

Es war einmal ein Zigeuner. Sehr viel besser gesagt, ein Rom. Der war arm, bettelarm. Das Einzige, was er hatte, waren ein Haufen Kinder. So nahm er im Winter eine Hacke und einen Sack und ging in den Wald, um den lieben Gott zu suchen.
Am Weg kam ihm ein zerlumpter Bettler entgegen. »Kamerad, woher kommst du?«, fragte ihn der Rom. »Von zu Hause. Und wo gehst du hin?« – »Den lieben Gott suche ich.« – »Hoh, Kamerad, den wirst du niemals fin-

den! – Was willst du denn von ihm?« – »Er soll mir etwas zum Essen geben für die Kinder. Wir sind alle miteinander am Verhungern.«

Bald sprach es sich weitum herum: Der Rom hatte sich aufgemacht, um den lieben Gott zu finden. Sogar der König hörte davon.

»Mir scheint, der Zigeuner ist ein Schelm«, sagte der und ließ den Rom zu sich rufen. »Hör zu, was ich dir zu sagen habe«, sagte der König zu ihm. »Ich habe eine Aufgabe für dich. Bestehst du sie, dann wirst du mit den Deinen keinen Hunger mehr leiden: Im Stall habe ich zwei große Hunde. Die musst du heute Nacht stehlen. Hast du sie bis in der Früh aber nicht gestohlen, dann wirst du gleich morgen aufgehängt. Und jetzt schau, dass du fortkommst.«

Da ging der Rom nach Hause und erzählte der Frau und den Kindern davon. Wie die das hörten, fingen sie an zu weinen. Auch dem Rom war zum Weinen. Nichtsdestotrotz überlegte er schließlich hin und her: Was könnte er nur tun!?

Er war Schuster, und hinten in der Kammer lagen noch zwei Kuhhäute. Die nähte er zu einem großen Sack zusammen. Am offenen Ende fädelte er eine Schnur ein. Damit konnte er den Sack gut zusammenbinden.

Die Nacht kam. In der Dunkelheit ging er den Berg hinauf ins Königsschloss. Vor der Stalltür legte er den Sack hin, hielt ihn mit der Schnur auf, trat mit dem Fuß gegen die Stalltür, dass es laut hallte, und miaute so gut und so laut er konnte. Das hörten die Hunde. Sofort begann sie zu bellen. Sie sprangen auf, rannten los, stürzten bellend durch die Tür – und schon waren sie im Sack. Der war ruck, zuck zugezogen und zugebunden. Den tobenden Sack legte sich der Rom über die Schulter und schleppte ihn mitsamt den Hunden nach Hause.

In der Früh pfiff der König den Hunden. Nichts rührte sich. Kein Hund kam!

»Der Zigeuner ist doch mehr als nur ein Schelm«, sagte sich der König und ließ den Rom gleich wieder rufen. »Gut«, sagte der König drauf zu ihm, »du hast meine Hunde schlau eingefangen. Aber jetzt noch eins: Aus meinem Stall musst du mein Pferd stehlen. Schaffst du das, ist es gut für dich. Wenn nicht, wirst du morgen früh aufgehängt.«

Was sollte er tun, der Rom? Wieder ging er nach Hause. Wieder erzählte er seiner Frau und den Kindern, was der König verlangte. Und wieder weinten sie in ihrer Not.

Der Rom aber ging zur Apotheke. Dort kaufte er ein großes Glas Arznei, einen Schlaftrunk. Dazu ein halbes Fass Branntwein. Den Schlaftrunk goss er in das Fass, lud es auf den zweirädrigen Wagen, spannte seinen Esel ein und fuhr zum Schloss hinauf.

Der König hatte Wachen aufstellen lassen. Sieben Soldaten vor dem Tor, drei vor dem Stall, zwei vor dem Pferd, einer saß gar oben am Ross. So warteten sie. Aber bald war den Soldaten die Zeit lang.

Wie sie jetzt sahen, dass sich der Zigeuner mit dem zweirädrigen Wagen den Berg hinaufmühte, sagten sie untereinander: »Kommt, dem helfen wir!« Sie liefen hin. Der eine führte den Esel, die anderen schoben an. So hatten alle zusammen zu tun. Oben sagte der Rom: »Ich danke euch für eure Hilfe. Was hätte ich ohne euch nur getan!? – Darauf wollen wir einen trinken!« Das ließen sich die Soldaten nicht zweimal sagen. Bald war das Fass leer und die Soldaten voll. Im Suff sanken sie nieder, wo sie saßen und standen. Bald schliefen sie tief und fest. Der Rom aber nahm das Pferd und ritt nach Hause.

In der Früh ging der König in den Hof. Rundum lagen die Soldaten und schliefen. »Dieser Zigeuner ist doch ein rechter Hundsfott!«, sagte sich der König und ließ ihn rufen. Vergnügt kam der am Ross dahergeritten. Angst hatte er keine mehr vor dem König.

»Na gut«, sagte der König zum Rom: »Du hast bestanden, was zu bestehen war, also sollst du auch deinen Lohn bekommen.« Und er ließ ihm Geld und Gold geben. Der Rom nahm es und ging nach Hause. So arm er früher gewesen war, so reich war er jetzt.

Es heißt, er kaufte sich ein herrschaftliches Haus mit einem großen Garten, zu essen, zu trinken, und gab auch seiner Verwandtschaft etwas davon ab. Und wenn er nicht gestorben ist, dann lebt er heute noch. Übrigens: Der Rom hieß Kilinko.

Vom goldenen Zaumzeug

Johann Reinhard Bünker war in Kärnten geboren. Als Volkskundler machte er sich aber vor allem im Burgenland einen Namen. Im heutigen Sopron, früher Ödenburg, sammelte er eine Fülle von Märchen. Immer wieder kam er im Sommer nach Kärnten. Hier zeichnete er im Liesertal unter anderem die Erzählungen des Fassbinders und Almhirten Johann Wirnsberger auf.

Ein Edelmann ritt einmal auf der Jagd durch den Wald. Er war ein mächtiger Mann, vermögend und reich. Das zeigte er auch. Sein Pferd war ein stolzer Rappe. Der Sattel war aufs Feinste gearbeitet und das Zaumzeug aus Gold. Tief drinnen im Wald kam der Edelmann auf einer Lichtung zu einer Klause. Hier lebte ein Einsiedler. Der war ganz und gar ins Gebet versunken. Der Edelmann wartete eine Zeit lang. Als der Einsiedler mit seinem Gebet fertig war, sprach er ihn an: »Sag, guter Mann, was machst du so alleine mitten im Wald?« – »Ich widme mich ganz und gar dem Göttlichen«, sagte der Einsiedler. »Was heißt, du widmest dich dem Göttlichen?«, fragte der Edelmann. »Meine Gedanken sind nicht im irdischen Dasein verhaftet«, sagte der Einsiedler. »Hier im Wald finde ich das Nötigste zum Leben, Wurzeln, Beeren, wilde Früchte, Schwämme und das, was mir gutmeinende Menschen aus dem Dorf bringen. So kann ich mich ganz und gar dem Gebet widmen und spreche mit Gott so innig, wie nur ein Mensch mit dem Göttlichen sprechen kann.«

Da wurde der Edelmann nachdenklich. Schließlich meinte er: »Guter Mann, mir scheint, dein Gebet hat eine Tiefe, wie sie ein Gebet von mir nie erreichen wird. Bitte sei so gut und bete ein Vaterunser für mich. Du sollst es nicht umsonst tun. Ich schenke dir dafür mein Pferd.« – »Wenn dir das so viel bedeutet, dass du dafür bereit bist, dein Pferd herzugeben, dann will ich das gerne tun«, meinte der Einsiedler. Der Edelmann saß ab. Der Einsiedler aber kniete sich zu seiner Andachtsstätte. Die hatte er unter einem mächtigen Baum eingerichtet. Da begann er zu beten: »Vater unser, der du bist im Himmel, geheiligt werde dein Name, ...« Plötzlich setzte er ab, drehte sich um zum Edelmann und meinte: »Ist das Zaumzeug auch dabei?«

Vergelt's Gott
im Himmel droben

Mit Unterstützung von vielen anderen Sammlerinnen und Sammlern stellte Dr. Georg Graber 1935 die Sammlung »Sagen und Märchen aus Kärnten« zusammen. Die folgende Überlieferung stammt aus Knappenberg.

Es war einmal ein Knecht. Der saß gerade bei der Jause. Da kam ein altes Weiblein und bat um eine milde Gabe. Der Knecht überlegte nicht lange. »Da!«, sagte er zu der Alten, »nimm meine Halbe Wein.« Das war viel mehr, als die Frau erwartet hätte. »Vergelt's Gott!«, sagte sie. »Vergelt's Gott im Himmel droben!«.

Die Jahre vergingen. Schließlich schlug auch dem Knecht die letzte Stunde. Schnurstracks musste er hinunter in die Hölle. »Aber das geht doch nicht«, sagte er, als er unten ankam: »Ich hab im Himmel doch noch eine Halbe Wein gut!« – »Das ist deine Sache«, meinten die Teufel. »Da musst du schon selber hinaufsteigen und schauen, wie es um den Wein steht.«
So stieg er denn hinauf in den Himmel und fragte nach dem Wein. »Das stimmt«, sagte ein Engel. »Wir haben alles genau aufgeschrieben. – Ja, du hast noch eine Halbe Wein gut.« Und er gab sie ihm hinaus. »Du kannst sie dir mitnehmen«, sagte er. »Pass aber auf, dass du den Wein nicht ausschüttest. Wär schade um jeden Tropfen vom himmlischen Wein.«

»Ist schon gut«, meinte der Knecht und stieg mit seiner Halben bedächtig wieder hinunter in die Hölle. Drunten musste er tüchtig Holz nachlegen unter einen großen Kessel. Drinnen kochten die armen Seelen.

In der einen Hand hielt er seine Halbe Wein, mit der anderen legte er nach. Die ganze Zeit hieß es aufpassen, dass er nicht einen Tropfen verschüttete. Trotzdem ließ er sich die Arbeit nicht verdrießen und legte tüchtig nach.

Bei aller Vorsicht übersah er es aber doch einmal: Unversehens fielen ein paar Tropfen in den Kessel. Weil aber der Wein vom Himmel stammte, verdampften die Tropfen mit einem Zischer. Flugs wurden durch sie ein paar arme Seelen erlöst und stiegen in den Himmel auf.

Als der Knecht das sah, meinte er: »Na, wenn es euch so guttut, dann könnt ihr alles haben«, lachte er und goss den Rest vom Wein auch noch in den Kessel. Mit diesem Guss wurden alle Seelen erlöst. Dampfend stiegen sie auf in den Himmel und auch der Knecht durfte eingehen in die ewige Seligkeit, weil er so ein mitleidiges Herz hatte.

Vom Schneider und vom Riesen

*Franz Ziska hörte dieses Märchen zu Beginn des 19. Jahrhunderts in Döbling von einer Bäurin in der dort nicht mehr üblichen Mundart. 1819 veröffentlichte er es in den »Wöchentlichen Nachrichten«. 1843 wurde die Erzählung – allerdings in Hochdeutsch – in die Grimm'sche Sammlung aufgenommen.
Die ursprüngliche Mundart-Fassung ist heute kaum mehr lesbar.
Um ihren Reiz spürbar zu machen, sind zumindest einige Wendungen und Sprüche in originaler Lautsprache verfasst.*

Vor langer, langer Zeit, wars gestern oder wars heut, da lebte einmal ein Schneider. Der war ein großer Prahler, aber ein schlechter Zahler. Einmal kam ihm in den Sinn, dass er sich ein wenig in der Welt umschauen könnte. Und so verließ er die Werkstatt und zog hinaus in die Welt.
»und is g'wåndert sein' Weg,
über Bruck'n und Steeg,
bald då und bald dort,
all'weil fort und fort.«

In einem Tal sah er in der Weite einen steilen Berg. Ein himmelhoher Turm ragte dort hinten aus einem stockfinsteren Wald auf. »Kutz Blitz!«, rief der Schneider da, »was kann denn das sein!?« Die Neugier stach ihn gewaltig. Und so marschierte er frisch drauflos.

Als er auf den Turm zuging, da bewegte sich der Turm mit einem Mal. Der Schneider hat sich furchtbar erschrocken! Oh mei, da ist a vaflixt dakema – Mund und Augen riss er auf, der Schneider, vor lauter Entsetzen.

Denn der Turm bekam mit einem Mal Füße. Mit einem Satz sprang er über den steilen Berg herunter. Ein Riese stand vor dem Schneider. Der war so groß, dass es kaum zu sagen ist.
Mit donnernder Stimme rief der Riese: »Was willst denn du da, du kleinbudawinzig's Maukaköpfl!?«
Kleinbudawinziges Maukaköpfl, also einen winzigen Mauskopf, nannte er den Schneider. Das schreckte den noch mehr.
»Nau«, gab der Schneider kleinlaut zur Antwort, »ich schau halt auch, dass ich mit der Zeit in der Welt mein Stückerl Brot verdiene.«
»Wenn es dir um die Zeit geht«, sagte der Riese, »dann kannst du bei mir Diener werden.«
»Wenn es sein muss, warum denn nicht!?«, meinte der Schneider. Jetzt war er schon wieder mutiger: »Was bekomme ich denn als Lohn?«
»Lohn!?«, rief der Riese, »jedes Jahr dreihundertfünfundsechzig Tage. Und wenn ein Schaltjahr ist, noch einen drauf. – Ist dir das recht!?«

»Meinetwegen«, sagte der Schneider und dachte sich: Man muss sich schon nach der Decke strecken. Besser ich willige jetzt ein und schau dann zu, dass ich bald wieder fortkomme.

Der Riese befahl dem Schneider drauf, einen Krug Wasser zu holen. Jetzt war der Schneider aber schon wieder in seinem Element.

»Warum nur einen Krug?«, fragte er, »warum nicht gleich den Brunnen mitsamt der Quelle?« Dann ging er los.

Der Riese aber war »audeppat«, also ziemlich einfältig. »Was!?«, murmelte er in seinen Bart: »Den Brunnen mitsamt der Quelle?« Der Schneider ist ihm unheimlich geworden. Ja, der Riese hat gar angefangen, sich vor ihm zu fürchten. »Der Kerl kann mehr als nur Äpfel braten«, sagte sich der Riese: »Der hat die Alraune im Leib.« Der Riese hatte also Angst, dass der Schneider übermenschliche Kräfte haben und vielleicht gar zaubern könne. »Sei auf da Kåppn, Pafnuzi, das ist kein Diener für dich«, murmelte er. Pafnuzi, so hieß er wohl, der Riese, und sein Respekt vor dem Schneider war schon gewaltig. Nein, den wollte er eigentlich nicht zum Diener haben.

Der Schneider war bald zurück mit dem Krug voll Wasser. Drauf befahl ihm der Riese, im Wald ein paar Scheiter Holz zu hacken und heimzutragen.

Der Schneider aber fing gleich wieder an zu prahlen: »Warum nur ein paar Scheiter!? – Warum nicht gleich den ganzen Wald auf einen Schlag? – Den ganzen Wald, mit jung und alt, ridig's und raidig's, knopfad's und g'schmeidig's!?« Drauf ist er Holz holen gegangen.

Der leichtgläubige Riese aber hat wieder sinniert:

»Wia!? – Was!? – Den ganzen Wald, mit jung und alt, riedig's und raidig's, knopfad's und gschmeidig's!?«, der Riese konnte das kaum fassen. Den ganzen Wald will er holen, der Schneider, mit jung und alt, dem guten und dem schlechten Holz, dem knorrigen und dem geschmeidigen! –

Und dazu den Brunnen mitsamt der Quelle!?« Jetzt hat er sich noch mehr gefürchtet. »Der Kerl kånn mehr als nur Äpfel bråt'n«, hat er sich gesagt, der Riese: »Der hat die Alraune im Leib. Sei auf der Hut, Pafnuzi, das ist kein Diener für dich.«

Wie der Schneider zurück war mit dem Holz, befahl ihm der Riese, zum Nachtmahl ein, zwei oder drei Wildschweine zu schießen.

»Warum nur drei!?«, rief da der Schneider. »Warum nicht gleich tausend auf einen Schuss – und dich dazu!?«

Auf das hinauf erschrak sich der Riese so sehr, dass er sagte: »Lassen wirs gut sein für heute, Schneider! – Leg dich nieder zum Schlafen.«

Der Schneider legte sich nieder und schlief. Der Riese aber fürchtete sich gewaltig. Die ganze Nacht brachte er kein Auge zu. Er sinnierte hin und her: Wie könnte er den Hexenmeister von einem Diener wieder loswerden? Kommt Zeit, kommt Rat.

Am nächsten Morgen gingen der Riese und der Schneider zu einem Sumpf. Rundum wuchsen da Weiden. Aus einer Laune heraus meinte der Riese: »Mein lieber Diener: Hänge dich doch an eine von den Weidenruten. Ich möchte sehen, ob du sie mit deinem bisschen Gewicht biegen kannst.

Witsch, ist der Schneider auch schon oben gesessen. Er hielt den Atem an und machte sich so schwer, wie es nur irgendwie ging – bis sich die Gerte niederbog.

Irgendwann musste er aber Luft holen. Bügeleisen hatte er zu seinem Unglück keines einstecken. So schnellte es ihn weit in die Höhe – so weit, dass er nicht mehr zu sehen war. Der Riese war glückselig: Endlich war er den Hexenmeister los.

Der Schneider aber – wenn er nicht heruntergefallen ist, dann ist er wohl heute noch droben.

Die Wette

*Rattenberg liegt im Tiroler Unterinntal, nicht weit von Kufstein.
Hier haben die Brüder Ignaz und Joseph Zingerle dieses Märchen
gefunden. 1854 veröffentlichten sie es in ihrer Sammlung
»Kinder- und Hausmärchen aus Süddeutschland«.
Wer denkt dabei nicht an den Grimm'schen »Hans im Glück«
– und doch kommt alles ganz anders.
Typisch österreichisch – möchte man sagen.
Eins vorweg: Pfifferlinge werden in Österreich
Eierschwammerl genannt. Weniger bekannt ist »Pfifferling«
als alte Bezeichnung für ein wenig Dreck,
das wie ein Pfifferling ausschaut.*

Es lebten einmal ein Bauer und seine Frau. Der Bauer hieß Hans. Er war nicht der Gescheiteste, ja, er konnte kaum bis fünf zählen. Seine Frau, die Liesl, aber, war auch nicht die Gescheiteste, und so hatten sie miteinander ein gutes Leben.

Einmal mussten sie eine schwere Zeit durchmachen. Die Not drückte sie gewaltig. Sie wussten hinten und vorne nicht, wie sie durchkommen sollten. Schließlich sagte die Liesl zu ihrem Mann: »Hans, es hilft alles nichts: Wir müssen wohl unsere Kuh auf dem Markt verkaufen, um wieder zu Geld zu kommen. Schau zu, dass du für sie einen guten Preis aushandelst!«

Ja, das sah auch der Hans ein. Es blieb ihnen wohl nichts anderes übrig, als das gute Tier zu verkaufen. So machte er sich mit der Kuh auf den Weg in die Stadt.

Die Kuh aber war störrisch. Manchmal zottelte sie so langsam dahin, dass er sie kaum genug antreiben konnte. Dann wieder rannte sie so schnell und so flott, dass sie mit ihren Klauen den Dreck am Weg aufwirbelte. Dem Hans flogen dann die Erdbatzen nur so um die Ohren. Das ärgerte ihn gewaltig. »Was für ein dummes Vieh!«, sagte er sich. Schließlich war er mit der Kuh fast schon in der Stadt und hatte kaum mehr einen Scheibenschuss zum Markt. Da sah er neben dem Weg einen Mann sitzen. Der bot eine Ziege feil.

»Grüß dich Gott, guter Mann!«, rief da der Hans. »Auch schon auf? – Wollen wir nicht ein Geschäft machen, wir zwei?« – »Ein Geschäft willst du machen?«, meinte der andere bedächtig, »welches denn?« – »Gib mir du deine Geiß, geb dir ich meine Kuh!« – »Du gibst mir deine Kuh für meine Geiß?«, meinte der andere erfreut, »das können wir machen!« Und schon war das Geschäft abgeschlossen. Der Mann bekam die Kuh, der Hans die Ziege. Mit der zog er gleich wieder heimwärts. »Was hab ich nur für ein gutes Geschäft gemacht!«, sagte er sich. »Hab ich doch die unbeholfene Kuh gegen eine geschickte Geiß getauscht!«

Vergnügt wanderte er mit der Ziege dahin. Da wurde die aber auf einmal störrisch. Sie blieb stehen, meckerte laut, und dann stieß sie den Hans mit ihren Hörnern. Der Ziege schien das zu gefallen. Den Hans aber verdross das immer mehr. Die Freude über den Tausch war schnell verflogen.

Da kam eine Bäuerin auf ihn zu. Rings um sie watschelte eine Herde schnatternde Gänse.

»Einen schönen Morgen, gute Frau«, rief da der Hans. »Wollen wir nicht ein Geschäft machen, wir zwei?« – »Ein Geschäft willst du mit mir machen?«, fragte die Bäuerin ungläubig.

»Welches denn?« – »Gib mir du eine Gans, geb dir ich meine Geiß!« – »Eine Gans für eine Geiß?« Das gefiel der Bäuerin. »Gut!«, sagte sie. »Selbst gewollt, selbst getan! – Wenn du das wirklich willst, dann machen wir das Geschäft!« – Und schon tauschte der Hans seine Geiß gegen eine Gans ein.

Jetzt war der Hans so vergnügt wie der Vogel im Hanf. »Was hab ich heute schon für gute Geschäfte gemacht«, lachte er. »Hab ich doch die unbeholfene Kuh gegen die Geiß getauscht, und die störrische Geiß gegen eine geschickte Gans!«

Die Freude am Weg wurde aber schnell getrübt. Die Gans flatterte bald dahin und bald dorthin. Den geraden Weg wollte sie so gar nicht finden. Das hielt den Hans ganz schön auf Trab, und schnell war der Verdruss groß!

»Was für eine dumme Gans!«, rief er laut. »Ein jeder Pfifferling wär mir lieber als dieses blöde Vieh!«

Das hörte die Hühnermagd in dem Bauernhof, an dem der Hans gerade vorbeikam. Flugs schnappte sie ein Blatt altes Papier und packte ein Stück Hühnerdreck, ein Hendlpatzl, hinein. Von dem gab es am Hof reichlich. Grad ein kleines Stück, also ein Pfifferling, genügte ja. Den brachte sie nun dem Hans. »Hier hast du deinen Pfifferling!«, rief sie. »Gib mir dafür die Gans!« – »Was?«, staunte da der Hans. »Du willst mir wirklich für die Gans einen Pfifferling geben?« – »Ja«, sagte die Hühnermagd, »das ist doch genau das, was du willst!« – »Stimmt!«, sagte der Hans. »Was könnte ich mir mehr wünschen!«

Drauf gab er ihr die Gans und bekam dafür den Pfifferling. Den packte er sorgfältig in die Hosentasche, um ihn nur ja nicht zu verlieren.

Glückselig zog der Hans jetzt weiter. »Was hab ich heute nur für gute Geschäfte gemacht!«, freute er sich aufs Neue. »Hab ich doch die unbeholfene Kuh gegen die Ziege getauscht, die störrische Ziege gegen eine Gans, und die flatterhafte Gans gegen einen Pfifferling!«

Auf das hinauf beschloss er, in einem Wirtshaus am Weg einzukehren. Er setzte sich ins Herrenzimmer und ließ sich ein Bier kommen. Als es vor ihm stand und sich der Foam, also der Schaum vom Bier, in weißer Pracht über den Krug hinaus wölbte, war sein Glück vollkommen.

Gleich darauf kamen weitere Gäste in die Gaststube – fremde Herren. Die begannen die Nasen zu rümpfen und zu schnuppern. »Irgendetwas riecht hier herinnen ein wenig eigenartig«, meinte einer der Herren. »Ja«, sagte ein anderer, »es ist ein sonderbarer Geruch in der Luft.« – »Da wird doch nicht mein Pfifferling dran schuld sein«, meinte der Hans. »Hast du denn einen Pfifferling eingesteckt?«, fragte einer der Herren. »Ja!«, lachte der Hans, »ich hab doch heute schon so gute Geschäfte gemacht!«

Drauf holte der Hans den Pfifferling aus der Tasche. »Was sind denn das für Geschäfte?«, fragte einer der Herren.

»Also zuerst wollte ich unsere Kuh auf dem Markt verkaufen«, erklärte der Hans. »Dann aber habe ich das unbeholfene Vieh gegen eine Geiß getauscht. Für die störrische Geiß aber habe ich schließlich eine Gans bekommen, und für die flatterhafte Gans diesen schönen Pfifferling!« – Da schauten sich die Herren untereinander vielsagend an.

Jetzt war ihnen klar, dass sie es da nicht mit dem gescheitesten aller Männer zu tun hatten. »Na, da wird dir deine Frau heute aber noch mit einem Donnerwetter aufwarten!«, meinte einer. – »Mit einem Donnerwetter!? – Nein, oh Gott, nein!«, lachte der Hans. »Meine Frau ist verständig und gescheit wie ich. Die freut sich mit mir!« – »Wetten, dass es heute für dich noch etwas setzt!«, meinte ein anderer. »Da können wir schon wetten«, lachte der Hans, »aber wenn, dann wetten wir gleich um hundert Golddukaten, damit es auch einen Sinn hat!« – »Du willst um hundert Golddukaten wetten?«, staunten die Herren ungläubig, »das wird aber teuer!« – »Nicht für mich«, stellte der Hans mit Bestimmtheit fest, »sondern für euch, ihr Herren!« – »Wie du meinst«, sagten sie, »dann schlag ein!«

Fest entschlossen schlug der Hans ein. Die Wette war besiegelt.

»Wir gehen natürlich mit dir nach Hause«, sagten die Herren. »Wir wollen ja sehen, wie deine Frau auf dich losgeht, und danach gleich unser Geld kassieren.« – »Kassieren werd' ich«, sagte der Hans. »Drum nehmt die hundert Golddukaten gleich mit. Ich will sie sehen, damit alles seine Ordnung hat!« Lachend packten die Herren hundert Golddukaten zusammen und zogen mit dem Hans zu seinem armseligen Hof.

Dort angekommen, fragte ihn die Frau, die Liesl: »Wie ist's, guter Mann, hast du die Kuh für einen ordentlichen Preis verkauft?« – »Noch viel besser, liebe Frau«, meinte der Hans. »Ich habe sie getauscht!« – »Was? Getauscht? Wofür denn?« – »Gegen eine Geiß!« – »Du hast die Kuh gegen eine Ziege getauscht?«, fragte die Frau ein wenig ungläubig. »Ja!«, sagte der Hans.

Jetzt wird sie gleich ärgerlich werden, dachten sich die Herren. Gleich geht der Wirbel los!

»Wie schlau«, meinte da die Liesl. »Für eine Kuh haben wir immer zu wenig Futter gehabt. Für die Ziege wird es wohl reichen. Wo hast du sie denn, die Ziege?« – »Die habe ich auch eingetauscht!« – »Wofür hast du denn die Ziege eingetauscht?« – »Für eine Gans!«, lachte der Hans. – »Was? – Du hast die Ziege für eine Gans getauscht?«, meinte die Frau bedächtig. »Ja!«, nickte der Hans.

Jetzt wird es ihr zu bunt, sagten sich die Herren. Jetzt beginnt sie gleich zu schimpfen. Gleich wird es zum Kassieren.

»Wie gut!«, lachte da die Liesl. »Wir haben schon lange ein leeres Bett. Wenn wir die Gans schlachten, können wir mit den Federn wenigstens den Kopfpolster füllen. Wo hast du denn die Gans?« – »Die habe ich auch eingetauscht!« – »Wofür hast du denn die Gans getauscht?« – »Stell dir vor«, rief der Hans, »für einen Pfifferling!« – »Was? – Du hast die gute Gans gegen einen Pfifferling getauscht?«, wiederholte die Liesl ungläubig.

Jetzt ist es so weit, dachten sich die Herren. Das ist der Tropfen, der das Fass zum Überlaufen bringt. Gleich wird sie explodieren. Genug gewartet. Jetzt können wir kassieren!

»Alles was Recht ist«, meinte da die Liesl. »Aber ich freue mich immer wieder, dass ich so einen gescheiten Mann geheiratet habe. Stell dir vor: Heute gehe ich zur Nachbarin hinüber, um mir ein wenig Salz auszuleihen. Da fährt mich die an: Also, Bäuerin, du kommst doch wegen einem jeden Pfifferling zu mir herüber! – Jetzt aber haben wir den Pfifferling im Haus. Da braucht mich die Nachbarin nicht mehr blöd anzuschnauzen!«

In diesem Moment wussten die Herren, dass da Hopfen und Malz verloren war. Ohne viel zu sagen, zählten sie dem Hans die hundert Golddukaten hin und zogen ihrer Wege.

Der Hans und seine Frau aber hatten mit den hundert Golddukaten viel mehr bekommen, als die Kuh am Markt jemals eingebracht hätte. So aber hatten sie nicht nur die hundert Golddukaten, sondern auch – einen Pfifferling!

Vom verlorenen Weidmesser

Angeregt von Dr. Lipp vom oberösterreichischen Landesmuseum machte Karl Haiding 1954 einige Wanderungen durch das Mühlviertel, um vor Ort Sagen und Märchen zu sammeln. Zu der nachfolgenden Erzählung notierte er:
»Erzählerin Maria Maringer in Perg. Ich traf Frau Maringer in der Waschküche, wo sie Rüben in einen Kessel schnitt. Zuerst meinte sie, nach schweren Erkrankungen und dem Hausbau aus eigener Kraft, alles vergessen zu haben, aber schon nach drei Minuten erzählte sie mir, während ich im Stehen aufschrieb, den Fuß auf den Sockel des Kessels gestützt. Die etwa 40-jährige Frau stammte aus Rechberg, wo sie Geschichten von ihrem Großvater gehört hatte, der erzählte, wenn sie sich abends zusammensetzten.«

Einmal verlor ein Graf sein Weidmesser. Dieses Jagdmesser war ein Erbstück von seinem Vater und ihm besonders lieb und wert. Der Verlust schmerzte ihn sehr. Deshalb setzte er als Finderlohn eine hohe Belohnung aus.
Im Herbst war es Brauch, dass die Bauern im Wald das trockene Laub mit dem Rechen sammelten. Im Winter nutzten sie es im Stall als Unterstreu für das Vieh.

So kam es, dass ein Bauer das Messer beim Streurechen im Wald unterm Laub fand. Arm wie er war, freute er sich auf den Finderlohn und machte sich gleich auf ins Schloss.

Dort hielt ihn beim Tor aber ein Knecht vom Grafen auf: »Was hat ein dreckiger Haderlump wie du im Schloss verloren?«, fuhr der den Bauern an. – »Das Weidmesser vom Grafen habe ich gefunden«, sagte der Bauer. – »Gut«, meinte da der Knecht, »aber wenn du weitergehen willst, dann musst du mir ein Viertel vom Finderlohn geben.« Was blieb dem Bauern da anderes übrig, als ihm das zuzusagen.

Auf der Stiege begegnete dem Bauern ein Diener. Auch der hielt ihn auf: »Was hast du hier verloren? Rede!« – »Das Weidmesser bringe ich dem Herrn zurück«, antwortete der Bauer. – »Schön und gut«, sagte der Diener, »aber wenn du weitergehen willst, dann musst du mir ein Viertel vom Finderlohn abgeben.« Wieder blieb dem Bauern nichts anderes übrig als zuzustimmen. Was hätte er sonst tun sollen?

Vor der Tür zum Saal stand auch ein Bediensteter vom Grafen. Und der war der Nächste, der ein Viertel vom Finderlohn verlangte. Sonst würde er den Bauern nicht hineinlassen.

Vor lauter Wut knirschte der Bauer schon mit den Zähnen. Aber was blieb ihm anderes übrig: Schließlich stimmte er zu und wurde vorgelassen.

Der Graf war überglücklich, als er sein Messer wieder in Händen hielt. »Ich danke dir«, sagte er zum Bauern. »Was wünschst du dir zum Lohn?«

Der Bauer überlegte: Die Habgier der Diener ärgerte ihn immer noch. Gleich, was er verlangen würde, für ihn würde nicht viel übrig bleiben. Schließlich sagte er: »Herr, ich möchte hundert Stockhiebe!« – »Hundert Stockhiebe!? – Jetzt sag einmal, Bauer, hast du den Verstand verloren!?«, wunderte sich der Graf. – »Nein«, sagte der Bauer, »ganz und gar nicht, Herr. Ich bitte euch, gebt mir hundert Stockhiebe: Fünfundzwanzig sacht und leicht, den Rest aber mit aller Kraft.«

»Des Menschen Wille ist sein Himmelreich«, meinte der Graf. »Wenn du die Hiebe unbedingt willst, dann sollst du sie auch bekommen. Aber warum willst du hundert Hiebe?«

Da erklärte der Bauer dem Grafen seinen Wunsch – und erzählte von den Anteilen, die die gräflichen Bediensteten verlangten. Jetzt ging dem Grafen ein Licht auf. Gleich ließ er die drei Männer rufen und den Lohn austeilen. Der Bauer bekam die fünfundzwanzig leichten Schläge. Die Diener aber jeder fünfundzwanzig Hiebe mit aller Kraft. Drauf wurden sie mit Schimpf und Schande fortgejagt. Dem Bauern aber steckte der Graf hundert Dukaten zu – für seine Schlauheit.

Vom siebenkröpfigen Hansl

Einer der fleißigsten Sammler oberösterreichischer Sagen, aber auch Märchen, war Dr. Adalbert Depiny. 1932 veröffentlichte er sein »Oberösterreichisches Sagenbuch«. Diese wissenschaftlich aufbereitete Sammlung gilt heute noch als Standardwerk. Im Nachlass von Adalbert Depiny fand der Volkskundler Karl Haiding die nachfolgende Erzählung. Das Motiv taucht in den deutschen Sammlungen der Brüder Grimm genauso auf wie in russischen Volksmärchen und im italienischen »Pentamerone«. Die oberösterreichische Fassung besticht durch ihren originellen Charme.

Vor Zeiten lebte einmal ein junger Bursch. Der hieß Hans. Der Hans, der war nicht der Schlaueste, aber dumm war er auch nicht. Ein wenig einfältig war er halt. Eines aber war nicht zu übersehen: Der Hans hatte sieben Köpfe. Schon ein Kropf sticht ins Auge, aber ganze sieben! – Kein Wunder, dass die Leute zusammenzuckten, wenn sie ihn sahen. Auf den ersten Blick trauten die meisten ihren Augen nicht. Für den Hansl aber war das eine furchtbare Geschichte.

Einmal sagte die Mutter zum Hans: »Hansl, sei so gut, geh hinaus zum Brunnen und hol mir Wasser.«

So nahm der Hansl den großen Kübel, also einen Eimer, hing den draußen an das Seil vom Brunnen und ließ ihn hinab in die Tiefe, um Wasser herauszuholen. Als er den Kübel wieder herauszog, sah er im Wasser ein

Glänzen und Leuchten. Ein goldener Fisch schwamm darin. Der schaute den Hansl mit großen Augen an und begann sogar zu sprechen: »Hansl, ich bitte dich: Wirf mich wieder zurück ins Wasser!«, sagte der Fisch. »Dafür gebe ich dir die Kraft, dass dir Wunsch für Wunsch in Erfüllung geht!«
Der Hansl war baff. Wer würde da ‚Nein' sagen? – Gleich stellte er den vollen Kübel am Brunnenrand ab und griff hinein, um den goldenen Fisch herauszuholen. Der sagte: »Hör zu, Hansl: Nachdem du mich zurückgeworfen hast in den Brunnen, musst du nur sagen: ‚Goldfischl, ich bitt dich recht schön ...' und dann das, was du dir wünschst. Aber überleg es dir gut, was du wirklich willst, denn der Wunsch wird in Erfüllung gehen!«
Der Hansl schnappte den Fisch und warf ihn zurück in den Brunnen. Dann überlegte er: Die schöne Prinzessin hatte er schon lange liebgewonnen. Ein Kind mit ihr wäre das Schönste, das er sich wünschen konnte. So sagte er schnell entschlossen: »Goldfischl, ich bitt dich recht schön, lass die schöne Königstochter von mir dick werden!«
Die Zeit verging. – Die Prinzessin wusste mit einem Mal nicht, wie ihr geschah. Ihr Leib wölbte sich. Offenbar bekam sie ein Kind. Aber von wem? Auch die Königin und der König sahen, was da vor sich ging. »Liebe Tochter«, sagte die Königin, »von wem ist denn das Kind, das da in dir heranwächst?« – »Ich weiß es nicht!«, meinte die Prinzessin verzweifelt. Die Königin und der König aber machten sich auf das hinauf ihre Gedanken.
Neun Monate waren schließlich um und die Prinzessin setzte einen Knaben in die Welt. Das war ein gesunder und munterer Bursche. Die Freude war groß! Aber natürlich wollten auch alle wissen, wer denn der Vater sei. »Liebe Tochter, jetzt wo das Kind auf der Welt ist, ist es wohl auch Zeit, dein kleines Geheimnis zu lüften«, meinte der König. »Wer ist denn der Vater von deinem Kind?« – »Mein lieber Vater«, meinte da die Tochter, »ich frage mich genauso wie du, aber auch ich habe keine Ahnung!«

Das stimmte die Königin und den König umso nachdenklicher.

Drei Jahre waren schließlich um und der Sohnemann der Prinzessin ein munterer und aufgeweckter Bursche. Im ganzen Land aber fragten sich die Leute, wer wird denn der Vater von diesem Kind sein. Auch die Königin und der König wollten es endlich wissen.

Schließlich beschloss der König, zu handeln. Er sagte zur Prinzessin: »Meine liebe Tochter, es reicht! – Im ganzen Land zerreißen sich die Leute über dich und deinen Sohn den Mund. Alle wollen wissen, wer denn der Vater ist. Deiner Mutter und mir geht es nicht anders. Um die Vaterschaft zu klären, soll ein Gottesgericht entscheiden: Du setzt dich im Thronsaal auf meinen Thron und nimmst den Buben auf deinen Schoß. Ihm geben wir einen goldenen Apfel in die Hand. Dann lassen wir alle heiratsfähigen jungen Männer am Thron vorbeimarschieren. Der, dem der Knabe den goldenen Apfel zuwirft, ist dann der Vater.« – »Ja, so machen wir's, lieber Vater«, meinte die Prinzessin. »Ich bin ja auch schon neugierig, wer denn der Vater von meinem Kind ist!« – So, wie sie das sagte, stimmte das den König einmal mehr sehr, sehr nachdenklich.

Aber gesagt, getan. Die Prinzessin saß schließlich im Thronsaal. Ihr Sohn hatte den goldenen Apfel in der Hand – und alle heiratsfähigen jungen Männer waren aus dem ganzen Reich zusammengerufen worden. Jetzt mussten sie vor dem Thron vorbeimarschieren.

Den Anfang machten natürlich Prinzen aus den Nachbarkönigreichen, Fürsten und Grafen. Einer nach dem anderen stolzierte an der Prinzessin und ihrem Sohn vorbei. Der Knabe aber machte keinen Mucks.

Nach ihnen kamen die reichen Kaufherren und Großbauern. Wieder machte der Knabe keine Anstalten, einem von ihnen den Apfel zuzuwerfen.

Drauf waren die Bürgersleute und Handwerker dran. Wieder rührte sich der Knabe nicht.

Der König und die Königin schauten aus einem Versteck hinter dem Thron zu. Die Spannung stieg. Irgendeiner musste doch der Vater sein. Aber vielleicht verstand das Kind auch einfach nicht, worum es ging.
Jetzt kamen die Kleinbauern, Häuselleute und Knechte. Wieder nichts!
Zu guter Letzt waren gerade noch die Schiachsten, also die Hässlichsten, und die Dümmsten draußen. Landstreicher und Bettler waren da dabei, Leute, mit denen sich kein König und keine Prinzessin je abgab. Unter ihnen war aber auch der Hansl mit seinen sieben Kröpfen.
Und als der Hans in den Thronsaal kam, schaute der Knabe auf, lachte ihn an und warf ihm, dem Hansl, den goldenen Apfel zu. Der fing ihn vergnügt auf. Flugs sprang da der König aus seinem Versteck hervor. Er war fassungslos: »Was, Tochter!? Das ist der Vater von deinem Sohn?«
Die Prinzessin schaute zuerst ungläubig den Hansl und dann den König an. »Vater, ich weiß es nicht«, meinte sie kleinlaut. »Aber das Schicksal hat entschieden!«, schimpfte der König. »Und wenn du dich mit solchen Leuten einlässt, dann bist du nicht mehr meine Tochter!«
In seiner Wut ließ der König die Prinzessin mitsamt ihrem Sohn und dem Hansl in ein Fass stecken und ins Wasser werfen. Nie, nie mehr wieder sollte ihm seine Tochter mit dieser Schande unter die Augen kommen!
Die arme Prinzessin wusste natürlich nicht, wie und was ihr denn da geschehen war. In ihrer Verzweiflung begann sie, bitterlich zu weinen. Das rührte auch den Hansl. Gleich sagte er: »Goldfischl, ich bitt dich recht schön, lass uns heut noch ein Ufer seh'n!«
Gleich darauf wurde das Fass ans Ufer geschwemmt. Immerhin – jetzt waren sie gerettet. Gleich wünschte der Hans für die Prinzessin, den Knaben und sich auch noch ein prächtiges Schloss mit einer großen Dienerschaft ans Ufer. Es sollte ihnen an nichts fehlen.
Als das alles vor ihnen stand, schaute die Prinzessin den Hans immer noch ein wenig ungläubig und entsetzt an. Was für ein Anblick – mit die-

sen sieben Kröpfen! Da wusste der Hans, was es geschlagen hatte. Gleich sagte er: »Goldfischl, ich bitt dich recht schön, lass meine sieben Kröpfe vergeh'n!«

Und im nächsten Moment stand vor der Prinzessin und ihrem Sohn statt diesem eigenartigen Mann mit den sieben Kröpfen ein fescher junger Bursche. Der gefiel der Prinzessin. Gleich lachte sie ihn an und er sie. Auch der Knabe hatte an seinen Eltern seine Freude. Miteinander zogen sie ins Schloss und hatten ein gutes Leben.

Die Zeit verging, und mit der Zeit bekam die junge Frau Sehnsucht nach ihrer Mutter und ihrem Vater. »Dann laden wir sie eben zum Essen ein«, meinte der Hansl. »Ja, warum auch nicht!«, meinte die Prinzessin. Für sie war das die größte Freude.

Der König und die Königin nahmen die Einladung in das prächtige Schloss gerne an. Beide wussten aber nicht, wer ihre Gastgeber wirklich waren. Wohl beeindruckte sie das prächtige Anwesen. Aber selbst, als sie dann vor ihrer Tochter standen, erkannten sie sie nicht wieder. Wer weiß, was die Zeit im Fass bewirkt hatte.

An der Tafel wurde geschmaust und getrunken. Zum Abschied dachte sich die Prinzessin eine List aus. Und so wünschte der Hansl dem König das goldene Tischbesteck in die Hosentasche.

Als sich der König und die Königin schließlich verabschiedeten, meinte die Prinzessin: »Majestät, Ihr habt wohl noch etwas von uns in der Hosentasche!« – »Nein«, sagte der König. »Ich wüsste nicht, dass ich etwas von euch eingesteckt hätte!« – »Doch, doch!«, beharrte die Prinzessin. »Schaut einmal nach!« – »Wollt Ihr vielleicht andeuten, dass ich bei euch das Besteck von der Tafel mitgehen lasse?«, meinte der König verärgert.

»Macht mir die Freude und schaut einmal nach«, beharrte die Prinzessin. Da griff der König in seine Taschen – und was fand er da: das goldene Besteck!

»Jetzt weiß ich gar nicht, wie ich dazu gekommen bin!«, meinte der König verwundert. – »Siehst du, mein lieber Vater«, sagte da die Prinzessin. »Genauso ist es mir mit meinem Sohn auch ergangen!«

Jetzt fiel es der Königin und dem König wie Schuppen von den Augen: Die Frau, die da vor ihnen stand, war ihre eigene Tochter – die Prinzessin!

War das eine Freude! Glückselig fielen sie sich in die Arme. Jetzt musste der Hansl haarklein erzählen, wie sich alles zugetragen hatte. Mit großen Augen und Ohren hörten die Königin und der König zu. »Nach dem, was da geschehen ist, ist es jetzt aber höchste Zeit, ein großes Hochzeitsfest zu feiern«, meinte dann die Königin. Ja, da konnten ihr alle anderen nur zustimmen. Und so geschah es. Zur Hochzeit lud der Hansl natürlich auch seine Mutter ein. Wie staunte die, was aus ihrem siebenköpfigen Hansl geworden war. Nach dem Fest lebten sie noch lange lustig und vergnügt. Wer weiß, wie viele Kinder sie noch miteinander gehabt haben. Glücklich sind sie auch gewesen – und wenn sie nicht gestorben sind, dann leben sie wohl heute noch!

Vom Hofnarren

*Das Motiv vom weisen Narren taucht in den
verschiedensten Märchentraditionen auf.
Georg Graber fand dieses Märchen im Kärntner Ort Knappenberg
und veröffentlichte es 1935 in den »Sagen und Märchen aus Kärnten«.*

Es lebte einmal ein Hofnarr. Der war bei all seinen Späßen, Streichen und Witzen so pfiffig und schlau, dass die Leute bald meinten, er sei eigentlich gescheiter als sein Herr, der König.
Dem König kam das zu Ohren und es gefiel ihm ganz und gar nicht. Sollte er den Hofnarren einfach wegjagen? Nein, er ließ sich eine List einfallen: Der Hofnarr wurde verhaftet und vor Gericht gestellt. Die Anklage lautete, er sei in der Nacht im Bett der Königin gewesen. Den Hofnarren kümmer-

te das wenig. Er spielte das Spiel mit und die Richter fällten das Urteil: Der Hofnarr wurde schuldig gesprochen und zum Tod am Galgen verurteilt.

Selbst als er den Richterspruch hörte, verteidigte sich der Hofnarr nicht. Willig ließ er sich abführen. Beim Galgen angelangt, pflanzte er sich auf und sagte laut und weitum vernehmbar: »Hört mir zu, ihr Leute! Ich bin doch ein königlicher Diener und kein Räuber und Mörder. Drum wäre es eine Schande für den Hof und für das ganze Volk, wenn ich am Galgen gehängt würde wie ein gemeiner Verbrecher. Jeder weiß, dass ein zum Tod Verurteilter noch einen Wunsch vorbringen darf. Darum bitte ich darum, nicht an dem Galgen, sondern an einem Baum aufgehängt zu werden.«

Der König war mit seinem ganzen Hofstaat auf der Richtstätte versammelt. »Gut!«, sagte er. »Dieser Wunsch sei dir gewährt!«

Der Hofnarr wurde also weg vom Galgen zum nächsten Baum gebracht – und mit ihm zogen der König, der Hofstaat und die ganzen Leute.

»Nein!«, sagte der Narr. »Der Baum passt mir nicht! Gehen wir weiter.«

Aber auch der nächste Baum war nicht der Richtige für ihn. Und auch der Dritte nicht. Schließlich wurde der König unwillig und rief: »Hängt ihn doch an irgendeinem Baum auf!« – »Nur Geduld«, sagte der Narr, »dort sehe ich schon den Richtigen.«

Gleich darauf kamen sie zu einem Unterholz. Hier stand ein Baum, der dem Narren gerade bis über den Bauch reichte.

»Das ist er!«, rief der Narr. »Auf diesem Baum möchte ich gehängt werden!« Was sollten sie dagegen einwenden? Der König musste sein Wort halten. Und der Narr – der hatte mit Köpfchen eben dieses noch einmal gerettet.

Unglaublich – aber wahr?

Im Mühlviertler Ort Unterweißenbach erzählte der Altbauer Franz Foisner dem Volkskundler Karl Haiding 1954 diese Geschichte. Der 76-jährige Foisner hatte sie als Kind von seiner Mutter gehört. Sie stammte aus Langenbruck im damaligen Deutschböhmen und war eine Zeit lang mit Fahrenden in Verbindung. Das ist wohl mit ein Grund, warum hier nicht von einem König, sondern von einem Zaren die Rede ist. Zar war bekanntlich der Titel eines königlichen Herrschers in Russland und vielen anderen Ländern im Osten Europas.

Vor langer, langer Zeit, wars gestern oder wars heut, da lebte einmal ein Zar. Der hörte gerne die unglaublichsten Geschichten. Ja, je unglaublicher die Geschichte war, desto größer war seine Freude daran.
Einmal ließ er gar verkünden: »Wer mir eine Geschichte erzählt, die so unglaublich ist, dass ich sie nicht glaube, bekommt einen großen Häfen, also einen großen Topf, voller Geld.«
Da meldeten sich viele. Sie schmückten ihre Erzählungen aus und logen drauflos, dass sich die Balken nur so bogen. Der Zar aber sagte immer das eine: »Das glaube ich wohl! Das glaube ich wohl! Das glaube ich!« So hörte der Zar die unglaublichsten Geschichten – und brauchte doch nichts dafür zu bezahlen.
Einmal kam ein Bauer an den Hof. Er meldete sich beim Zaren und begann seine Geschichte: »Vor langer, langer Zeit habe ich mit meinem Pferd auf

dem Feld geackert. Das war eine Schinderei. Vor lauter Anstrengung ist das Ross in der Mitte auseinandergebrochen.«

»Das glaube ich wohl!«, sagte der Zar. »Ja, das glaube ich!«

»So habe ich mit der hinteren Hälfte vom Pferd weitergeackert«, sagte der Bauer. »Ja, das glaube ich wohl!«, sagte der Zar. »Ja, das glaube ich.« – »Aber das ging nicht gut«, setzte der Bauer fort. »Schließlich blieb mir nichts anderes übrig, als die zwei Hälften mit selbstgemachtem Mehlpapp wieder zusammenzukleben.« – »Ja, das glaube ich wohl!«, rief der Zar. »Ja, das glaube ich!« – »Gott sei Dank sind die zwei Hälften wieder gut zusammengewachsen«, meinte der Bauer. »Dort aber, wo das Ross zusammengeklebt war, ist ihm ein Baum aus dem Rücken gewachsen. Der ist immer höher und höher in die Höhe geschossen, bis weit in den Himmel hinauf.« – »Das glaube ich!«, nickte der Zar. »Ja, das glaube ich.« – »So leicht komme ich so schnell nicht mehr in den Himmel, habe ich mir gesagt«, fuhr der Bauer fort, »und bin hinaufgekraxelt auf den Baum und in den Himmel hinein.« – »Das glaube ich«, lachte der Zar. »Ja, das glaube ich!« -

»Im Himmel haben die Leute gerade den Hafer geputzt. Der Wind ist gegangen. Kalt war es, bitterkalt. Deshalb wollte ich gleich wieder hinunter. Aber was sehe ich da: Der Baum ist umgefallen und mit ihm das Ross.« – »Das glaube ich«, meinte der Zar. »Ja, das glaube ich!« – »So habe ich die Haferkleie genommen und daraus einen Strick gedreht. An dem habe ich mich hinuntergelassen.« – »Das glaube ich!«, nickte der Zar. »Ja, das glaube ich!« – »Fast war ich schon unten, da merke ich, dass das Seil zehn, wenn nicht fünfzehn Meter zu kurz ist. Was sollte ich jetzt tun!?«, meinte der Bauer nachdenklich. »Schließlich bin ich gesprungen und dabei unten auf der Erde so tief ins Moos gefallen, dass ich bis zum Hals darin gesteckt bin. So viel ich mich auch bemüht habe: Ich habe einfach nicht mehr herausgekonnt.« – »Ja, das glaube ich!«, rief der Zar. »Ja, das glaube ich!« –

»Ihr glaubt es mir, Herr!«, lachte der Bauer. »Aber was jetzt!? – Schließlich bin ich nach Hause gegangen, habe eine Schaufel geholt und mich damit wieder ausgegraben.« – »Ja, das glaube ich wohl«, nickte der Zar. »Ja, das glaube ich!«

»Am Heimweg ist mir ein Mann mit einer Herde Schweine begegnet. ‚Was machst du denn da?', habe ich ihn gefragt. ‚Ich?', hat der gelacht. ‚Ich bin ein Sauhüter!' – ‚Was, sagst du!? – Ein Sauhüter, ein Schweinehirt, bist du also? Und woher kommst du? Ich kenne dich ja gar nicht.' – ‚Woher sollst du mich denn auch kennen', lachte da der Sauhirt. ‚Ich bin der Vater des russischen Zaren!'« – »Was!?«, rief der Zar. »Das soll mein Vater gewesen sein? Der Sauhirt!?« – »Ja, Herr, so war es«, meinte der Bauer und nickte: »Genau so, wie ich es sage!«

»Frechheit!«, schrie da der Zar. »Alles was recht ist, aber das glaube ich nicht! Mein Vater war kein Sauhüter, er ist keiner und wird auch nie einer sein!«

Der Bauer aber, der lachte nur. Das Geld hatte er gewonnen. Was er damit gemacht hat? – Wer weiß?

VON GANZ SCHÖN STARKEN FRAUEN

Frauen im Märchen – da denken viele an »Dornröschen« oder »Schneewittchen« und mit ihnen an Gestalten, die wartend, erduldend und erleidend ihr Schicksal auf sich zukommen lassen. Nicht, dass es diese Frauengestalten in den alpenländischen Märchen nicht geben würde. Viel öfter aber tauchen da Frauen auf, die ihr Leben in die Hand nehmen. Frauen, die mit Fantasie und Geschick gewaltige Herausforderungen meistern. Unglaublich, welche Schicksalsschläge die Marie in »Armreich und Schmerzenreich« bewältigt. Beeindruckend, wie umsichtig die Annerl im Zaubermärchen »Vom Hahnengiggerl« nicht nur für sich, sondern auch für ihre Mutter sorgt. Faszinierend, mit wie viel Charme und Witz die Bauerntochter im Volksmärchen »Von List und Weisheit der Frauen« den Grafen überlistet. Einmal mehr gilt da der Spruch »von der Frau, die auszog, ihren Mann zu erlösen«.

Von Sedunkråtlipa, Siebenschön

Károly Gaál sammelte 1964 und 1965 im burgenländischen Stinatz kroatische Volksmärchen. Die nachfolgende Überlieferung stammt von Maria Kirisits. Ihr Vater Johann Jelesits war als Erzähler weitum bekannt. Viele seiner Geschichten hatte er während seiner Zeit beim Militär, dann als Viehtreiber und Lohnarbeiter in Österreich und Ungarn gehört. Während seiner winterlichen Arbeitslosigkeit gab er sie zu Hause weiter. Auch die eigenen Kinder hörten ihm dabei mit Begeisterung zu.
Kein Wunder, dass Maria Kirisits diese Geschichten später in Wien als Ziegeleiarbeiterin den Kindern ihrer Kolleginnen und Kollegen erzählte.

Es waren einmal ein armer Mann und eine Frau. Die hatten miteinander ein Mädchen. Der Mann war Besenbinder. Davon lebten sie und hatten doch kaum genug zum Leben. Immer wieder gingen die Mutter und die Tochter in den Wald. Dort schnitten sie Ruten und Holz für die Besen, damit der Vater zu Hause weiterarbeiten konnte.

Jahre vergingen. Da starb die Mutter. Das Mädchen war jetzt groß genug, um alleine in den Wald zu gehen und die Ruten, die der Vater zum Besenbinden brauchte, zu holen. Zu einer wunderschönen jungen Frau war das Mädchen herangewachsen. Alle im Dorf nannten sie »Sedunkråtlipa«, auf Deutsch »Siebenschön«.

Einmal, als sie wieder im Wald Ruten schnitt, war dort der Prinz des Landes mit seinem Gefolge auf der Jagd. Wie er dem Wild nachsetzte, sah er das Mädchen durch den Wald huschen. Er sah sie nur kurz, denn sie war scheu und lief gleich wieder fort.

Am nächsten Tag ritt er aber wieder in den Wald, diesmal nur, um sie zu sehen. Und wirklich sah er sie. Ja, er schaute ihr sogar bei der Arbeit zu und sie gefiel ihm so sehr, dass er beschloss: Sie – und nur sie – sollte die Seine werden. Zu Hause erzählte er seinen Freunden von der Schönen, die er im Wald gefunden hatte. Miteinander ritten sie tags darauf wieder in den Wald. Diesmal sprach er sie an und erklärte ihr seine Liebe.

Bald erfuhr auch sein Vater, der König, von der Frau, in die sich sein Sohn draußen im Wald verliebt hatte. »Was kann das wohl für eine sein?«, ärgerte sich der König. »Eine Frau, die sich im Wald herumtreibt, ist wohl nicht der rechte Umgang für einen Königssohn.« Neugierig wollte er mehr über sie wissen, wer sie denn sei, und von wo sie denn stamme. So erfuhr er, dass sie die Tochter eines armen Besenbinders war. So eine und sein Sohn – der Prinz! Das kam ja überhaupt nicht in Frage!

Gleich schickte der König seine Soldaten aus und befahl ihnen, die Hütte des Besenbinders bei der Nacht anzuzünden. »Soll doch alles verbrennen«, sagte er, »dann haben wir Ruhe vor den Nachstellungen dieser Weibsperson. Mein Sohn braucht das alles nicht zu wissen.«

Wirklich zündeten die Soldaten die Hütte des Besenbinders an. Sie verbrannte wie Zunder, und der Besenbinder mit ihr. Nur die Tochter konnte sich halbnackt aus dem Bett retten. Nichts war ihr geblieben.

Gute Leute gaben ihr für die Holzstumpen, die vom Haus übrig waren, ein wenig Geld. Davon kaufte sie sich ein Männergewand. Sie schnitt sich ihre Zöpfe ab und trug die Haare kurz wie ein Bursch. Jetzt sah sie aus wie ein schmucker Jüngling. Drauf ging sie in die Königsstadt und fragte dort am königlichen Hof um Arbeit.

»Nein, nein, nein«, hieß es zuerst. »Wir brauchen niemanden!« Dann aber sah sie der erste Verwalter: »Na, das ist ein hübsches Bürschchen!«, sagte er. »Wir werden ihn nehmen. Soll er die Gänse weiden und Botengänge erledigen.«

Da freute sich der Bursche, der ja eigentlich eine junge Frau war. »Wie heißt du denn überhaupt?«, fragten sie sie im Schloss. »Nesreća«, gab sie zur Antwort. Das heißt auf Deutsch »Unglück«. So nannten sie alle »Nesreća« – »Unglück«. Die Arbeit ging ihr flink von der Hand. Durch ihren Fleiß und ihre freundliche Art war sie bald wohlgelitten im Schloss. Überall hatte sie Zutritt. Da hieß es Holz tragen und die Asche hinausbringen, aber auch Schuhe putzen für den Prinzen und seine Kleider in Ordnung bringen. So vergingen ein paar Jahre.

Eines Tages sagte der König zu seinem Sohn: »Es ist Zeit, dass du heiratest! – Und ich weiß auch schon eine, die zu dir passt: Die Tochter unseres Nachbarkönigs. Sie wird dir bestimmt gefallen.«

Der Prinz wollte nicht so recht. Die Schöne aus dem Wald kam ihm immer wieder in den Sinn. Aber schließlich gab er dem Drängen des Vaters widerwillig nach. »Schau sie dir doch einmal an«, meinte der König. »Glaub mir, wenn du sie siehst, wird sie dir gefallen.«

Ein Festzug wurde gerüstet. Da fragte auch Nesreća, ob sie mitkommen dürfte. »Was willst denn du dort, du schmutziges Unglück!?«, höhnte der Verwalter und gab ihr einen Schlag auf den Kopf: »Du bleibst besser zu Hause und schaust, dass alles sauber ist und in Ordnung. Du wirst das Haus putzen.«

Niedergeschlagen machte sich Nesreća an die Arbeit, während die festliche Gesellschaft loszog: Hohe Würdenträger und der ganze königliche Hof waren dabei. In der Mitte fuhr der junge König in einer goldenen Kutsche. Nesreća hatte derweil alle Hände voll zu tun, um mit der Arbeit fertig zu werden. Aber schließlich war alles geputzt. Da ging sie in den Stall, um nachzusehen, ob noch ein Ross zu Hause geblieben war. Eines war da. Aber das hinkte.

»Gut«, sagte sich Nesreća, »dann wird eben das das meine«, band es los, sattelte es und hoppauf ihnen nach! Gemächlich zog der Festzug dahin. Bald hatte sie ihn eingeholt. Da begann Nesreća, ein Lied zu singen: »Sedunkråtlipa su bila imenovana, a sad mi je nesreća poznana«, auf Deutsch »Siebenschön ward ich genannt, Unglück ist mir jetzt bekannt.«

Das sonderbare Lied hörte auch der junge König in seiner Kutsche. Wo kommt der Gesang her? – Es ließ anhalten. Horchte. – Nichts! – Da ließ er wieder weiterfahren.

Bald darauf begann Nesreća ihr Lied aufs Neue. Wieder hörte der Prinz den Gesang. Und wieder ließ sich nicht ergründen, von wo der Gesang herkam. Also ging es wieder weiter.

Kurz vor der fremden Festung sang Nesreća ihr Lied zum dritten Mal: »Sedunkråtlipa su bila imenovana, a sad mi je nesreća poznana« – »Siebenschön ward ich genannt, Unglück ist mir jetzt bekannt.«

Der Prinz hatte es diesmal ganz deutlich gehört. Er sprang aus dem Wagen und lief zurück. Hinter dem letzten Soldaten fand er Nesreća, den schmutzigen Diener, auf dem hinkenden Pferd.

»Was machst du hier!?«, fuhr er sie an. – »Ich ziehe mit Euch, um zu sehen, wie es Euch bei der fremden Königstochter geht.«

»Und wer hat da gesungen!? Dreimal gesungen!?«

»Gütiger König, das war ich, Herr!«

Da sah sich der Prinz den zerlumpten Kerl auf dem Pferd genauer an – und erkannte das Mädchen, das er im Wald gesehen hatte. Gleich musste sie mit ihm in seinen Wagen einsteigen. Dann sagte er zu seinem Vater: »Vater, verzeih mir, aber ich werde nicht die Braut nehmen, die du mir vorgeschlagen hast. Endlich habe ich die gefunden, die mir gefällt, seit ich sie zum ersten Mal sah. Und jetzt werde ich sie nehmen, ob es dir recht ist

oder nicht.« Da machte der König große Augen – und die Leute im Gefolge riefen laut: »O heilige Maria, das ist ja unser ‚Unglück'. Das ist der Bursch, der ‚Unglück' heißt, und der bei uns in der Burg im Dienst ist.«
»Nicht Unglück!«, lachte der Prinz. »Das ist mein Glück!« Drauf fuhren sie weiter zur vereinbarten Brautschau.
Als der Prinz vor den fremden König trat, hob er an: »Gütiger König, es liegt mir fern, Euch zu beleidigen, aber ich werde Euch jetzt eine Frage stellen: Nehmen wir an, Ihr hättet einen goldenen Schlüssel für Eure Kasse. Der wäre verlorengegangen und Ihr hättet einen aus Blech oder Eisen anfertigen lassen. Dann aber würdet Ihr den goldenen Schlüssel wieder finden. – Welchen Schlüssel würdet Ihr behalten?« – »Den goldenen natürlich«, sagte der König, »den anderen würde ich wegwerfen.«

»Nun seht«, sagte der Prinz, »so ist es bei uns: Ich hatte meine Liebste verloren. Dabei war ich seit Jahren in sie verliebt. Ich dachte, sie wäre nicht mehr auf der Welt. Doch jetzt habe ich sie wiedergefunden und werde sie nehmen. Das ist mein goldener Schlüssel. – Eure Tochter muss ich stehenlassen. Seid nicht böse. Sie wird sich schon einen Bräutigam finden.«
»Oh, nein«, sagte der König, »ich bin nicht böse. Und du bist ein gescheiter Mensch.« So war es gut. Der Prinz und seine Liebste fuhren wieder nach Hause. Dort heiratete er sie dann – Sedunkråtlipa, Siebenschön, war fortan wieder ihr Name.

Von List und Weisheit der Frauen

Johann Reinhard Bünker hat diese Geschichte um 1900 im Kärntner Ort Trebesing aufgezeichnet. Es ist eine dieser Erzählungen, die dem Klischee von der duldenden, erleidenden Frau im Märchen originell widersprechen.

In einem Tal wohnten einmal zwei Bauern, ein armer und ein reicher. Den Armen schlug das Unglück unbarmherzig: Unwetter vernichteten die Ernte, ein, zwei Stück Vieh gingen zugrunde. Nach und nach kam er ganz und gar ins Elend. In seiner Not wusste er nicht mehr ein und aus. »Geh doch zum Nachbarn und bitte ihn, uns auszuhelfen«, meinte seine Tochter. »Ihm wird es nicht fehlen. Und wenn es uns wieder besser geht, dann zahlen wir es ihm mit Zins und Zinseszins wieder zurück.« Der Vorschlag gefiel dem Armen. So ging er also zum reichen Nachbarn.
»Du hast Geld und Gut im Überfluss«, sagte er zu ihm. »Ich bitte dich: Leih mir vierhundert Gulden. Damit kann ich etliche Stück Vieh kaufen. Wenn die Wirtschaft bei mir wieder besser geht, bekommst du dein Geld dann mit Zinsen zurück.«
Der Reiche überlegte und beriet sich im Hinterzimmer mit seiner Frau. »Mach das«, sagte sie, »aber bestehe drauf, dass er dir das Geld auf der Stelle geben muss, wenn wir es selber brauchen. Wir verlangen es dann zurück, wenn er grad gar nichts hat. Dann muss er seinen Hof versteigern –

und wir können seinen ganzen Besitz billig kaufen.« Was für eine gemeine Idee! – Aber sie gefiel dem Reichen. »Gut«, sagte er schließlich zum armen Nachbarn, »man ist ja kein Unmensch. Du sollst das Geld haben. Aber wenn ich es brauche, musst du es mir auf der Stelle wiedergeben – gleich was ist.«

Der arme Bauer hätte wohl alles unterschrieben. Hauptsache, er und seine Leute kamen raus aus der Not!

»Ja«, sagte er, »das verspreche ich. Du bekommst alles zurück – bis auf den letzten Heller und die Zinsen dazu!«

Mit dem Geld konnte sich der Arme etliche Stück Vieh anschaffen und es ging wieder aufwärts mit seinem Hof.

Im Sommer war das Vieh auf der Alm. Da kam ein furchtbares Unwetter. Kühe, Stier und Kälber wurden vom Blitz erschlagen. Und – als ob das nicht schon genug gewesen wäre – verwüstete auch noch ein Brand das Haus und den Hof.

Wie die Frau des Reichen die Not sah, sagte sie zu ihrem Mann: »Was ist jetzt mit unserem Geld!? – Schau zu, dass du es wieder eintreibst. Haus hat er keines mehr. Vom Vieh ist auch nicht mehr viel übrig. – Aber wenn du jetzt das Geld zurück verlangst, kommen wir billig zu seinem Besitz. Er hat ja nichts, was er sonst geben könnte!«

»Du hast recht!«, sagte der Reiche. Auf der Stelle ging er zum Nachbarn und verlangte sein Geld zurück.

»Du weißt doch, wie es mir geht!«, klagte der Arme. »Glaub mir: Du bekommst dein Geld! Nur jetzt kann ich nicht zahlen!« Aber weder bitten, betteln, noch flehen half. Der Reiche blieb unbarmherzig und stur. Er wollte sein Geld zurück – und zwar sofort.

Der arme Bauer war verzweifelt. In seinem Elend wusste er sich nicht mehr zu helfen. Seine Tochter aber war eine verständige Frau: »Geh doch zum Grafen!«, sagte sie. »Der ist der Richter über alle Bauern. Die Leute sagen, dass er ein gerechter Mann ist. Der hat schon vielen geholfen. Bestimmt hat er Mitleid mit dir!«

Da machte sich der Bauer auf den Weg zum Grafen. Lang und breit schilderte er ihm sein Elend: »Herr, Ihr wisst jetzt um meine Not«, sagte er schließlich. »Ich bitte Euch: Leiht Ihr mir die vierhundert Gulden, damit ich sie meinem Nachbarn wieder zurückgeben kann.« –

»Geld bekommst du von mir keines«, sagte der Graf. »Aber komm in acht Tagen wieder. Deinen Nachbarn werde ich auch vorladen.«

Als die zwei Bauern schließlich miteinander vor dem Grafen standen, sagte der: »Euer Streit ist nicht leicht zu schlichten. Drum gebe ich euch ein Rätsel auf. Löst es der Reiche, dann muss der Arme mit seinem Besitz zahlen und den Hof versteigern. Hat der Arme die bessere Antwort, dann gilt die Schuld so lange gestundet, bis er sie zahlen kann. In einer Woche kommt ihr wieder. Dann sollt ihr mir sagen: Was ist das Dickste? Was ist das Schönste? Und was ist das Reichste? Wer die besten Antworten hat, bekommt recht.«

Als der Reiche nach Hause kam, war er grantig.

»Was hast du denn?«, fragte ihn seine Frau, als sie sah, dass ihr Mann offenbar verärgert war.

»Es ist wegen dem Grafen!«, schimpfte er. »Der will wissen, was das Dickste, das Schönste und das Reichste ist. Aber die Welt ist groß. Wie soll ich denn da draufkommen!? – Und weiß ich keine Antwort, dann sind die vierhundert Gulden, die wir dem Nachbarn geliehen haben, beim Teufel.« –

»Aber das ist doch ganz einfach«, sagte die Bäuerin und gab ihm ohne viel nachzudenken die drei Antworten – eine nach der anderen.

Auch dem Armen war nicht wohl in seiner Haut, als er nach Hause kam.

»Nun, wie ist es dir ergangen?«, fragte ihn seine Tochter. »Wie hat der Graf entschieden?« –

»Gar nichts ist entschieden!«, klagte der Bauer. »Ein Rätsel hat er uns gestellt: Was ist das Dickste, was ist das Schönste und was ist das Reichste? – Das ist eine Frage für Herren, aber doch nicht für einen einfachen Bauern, der vor lauter Kummer und Sorgen gar nicht mehr nachdenken will.« –

»Da brauchst du auch nicht viel nachdenken«, lachte die Tochter. »Die Lösung liegt doch auf der Hand.« Und sie sagte ihm die drei Antworten. Jetzt war ihm leichter.

Nach acht Tagen standen die zwei Bauern wieder vor dem Grafen: »Nun«, fragte der den Reichen, »weißt du die Antworten?« –

»Wohl!«, sagte der. »Die sind ganz einfach!« Und er fuhr fort, so wie es ihm seine Frau aufgetragen hatte: »Das Dickste sind die Ochsen, die wir im Stall stehen haben. Die schönste Frau ist weit und breit die meine. Und die Reichsten sind wir, Herr, nach Euch – versteht sich.«

»Na, dann werden euch die vierhundert Gulden wohl nicht groß abgehen«, meinte der Graf und fragte den Armen: »Aber jetzt sag du mir: Was sind deine Antworten?«

»Das Dickste, Herr, ist die fruchtbare Erde. Ich habe einen Brunnen gegraben. Tiefer und tiefer habe ich den gegraben, und hätte ich noch zwei-, dreimal so tief gegraben: Ich wäre doch zu keinem Ende gekommen!«

»Was meinst du dazu?«, fragte der Graf den Reichen.

»Das stimmt«, meinte der. »Da hat er Recht. Da kann man nichts dagegen sagen.«

»Und?«, fragte der Graf den Armen. »Was ist das Schönste?« –

»Herr, das Schönste ist der Frühling. Wenn die Bäume austreiben und zu blühen beginnen, wenn die Wiesen voller Blumen stehen, die Vögel wieder singen, und die Tiere vor lauter Lust hüpfen und springen? Was könnte da schöner sein?« –

»Was sagst du dazu?«, fragte der Graf den Reichen.

»Auch dagegen gibt es nichts zu sagen«, meinte der.

»Gut. Also was ist das Reichste?«

»Das Reichste ist Gottes Segen, Herr! – Wenn man im Frühjahr den Samen aussät, und im Herbst reiche Ernte einbringt, von der Mensch und Vieh leben. Was könnte da reicher sein?«

Wieder fragte der Graf den Reichen. »Ja«, stimmte der zu, »auch dagegen gibt es nichts zu sagen. Es stimmt.«

»Gut«, sagte drauf der Graf zum Reichen. »Du hast ihm dreimal zugestimmt. Damit hat er Recht. Geh nach Hause. Die Schuld ist gestundet.«

Den Armen aber fragte er: »Das ist dir doch bestimmt nicht selber eingefallen.« –

»Nein, Herr!« –

»Dann sag mir: Wer war's?« –

»Meine Tochter, Herr!«

»Und? Ist die alt oder jung, verheiratet oder ledig?« –

»Jung und ledig ist sie.«

Drauf meinte der Graf, er würde die Tochter gerne kennenlernen. Sie solle deshalb an dem und dem Tag zu der und der Zeit in das und das Wirtshaus kommen. Aber nicht nur das: Er trug ihm auch auf: »Sag ihr, sie soll kommen, aber nicht gegangen, nicht geritten und nicht gefahren. Sie soll nicht angezogen, aber auch nicht nackt sein. Und sie soll ein Geschenk bringen, das doch kein Geschenk ist.«

Überglücklich eilte der Bauer nach Hause. Gleich erzählte er der Tochter, dass die Schuld erlassen sei: »Und stell dir vor«, sagte er, »der Graf will dich sehen!« –

»Mich?« –

»Ja. Dich will er sehen! Aber das ist eine ganz und gar verrückte Geschichte. Du sollst zu ihm kommen, aber nicht gegangen, nicht geritten und nicht gefahren. Du sollst nicht angezogen sein, aber auch nicht nackt. Und du sollst ein Geschenk bringen, das doch kein Geschenk ist. Das alles ist doch gar nicht möglich.«

»Meinst du, Vater?«, lachte die Tochter.

Am besagten Tag holte sie den Ziegenbock aus dem Stall und das Fischernetz aus der Hütte. In der Küche schnappte sie sich zwei Suppenteller. Mit denen fing sie bei der Bienenhütte ein paar Bienen, sodass die im Raum zwischen den zwei Tellern herumsummten. Sie selbst zog sich aus und wickelte sich in das Fischernetz ein. Dann machte sie sich mit den zwei Tellern in der Hand auf den Weg. Einen Fuß hatte sie am Rücken vom Ziegenbock. Mit dem anderen hüpfte sie daneben her.

Als der Graf sie sah, wischte er sich verwundert über die Augen. Die Bauerntochter kommt doch tatsächlich nicht gegangen, nicht geritten und nicht gefahren. Sie ist nicht angezogen und doch nicht nackt. »Ei der Daus, die versteht's!«, murmelte der Graf.

Lachend grüßte sie ihn und er sie zurück. »Und?«, fragte er, »hast du auch ein Geschenk für mich? Eines, das eigentlich kein Geschenk ist?«

»Aber natürlich, Herr«, meinte sie, und überreichte ihm die zwei Teller. Neugierig klappte er die auseinander – und weg waren die Bienen.

Besser hätte sie die Aufgabe nicht lösen können.

Gleich ließ der Graf vom Hof frisches Gewand für sie holen. Dann saßen sie beisammen. Sie redeten über dies und das, und mit jeder Antwort gefiel sie ihm noch besser.

Schließlich sagte er: »Eine Frau wie dich findet man nicht jeden Tag. Du hast Verstand, bist klug und gefällst mir. Sag, willst du nicht die Meine werden!?« –

»Aber, Herr Graf«, lachte sie da, »Ihr werdet doch nicht eine arme Bauerndirne foppen und zum Narren halten wollen!? – Zu Euch passt eine reiche, adelige Frau – aber doch nicht eine wie ich.« –

»Willst du reich werden? – Dann nimm einen Sack Gold von mir, oder auch zwei oder drei! – Aber glaub mir: Es ist mein Ernst!«, meinte der Graf. –

»Das sagt Ihr jetzt! – Nicht, dass Ihr mir nicht auch gefällt. Aber es bleibt dabei: Ich bin arm und ihr seid reich. Früher oder später werdet Ihr mir das bestimmt einmal vorwerfen.« – »Nein«, sagte der Graf, »das verspreche ich dir.« Und er redete ihr so lange zu, bis sie schließlich in die Heirat einwilligte.

»Das Einzige, was ich von dir verlange, ist, dass du dich nicht in die Herrschaft einmischst«, sagte er. »Als Gräfin darfst du keinem Bauern mit Rat und Tat beistehen. Tust du das doch, dann musst du binnen drei Tagen wieder fort. So leid mir das auch tun würde. – Das ist die einzige Bedingung.« – »Gut«, sagte sie, »damit bin ich einverstanden. Aber ich habe auch eine Bedingung: Wenn es schon sein sollte, dass ich nach Hause muss, dann will ich mir wenigstens das, was mir am liebsten ist, mitnehmen.«

»Dagegen gibt es nichts einzuwenden!«, stimmte ihr der Graf zu.

So war die Hochzeit beschlossen. Bald waren sie Mann und Frau, hatten sich von Herzen gern und vertrugen sich gut.

Die Jahre vergingen.

Einmal wurde weitum verkündet, dass der Viehbestand eines jeden Bauern aufgeschrieben werden müsse. So kamen die Bauern mit Ochsen, Kühen, Schafen und Pferden zum gräflichen Anwesen. Zuerst die großen Bauern, drauf die Kornbauern, zuletzt die Keuschler, also die, die nichts hatten, außer einem kleinen Haus. Und das war oft armselig. Unter ihnen war einer, der hatte eine trächtige Stute mitgebracht. Die war sein ganzer Stolz. Mit dem Fohlen, das in ihr heranwuchs, würde er seine Schulden bezahlen können und wieder Luft haben zum Leben.

Am gräflichen Hof war deren Zeit um. Der Keuschler saß gerade im Wirtshaus mit den anderen Bauern beisammen. Niemand bemerkte, wie die Stute das Füllen warf. Das frisch Geworfene lief zu den Ochsen von einem Großbauern, die in der Nähe standen, und suchte dort die Tutten, also ein Euter, um zu trinken. Als der Großbauer zurückkam, sah er das Füllen und lachte: »Jetzt haben meine Ochsen ein Füllen geworfen!« Das ging herum wie ein Lauffeuer.

Da riss es den armen Keuschler! – Gleich schaute er nach seiner Stute. Die stand da – aber ohne Füllen! – Das irrte bei den Ochsen herum. »Das Füllen gehört mir!«, sagte er zum Großbauern. »Meine Stute hat es gerade geworfen.« –

»Was weiß ich?«, sagte der Großbauer. »Das Füllen ist bei meinen Ochsen, also gehört es wie die Ochsen mir!«

So ging es hin und her. Schließlich kam der Streit vor den Grafen. Der aber hatte gerade anderes zu tun und wollte seine Ruhe haben.

»Das Füllen wird seine Mutter wohl kennen«, meinte er.

»Also gehört es mir!«, sagte der Großbauer und zog mit Ochsen und Füllen ab.

Der arme Keuschler war hellauf verzweifelt. Weitum erzählte er, wie er bei dem Streit draufgezahlt hatte. Ochsen können doch kein Fohlen werfen! Das gibt einem doch der Hausverstand ein! – Auch dem armen Bauern, dessen Tochter den Grafen geheiratet hatte, erzählte er die Geschichte.

»Geh doch zur Gräfin«, redete der ihm zu. »Die kann dir bestimmt einen Rat geben. Sie weiß ja selber, wie es ist, wenn man arm ist und ungerecht behandelt wird.«

Da sprach der Keuschler bei der Gräfin vor und schilderte seinen Fall.

»Ich kann dir da auch nicht helfen«, sagte sie. »Da musst du schon mit dem Grafen selber reden.« –

»Was soll ich mit ihm reden?«, klagte der Keuschler. »Der hat ja selber so ungerecht entschieden. Einer wie der Graf macht es sich leicht. Und einer wie ich muss die himmelschreiende Ungerechtigkeit ausbaden.«

Da überlegte die Gräfin hin und her.

»Pass auf!«, sagte sie schließlich. »Morgen in der Früh steigst du zeitig auf den Tannenbaum, der vor unserem Schlafzimmer steht. Nimm eine Angelrute mit und tu, als ob du angeln würdest. Mein Mann, der Graf, geht nach dem Aufstehen gerne zum Fenster und zündet sich seine Pfeife an. Bestimmt wird er dich dann sehen und fragen, was du da machst.« Drauf sagte sie ihm noch genau, was er antworten müsse. Und eins trug sie ihm noch auf: »Sag ja nicht, dass du das von mir hast. Wenn er dich danach fragt, sagst du, dass es dir selbst eingefallen ist.«

Hoch und heilig versprach er ihr das, der Keuschler, und dankte ihr wieder und wieder für den Rat.

Am nächsten Morgen ging der Graf nach dem Aufstehen wie jeden Tag zum Fenster und zündete sich seine Pfeife an. Und was sah er da?

Ein Bauer saß in den Ästen und angelte mit einer Angelrute in der Luft.

»Was machst du denn da?«, fragte der Graf verblüfft.

»Ich fische, Herr!«

»Aber wie kann man denn auf einem Baum fischen!?«

»Wieso nicht!? – Seit die Ochsen Fohlen werfen, fliegen die Fische vergnügt durch die Luft!«

»Steig wieder hinunter«, sagte der Graf. »Ich komme gleich zu dir.«

Drunten im Hof fragte er den Keuschler: »Mir scheint, du bist ein Fuchs. Aber jetzt sag mir: Wer hat dir den Rat mit dem Angeln gegeben?«

»Das ist mir selber eingefallen, gnädiger Herr!«

»Nein, nein, komm mir nicht so«, sagte der Graf, »wärst du wirklich so schlau, dann wäre es nie so weit gekommen. – Aber jetzt rede. Oder muss ich dich erst einsperren lassen, bis dir der Name wieder einfällt?«

Wenn ich eingesperrt werde, dann gibt es niemand, der sich bei mir zu Hause um die Wirtschaft kümmert, sagte sich der Keuschler. Wer wird dann meine Stute ausmelchen? Wer weiß, dann bekommt sie eine Entzündung und das Fohlen geht mit ihr zugrunde.

»Nenn mir den Namen!«, sagte der Graf. »Solange ich noch im Guten mit dir rede.« – »Mit Verlaub, Herr Graf«, druckste der arme Teufel herum,

»ich hab versprochen, den Namen nicht zu verraten.« – »Und ich verspreche dir, dass du im finstersten Verlies nachdenken wirst, ob du nicht doch besser herausrückst damit.«

»Bittschön, Herr Graf«, wand sich der Keuschler, »die Frau Gräfin wars.«

»Geh heim«, sagte drauf der Graf, »und schau zu, dass du dein Fohlen wieder kriegst. Du hast Recht. Es gehört dir.«

Erleichtert zog der Keuschler auf und davon. Der Graf aber ging hinein zu seiner Frau.

»Habe ich dich nicht gewarnt!?«, sagte er zu ihr. »Eine einzige Bedingung habe ich gestellt: Misch dich nicht in meine Herrschaft ein. Du hast sie gebrochen. So leid es mir tut: Jetzt musst du binnen drei Tagen fort.«

»Nun denn«, sagte sie drauf. »Mit Freuden haben wir den Wein der Ehe getrunken. In Frieden wollen wir den Becher zum Abschied leeren.« Sie schenkte ihm und sich Wein ein. Ohne, dass der Graf es merkte, gab sie ein Schlafmittel in ihren Becher.

»Da! Nimm!«, sagte sie dann, und gab ihm ihren Becher. »Trink du zum Abschied meinen Wein, und ich den deinen.«

Alle zwei leerten sie die Becher in einem Zug. Bald darauf wurde der Graf müde und schlief ein. Da ließ die Gräfin eine Kutsche richten. Diener mussten den Grafen hineintragen. Sie selbst setzte sich neben ihn. Und schon gings mit dem Gefährt zum Hof ihrer Eltern.

Die staunten nicht schlecht, als die gräfliche Kutsche vor dem Haus Halt machte.

»Heute müsst ihr mir helfen«, sagte die Gräfin zu Vater und Mutter: »Richtet eine Kammer für mich und meinen Mann.«

Das war schnell geschehen. Sorgsam trugen die Diener den Grafen aus der Kutsche in die Kammer und legten ihn ins Bett. Die Gräfin schickte Diener und Kutsche drauf zurück ins Schloss. Sie setzte sich zu ihrem Mann ans Bett und strickte.

Als der endlich munter wurde, wusste er nicht, wo er war. Alles war ihm fremd. »Wo bin ich!?«, fragte er. »Und warum bist du hier!?« – »Du bist hier bei mir!«, lachte seine Frau.

»Aber warum!? – Was ist geschehen!?«

»Hast du denn alles vergessen?«

»Was soll ich vergessen haben?«

»Du hast mir zugesagt, dass ich mir das, was mir am liebsten ist, mitnehmen darf«, sagte seine Frau. »Ja? Und?«, fragte der Graf verwundert. »Und was könnte mir lieber sein als du!«, lachte sie.

Drauf fiel sie dem Grafen um den Hals und gab ihm einen Kuss.

Was hätte der noch viel sagen sollen!?

»Alles was recht ist!«, seufzte er. »Über die List der Frauen steht wahrlich nichts auf.«

Drauf fuhren sie wieder nach Hause. Und wer weiß, wie oft sich die Gräfin noch eingemischt hat in die Herrschaft.

Vom roten Apfel

Franz Franzisci war einer der Ersten, die in Kärnten umfassend Märchen sammelten. 1884 gab er die Sammlung »Märchen aus Kärnten« heraus. Das nachfolgende Volksmärchen ist darin zu finden.

Es lebte einmal eine Frau. Die hatte zwei Töchter. Die eine war ihre eigene Tochter. Die hatte sie selbst in die Welt gesetzt. Die andere war ein angenommenes Kind, das Kind ihrer Schwester. Die war jung verstorben und so kümmerte sie sich jetzt auch um deren Tochter – aber wie!
Ihrer eigenen Tochter fehlte es an nichts. Der schob sie hinten und vorne alles hinein, was die sich nur wünschte. Das beste Essen und die feinsten Kleider waren gerade gut genug.
So sehr sie aber ihre eigene Tochter verzärtelte, so sehr biss sie auf die Tochter ihrer Schwester hin. Die bekam nur die alten, abgelegten Kleider ihrer Stiefschwester. Die meiste Zeit rannte sie deshalb in Fetzen und Lumpen herum. Zu essen gab es für sie auch nur das, was die Stiefschwester übrigließ. Nicht einmal in der Kammer durfte das Mädchen schlafen. Draußen im Stall hatte sie ihr Lager am Stroh.
Dabei musste sie von in der Früh bis zum Abend die stärksten und dreckigsten Arbeiten verrichten.
Aber so viel ihr die Stiefmutter auch auftrug: Sie erledigte alle Arbeiten geduldig und ohne Widerrede. Dabei war ihr oft schwer ums Herz. Denn so

fleißig sie auch war: Nie konnte sie der Stiefmutter etwas recht machen. Nie hörte sie ein gutes Wort. Immer gab es nur Ärger und Schimpf.

Einmal, an einem grauen, trüben Herbsttag, schickte die Stiefmutter das Mädchen mit der Kuh hinaus auf die Weide: »Schau zu, dass die Kuh gutes Futter bekommt!«, trug sie ihr auf. »Und weh dir, wenn du vor dem Abend nach Hause kommst!« Dabei gab sie dem armen Mädchen nicht einmal ein trockenes Stück Brot mit.

Draußen trieb ein eisiger Wind immer wieder den Regen vor sich her. In ihrem Lumpengewand war das Mädchen bald ganz und gar durchnässt – patschwaschelnass. Kein Wunder, dass sie fror bis auf die Knochen.

Weil ihr gar so kalt war, schmiegte sie sich an die Kuh, um sich ein wenig zu wärmen. Dabei zitterte sie am ganzen Körper. In ihrer Not und Verzweiflung begann das Mädchen schließlich bitterlich zu weinen.

Da fing die Kuh mit einem Mal zu reden an: »Was hast du denn, mein liebes Kind?«, fragte sie. – »Mir ist gar so kalt«, sagte das Mädchen, »Hunger und Durst plagen mich.« – »Da kann ich dir helfen«, sagte die Kuh. »Schraub einfach meine zwei Hörner herunter: In dem einen Horn wirst du warme Milch finden und in dem anderen ein gutes Weizenbrot.«

Da überlegte das Mädchen nicht lange und tat, was ihr die Kuh gesagt hatte. Wirklich fand sie in dem einen Horn die warme Milch und in dem anderen das Weizenbrot. So setzte sie sich glückselig hin, trank die warme Milch und aß vom guten Brot. Mit vollem Bauch war ihr gleich wieder wohler.

Am Abend trieb sie die Kuh zurück in den Stall. »Bist du endlich da!«, sagte die Stiefmutter: »Drinnen, in der Küche findest du die Reste vom Mittagessen. Die kannst du als Nachtmahl haben.« – »Ich danke dir«, sagte das Mädchen zu ihr, »aber ich habe keinen Hunger.« – »Da stimmt doch etwas nicht«, sagte sich die Stiefmutter. »Die hat doch den ganzen Tag nichts zu essen bekommen. Der muss doch der Magen krachen vor lauter Hunger!«

Am nächsten Tag schickte sie deshalb ihre eigene Tochter mit auf die Weide. Der packte die Mutter freilich eine gute Jause ein. Die Tochter der Schwester aber bekam nichts davon. Draußen auf der Weide ließ sich die Stiefschwester Brot, Butter und Käse schmecken. Dass ihr die andere hungrig beim Essen zusah, kümmerte sie nicht. Im Gegenteil: Da schmeckte die Jause gleich noch besser. Nach dem Essen streckte sie sich an einer sonnigen Stelle ins Gras und machte ein Nickerchen. Sie »gnåpferzte«, heißt es im Kärntner Original.

Dass das andere Mädchen von der Kuh wieder warme Milch und ein Weizenbrot bekam, verschlief sie.

Am Abend zogen die zwei Mädchen mit der Kuh wieder zurück zum Haus. Die eine hatte nichts zu erzählen und die andere wieder keinen Hunger. Das verwunderte die Alte doch sehr.

Als das Mädchen am nächsten Tag wieder mit der Kuh auf der Weide war, schlich sie sich deshalb hinaus und versteckte sich im hohen Gras. Die Sonne schien. Bald schlief sie ein.

Gegen Mittag wurde die Alte munter. Sie hörte, wie das Mädchen die Kuh um etwas zu essen bat. »Schraub nur meine Hörner ab!«, sagte die freundliche Kuh – und die Stiefmutter sah das alles mit an. Nein, das gefiel ihr gar nicht. »Dir werde ich helfen!«, murmelte sie. »Jetzt ziehen wir andere Saiten auf!«

Am Abend brachte das Mädchen die Kuh wieder in den Stall. Da fuhr die Stiefmutter sie an: »Du bist heute spät dran mit der Kuh. Geh gleich hinüber zum Fleischhacker und sag ihm, dass er morgen kommen soll. Es ist höchste Zeit, dass er das Vieh schlachtet. Morgen bringst du die Kuh deshalb früher nach Hause.«

Der Schreck ging dem Mädchen durch und durch. Sie wurde bleich, ja, käseweiß wurde sie im Gesicht: Ihre Kuh, die ihr in der größten Not geholfen hatte, die sollte geschlachtet werden!?

Vor lauter Kummer brachte sie die ganze Nacht kein Auge zu, so sehr ging ihr das Ganze zu Herzen. Als sie die Kuh am anderen Tag fütterte, weinte sie immer noch bitterlich. »Was hast du denn?«, fragte die Kuh, »warum weinst du so? – Plagen dich schon wieder Hunger und Durst?« – »Nein, meine liebe Kuh!«, schluchzte das Mädchen, und drückte sich fest an sie. »Es ist wegen dir! – Du sollst heute geschlachtet werden! Drum ist mir so schwer ums Herz!« – »Sei nicht traurig«, sagte da die Kuh. »Selbst, wenn ich geschlachtet werde, kann ich dir noch helfen! – Du wirst dann gewiss meine Wampe, meinen Bauch, drunten beim Bach auswaschen müssen. Greif hinein ins Fleisch. Drin wirst du einen roten Apfel finden. Den nimmst du und wirfst ihn auf den nächsten Baum. Dann wird alles gut ausgehen.« Da war dem Mädchen ein wenig leichter.

Es geschah, wie die Kuh gesagt hatte.

Als der Fleischhacker seine Arbeit verrichtet hatte, sagte die Stiefmutter zum Mädchen: »Geh mit der Wampe zum Bach und wasche sie aus.«

Traurig ging das Mädchen zum Ufer hinunter und schwemmte das Fleisch im kalten Wasser. Da fiel ihr ein, was die Kuh gesagt hatte. Sie griff in den Bauch. Und was spürte sie zwischen ihren Fingern? – Einen Apfel! Geschwind holte sie den hervor und warf ihn auf den nächsten Baum.

Flugs wurde da aus dem Apfel ein bunter Vogel. Der hüpfte von einem Zweig zum anderen und sang so schön, dass ihm das Mädchen verzückt zuhörte.

Die Stiefmutter und die Stiefschwester saßen derweil auf der Hausbank und ließen sich die Sonne auf den Bauch scheinen.

Da kam der junge König geritten. Auch er hörte den Gesang des Vogels. Der Prinz schaute sich neugierig um. Wo war denn der Vogel, der da so schön sang? – Da – auf dem Baum sah er ihn! Sein Federkleid schillerte im Sonnenlicht. »Hört zu, ihr Frauen!«, rief der Prinz. »Die, die mir diesen Vogel fängt, die soll die Meine werden.« –

Wie die Tochter auf der Hausbank das hörte, sprang sie auf und wurde vor Aufregung und Freude über und über rot im Gesicht. »Geschwind, renn hin zum Baum!«, sagte die Mutter zu ihr. »Hol dir das Vogelvieh! – Dann wirst du Königin werden.«

Das brauchte sie ihr nicht zweimal sagen: Schon war die Tochter beim Baum und versuchte, den Vogel zu erwischen. Der aber sprang von Ast zu Ast. Soviel sie sich auch mühte, sie konnte ihn nicht erwischen. Schließlich kraxelte sie ihm nach. Aber der Vogel ließ sich nicht fangen. Weiter und weiter hüpfte er hinauf, bis in die dünnsten Äste. Die Tochter wollte ihm nach. Fast wäre sie heruntergefallen. »Luder, Vogel!«, rief sie. »Ich erwisch ihn nicht!« Schließlich blieb ihr nichts anderes übrig, als wieder herunterzuklettern.

Als der König das sah, sagte er zum Mädchen am Bach: »Jungfrau, willst du es nicht versuchen?« Da ging sie in ihren Lumpen hin zum Baum. Und kaum, dass sie die Hand ausgestreckt hatte, flog ihr der Vogel auch schon entgegen. So brachte sie ihn zum König.

Der schaute ihr lange und tief in die Augen. Erstaunt merkte er, dass sich unter den Lumpen ein anmutiges Wesen versteckte. »Schöne Jungfrau«, fragte er sie, »willst du die Meine werden?«

Was hätte sie sagen sollen? – Die zwei hatten sich gefunden. Er half ihr hinauf aufs Pferd. Miteinander ritten sie zurück zum königlichen Schloss. Bald darauf wurde dort fröhliche Hochzeit gefeiert. Der wundersame Vogel aber sang sein Lebtag für die zwei – und gewiss singt er für sie heute noch!

Vom Zistl im Körbl

*Dieses Tiroler Volksmärchen taucht schon 1852 in den »Kinder- und Hausmärchen« der Gebrüder Zingerle auf.
Zum Verständnis: Ein Zistl ist ein Handkörbchen, das sich nach unten trichterförmig verjüngt. So werden die Früchte nach dem Pflücken nicht zu sehr gedrückt. Drum wurde und wird so ein Korb gerne zur Obsternte verwendet.*

Es lebte einmal ein armes Mädchen. Dem waren Vater und Mutter gestorben. Die hatten ihr Schulden über Schulden hinterlassen. Um die abzubezahlen, musste sie das Haus verkaufen. So war das Haus weg und die Schulden beglichen, aber es blieb ihr nichts als die Fetzen und Lumpen, die sie am Leib trug.
»Wer weiß«, sagte sie sich, »wenn ich schon unter den Menschen keine Bleibe habe, dann werde ich vielleicht unter den wilden Tieren im Wald ein Zuhause finden.« Und zog hinaus in die Welt.
Zuerst zwitscherten auf ihrem Weg durch den Wald noch die Vögel. Lustig spielte die Sonne in den Blättern. Dann aber wurden im Sonnenuntergang die Schatten immer länger. Die Föhren und Tannen warfen mit einem Mal unheimliche Schatten. Eine unnennbare Angst überkam das Mädchen. Es begann, bitterlich zu weinen. Ihre Tränen tröpfelten auf das Moos wie Tau. Der kalte Fels hätte sich wohl erbarmt über sie, wenn er sie nur gehört hätte. In der Finsternis stolperte sie über Baumstümpfe und Wurzeln. In ihrer

Verzweiflung wusste sie nicht mehr ein und aus. Da stand im Mondschein mit einem Mal ein grüner Jäger vor ihr.

»Was irrst du denn da herum?«, fragte er sie: »Und warum bist du so verzweifelt?«

Schluchzend schilderte sie ihm ihre Not. »Nichts ist mir geblieben!«, klagte sie, »gar nichts! – Meine Eltern sind tot. Und ich weiß nicht, wohin ich gehen soll!« Drauf weinte sie noch bitterlicher.

»Sei unbesorgt«, sagte der grüne Jäger. »Geh mit mir, und du wirst Wunderdinge sehen. Vertrau mir! Du wirst es nicht bereuen.« Freundlich schaute er sie an und streckte ihr die Hand hin. Vertrauensvoll nahm sie sie. Drauf führte er sie noch tiefer in den Wald hinein bis zu einer großen bemoosten Eiche. Ganz still war es da. Nur das Rieseln von einem nahen Bach war zu hören.

Der grüne Jäger stellte sich vor dem Baum auf und sagte zu ihr: »Pass jetzt gut auf, was du hören und sehen wirst.« Dann rief er laut: »Steinalte Eiche, mach auf.«

Im nächsten Moment ging der Baum auf. Das Mädchen war schier geblendet von der Pracht, die ihr da entgegenlachte. Herrliche Gewänder, Geschmeide, Golddukaten und Edelsteine. Alles funkelte und glänzte, dass ihr die Augen übergingen. »Nimm dir, was dein Herz begehrt«, sagte der grüne Jäger. »Aber schau zu, dass du damit dein Glück findest. Und verrate niemandem von diesem Geheimnis. In sieben Jahren werde ich wiederkommen. Dann musst du meinen Namen wissen. Weißt du ihn, ist alles gut. Wenn nicht, ist es aus mit deinem Glück.« – »Wie heißt du denn überhaupt?«, fragte sie zaghaft. »Ich? – Ich bin der Zistl im Körbl«, sagte er. Sie wollte ihm noch danken. Aber da war er schon wieder verschwunden – wie vom Erdboden verschluckt. Bedächtig griff sie in den Baum, nahm ein paar Golddukaten und steckte sie in die Kitteltasche. Drauf ging der Baum wieder zu.

Jetzt schaute sie auf: Wo war der Wald etwas lichter? – In diese Richtung brach sie auf. So kam sie durch das Dickicht auf eine Straße. Der ging sie nach, bis sie schließlich vor einem hell erleuchteten Schloss stand. Darin war ein Fest in Gang. Überall hörte man Lachen und Musik.

In der Küche fragte sie, ob sie hier als Küchenmagd arbeiten könnte. Die Köchin musterte sie von oben bis unten. Dreckig war sie und zerlumpt. Der Weg durch das Dickicht hatte sie mitgenommen. »Nein«, sagte die Köchin, »so ein Saubartel können wir hier nicht brauchen. Hier ist kein Platz für Schmutzfinken. Schau zu, dass du weiterkommst.«

Da fing das Mädchen an bitterlich zu weinen, und die Köchin erbarmte sich: »Na gut«, sagte sie, »von mir aus kannst du dableiben. Aber du musst als Hühnermagd arbeiten. Da heißt es, im Stall bei den Hendln schlafen. Abends legst du dich mit den Hendln nieder, und morgens stehst du mit den Hendln auf.«

Damit war sie einverstanden. Sie war froh, Arbeit und ein Dach über dem Kopf zu haben. So arbeitete sie als Hühnermagd. Dreckig war sie von Kopf bis Fuß. Aber unter dem Dreck und unter dem Grind wuchs sie zu einer wunderschönen jungen Frau heran. Und immer wieder dachte sie an den grünen Jäger und seinen Namen. »Zistl im Körbl, Zistl im Körbl«, murmelte sie vor sich hin.

Einmal gab der Graf ein großes Fest im Schloss. Von weitum kamen die Leute. Wie gerne wäre sie da auch dabei gewesen! – Aber stinkend und zerlumpt wie sie war, konnte sie nicht auf den Ball gehen. – Da fiel ihr der Zauberbaum ein. Geschwind lief sie hinaus in den Wald. Am Bach wusch sie sich. Dann stellte sie sich vor den Baum und sagte mit lauter Stimme: »Steinalte Eiche, mach auf!«

Drauf ging der Baum wieder auf und zeigte all die Schätze, die darin verborgen waren. Diesmal suchte sie sich ein Kleid aus. Das strahlte so hell wie die Sonne, wenn sie zu Mittag vom Himmel leuchtet.

Dann zog sie sich das Kleid über und ging ins Schloss. Dort staunten die Leute nicht schlecht, als da eine wunderschöne fremde junge Frau auftauchte. Dem Grafen gefiel sie auf den ersten Blick. Gleich musste sie mit ihm tanzen. Er ließ sie nicht mehr aus. In der Früh aber, als das Fest zu Ende ging, war sie mit einem Mal auf und davon. Überall ließ der Graf nach ihr suchen. Aber sie hatte das Sonnenkleid schon wieder gegen ihre Lumpen getauscht und hütete die Hühner und Hähne.

Bald darauf gab der Graf wieder ein Fest. Wieder kamen die Leute von weitum. Auch die Hühnermagd lief wieder hinaus in den Wald. Diesmal suchte sie sich ein Gewand aus, das so matt leuchtete wie der Mond, wenn er in der Nacht am Himmel steht.

Der Graf war glückselig, als er sie wiedersah. Die ganze Nacht musste sie nur mit ihm tanzen. In der Früh rauschte sie aber wieder auf und davon. Nur: Diesmal hatte der Graf gut aufgepasst. Diener mussten ihr nachlaufen, um sie wieder zurückzubringen. Als sie sah, dass die Diener hinter ihr her waren, lief sie noch schneller. Aber die Diener waren nicht abzuschütteln. Im Gegenteil: Sie kamen näher und näher. Da griff die junge Frau in die Kitteltasche und holte Silbertaler heraus. Die streute sie auf den Weg. Gleich stürzten sich die Diener auf das Geld. »Haben wir Geld, brauchen wir der da nicht nachlaufen!«, riefen die Diener. Sie aber war auf und davon. Als Hühnermagd hütete sie wieder ihre Tiere.

Der Graf war hellauf verzweifelt. Wo war sie denn nur, die Schöne!? Warum rannte sie immer weg? – Er verzehrte sich schier vor lauter Sehnsucht nach ihr. Und schließlich gab er wieder ein Fest.

Da machte auch sie sich wieder auf in den Wald. Diesmal suchte sie ein Gewand aus dunkelblauem Samt aus. Über und über war es mit goldenen Sternen bestickt. Die glitzerten und funkelten hell im Licht auf, dann leuchteten sie wieder matt. Es war, als ob sie leibhaftig den Sternenhimmel angezogen hätte.

Als sie ins Schloss kam, knieten sich die Leute vor ihr aus Ehrerbietung nieder. So wunderschön war sie im Sternenkleid.

Der Graf ging ihr entgegen. Verneigte sich, umarmte sie lachend und wich nicht mehr von ihrer Seite. Sie tanzten und tanzten die ganze Nacht. Schließlich nahm er einen Ring von seinem Finger und sagte zu ihr: »Schöne Jungfrau, du sollst die Meine werden. Nimm diesen Ring, zum Zeichen, dass ich es ernst mit dir meine.« Drauf steckte er ihr den Ring an den Finger.

Als das Fest zu Ende ging, war sie aber wieder auf und davon. Auch diesmal verfolgten sie Diener. Am Weg hinaus in den Wald griff sie diesmal in die Kitteltasche, holte Golddukaten heraus und streute die auf den Weg. Das Gold glänzte im Mondschein, dass es nicht zu übersehen war. Gierig griffen die Diener zu – und sie verschwand zwischen den Bäumen.

Der Graf war jetzt schier am Verzweifeln. Die Schöne war und blieb verschwunden. Immer trübseliger wurde er. Immer schlechter und kränker sah er aus. Bleich schlich er durchs Schloss. Vor lauter Liebeskummer und Trübsal musste er sich schließlich niederlegen. Seine Freunde machten sich Sorgen um ihn. »Was können wir nur tun, damit er wieder glücklich wird?«, sagten sie untereinander. »Die Schöne können auch wir nicht herbeizaubern.«

Wer hätte gedacht, dass sie als Hühnermagd unten beim Turm die Hühner hütete. Schließlich sagte einer: »Geben wir doch wieder ein Fest! Vielleicht muntert ihn das auf!«

So wurde beschlossen, ein besonders prächtiges Fest zu feiern. Dazu wurden auch die Hühner geschlachtet. Die Hühnermagd selber musste sie in der Küche rupfen. Neben ihr wurden am Ofen Krapfen gebacken. Der Duft stieg ihr in die Nase. »Ach, gute Frau«, sagte sie zur Köchin, »habt ihr nicht auch für mich einen Krapfen. Die duften gar so gut!«

»Da!«, sagte die Köchin, »nimm das Patzl Teig, das übriggeblieben ist. Draus kannst du dir einen Krapfen backen.«

Da nahm sie den kleinen Rest vom Teig und gab ihn in die Pfanne. Unversehens rutschte ihr dabei der Ring des Grafen hinein. Das bisschen Teig aber ging auf, wurde immer mehr und mehr und mehr. Bald brutzelte in der Pfanne ein gewaltiger Krapfen. Der war viel größer als alle anderen. »Der Krapfen ist grad recht für den Grafen«, sagte die Köchin. »Der wird ihm bestimmt gefallen. Den bringen wir hinein zu der Tafel. Du bekommst dafür einen anderen.« Ihr machte das nichts aus. »Krapfen ist Krapfen«, sagte sie sich – und war froh, überhaupt einen zu bekommen.

Drinnen saß der Graf bei der Tafel. Lustlos kiefelte er am Essen herum. Die Jungfrau, ja, die schöne junge Frau, hatte er im Sinn, nicht das Essen. Trübselig war er in Gedanken versunken. »Schaut nur, Herr, was da kommt!«, sagte sein Tischnachbar. Der Graf schaute auf:

Und da bringen sie ihm einen Krapfen. Der ist so groß, dass er gerade in einer Schüssel Platz hat. Aber nach der Jungfrau, nur nach ihr, steht ihm der Sinn – und nicht nach einem Krapfen. »Der wird Euch schmecken!«, meinte einer.

Na ja, der Graf nahm ihn, und biss halt hinein.

Da spürte er etwas! Was war das? – Mit der Zunge holt er es heraus und putzte den Teig weg: Das war sein Ring! – Der, den er der schönen Jungfrau angesteckt hatte!

»Wer hat den Krapfen gebacken!«, fragte er. Gleich wurde die Köchin geholt. »Hast du den Krapfen gebacken?« – »Nein, Herr!« – »Wer dann!?« – »Die Hühnermagd!« – »Die Hühnermagd? – Dann holt sie herein.« – »Nein, Herr«, sagte die Köchin, »das geht doch nicht. Die ist so dreckig und so ein Saubartel: Wenn Ihr die seht, vergeht Euch der Appetit ganz und gar.« – »Und trotzdem möchte ich sie sehen – und zwar auf der Stelle«, sagte der Graf entschlossen.

Da riefen sie nach ihr. Sie aber war inzwischen schon in den Wald gelaufen. Schnell wusch sie sich bei der Quelle. Diesmal suchte sie im Zauberbaum ein Gewand aus, das so matt strahlte wie das Morgenrot, wenn in der Früh die Sonne aufgeht.

Als sie endlich in den Saal kam, war es, als ob die lichte Sonne aufginge. Die Festgäste knieten sich ehrfurchtsvoll nieder, so wunderschön war sie anzuschauen. Der Graf richtete sich auf und ging ihr entgegen. »Jetzt kommst du mir nimmer aus«, sagte er. »Schöne Jungfrau, sag: Willst du die Meine werden?« Sie nickte nur und gab ihm das Ja-Wort.

So wurde bald darauf Hochzeit gefeiert. Das war ein prächtiges Fest. Der Graf und die Gräfin lebten glücklich und zufrieden. Als das Jahr um war, setzte sie eine Tochter in die Welt.

Die Zeit verging. Eines Tages kam der Gräfin in den Sinn: »Die sieben Jahre sind bald um! – Wie heißt er nur, der Jäger!?« Sie überlegte hin und her. Sein Name fiel ihr nicht mehr ein. In ihrer Not stöberte sie in Büchern, schaute da und dort nach. Aber nirgends war der Name zu finden. Bei all dem Nachdenken und Grübeln, Sinnieren und Studieren wurde sie immer verzweifelter. Im Schloss sahen alle, dass es der Gräfin von Tag zu Tag schlechter ging. Aber keine und keiner wusste, was ihr denn fehlte.

Einmal saß sie an einem lauen Sommerabend draußen vor der Kammer am Söller, also am Balkon vom Schloss. Ihre kleine Tochter hatte sie auf dem Schoß. »Vielleicht ist das unser letzter glücklicher Abend«, dachte sie sich. »Die Zeit ist um. Morgen kommt gewiss der grüne Jäger. Wer weiß, was geschieht, wenn ich seinen Namen nicht weiß. Dann ist es wohl aus mit unserem Glück.«

In ihrer Not begann sie bitterlich zu weinen. Die Tränen liefen über ihre Wangen und tropften dem kleinen Kind auf die Locken. Das Mädchen sah auf: »Mutter, was hast du!? Warum weinst du denn so?« – »Ach«, schluchzte sie, »ich kann es dir nicht sagen.« Und weinte noch viel bitterlicher.

Drunten im Garten räumten die Gärtnergehilfen das Werkzeug zusammen. »Gib mir die Haue her!«, sagte der eine zum anderen. »Da hast du sie. Hier ist auch der Rechen.« – »Ich danke dir. Und das Zistl steck am besten gleich in mein Körbl.«

Da horchte die Gräfin auf: »Zistl im Körbl, Zistl im Körbl – das ist es!« Vor lauter Freude sprang sie auf, packte ihre Tochter und tanzte glückselig herum: »Zistl im Körbl, Zistl im Körbl! – Ja, so heißt der grüne Jäger! Zistl im Körbl.«

Keine und keiner im Schloss wusste, was denn die Gräfin hatte. Aber alle freuten sich mit ihr und waren froh, dass sie wieder lachen konnte.

Am nächsten Tag ging sie zeitig in der Früh durch den Schlosspark. Da kam ihr zwischen den Bäumen der grüne Jäger entgegen. »Grüß dich!«, sagte er zu ihr und schaute sie freundlich an. »Grüß dich«, sagte sie, »Zistl im Körbl!«

Da lachte er ihr zu, legte den Finger auf die Lippen, drehte sich um und ging zwischen den Bäumen davon.

Sie aber führte fortan ein glückliches Leben. Wer weiß, wie viele Kinder sie noch gehabt hat mit ihrem Mann. Aber eines sage ich euch: Die Geschichte, die ist wahr, denn der, der sie erzählt hat, der lebt noch.

Von der weißen Rose

Dr. Adalbert Depiny trug die umfangreichste Sammlung oberösterreichischer Sagen zusammen. In seinem Nachlass fand sich dieses Zaubermärchen. Das Motiv von Amor und Psyche, von der Schönen und dem Biest, ist ja in vielen Ländern bekannt. Umso spannender ist diese alpenländische Fassung.

Es lebte einmal ein reicher Kaufmann. Dem starb die Frau. Jetzt war er allein mit seinen drei Töchtern. Zu allem Unglück ging es auch mit dem Geschäft bergab. Nach und nach musste er den Besitz verkaufen. Zuletzt blieb ihm gerade noch ein Haus vor der Stadt mit einem Garten und einer großen Wiese.
Die älteren zwei Töchter trauerten dem Leben in der Stadt nach. Immer wieder jammerten sie, wie gut es ihnen früher gegangen wäre. Jetzt müssten sie auf vieles verzichten. Oft sagten sie: »Das ist doch kein Leben, das wir jetzt führen!«
Ganz anders die Jüngste. Sie arbeitete im Haus, kümmerte sich um den Garten, damit sie wenigstens frisches Gemüse hatten. Sie pflegte auch die Rosen. Sie wusste, dass das den Vater ganz besonders freute. Die Älteren lachten sie nur aus. »Du bist die Tochter eines reichen Kaufherrn und benimmst dich wie ein Dienstmädchen«, sagten sie.
Eines Tages erhielt der Kaufherr eine Nachricht: In einem fernen Land hat-

te ein Händler, mit dem er zusammenarbeitete, Waren für ihn verkauft. Das Geld könne er sich jetzt holen.

Da war die Freude groß. »Was soll ich euch mitbringen von der Reise?«, fragte er seine Töchter. Die älteren zwei wünschten sich kostbare Stoffe. Die gab es nur dort in der Fremde. Die Jüngste sagte: »Ach, lieber Vater, bring mir doch eine weiße Rose mit.« »Was ist unsere jüngste Schwester nur für ein einfältiges Ding!«, lachten da die Älteren, »sie weiß sich nicht einmal etwas Gescheites zu wünschen!«

Weit war der Weg für den Kaufmann. Und als er endlich ans Ziel kam, musste er feststellen, dass alles ganz anders war als gedacht. Der fremde Kaufmann war über Nacht spurlos verschwunden – und mit ihm das Geld. Da war nichts mehr zu holen.

Obwohl er selbst nicht mehr viel hatte, kaufte der Kaufmann doch für die älteren zwei Töchter die Stoffe. Eine weiße Rose gab es nicht! – Schließlich machte er sich bekümmert wieder auf zurück in die Heimat.

Der Weg führte ihn durch einen tiefen Wald. Mittendrin kam er an einem prächtigen Schloss vorbei. Rundherum ragte eine Mauer auf. Vor dem Schloss aber sah er einen Rosenstrauch. Der blühte prächtig – und weiß.

Da überlegte der Kaufmann nicht lange. Flugs schlich er sich durch das Tor und brach eine weiße Rose ab.

Im nächsten Moment stand ein großmächtiger Igel vor ihm. Ja, es war, als ob der nur auf einen wie den Kaufherrn gewartet hätte. Wütend packte ihn der Igel und schrie: »Was fällt dir ein, in meinem Reich eine Rose zu pflücken? – Ich werde dich zerreißen!« – »Verzeih mir«, bat der Kaufherr, »meine jüngste Tochter wünschte sich so sehr eine weiße Rose. – Den Wunsch wollte ich ihr erfüllen.« – »Was kümmert mich deine jüngste Tochter!«, schrie der Igel. »Du hast eine meiner weißen Rosen abgerissen! Das ist schlimm genug. Ohne Strafe kommst du mir nicht davon.«

»Ich bitte dich«, jammerte der Kaufmann, »lass mich doch noch nach Hause ziehen, damit ich ihr die weiße Rose bringen kann. Dann war das alles wenigstens nicht umsonst.«

»Gut«, sagte der Igel, »du darfst noch einmal nach Hause. Aber weh dir, wenn du nicht mehr zurückkommst. Mir soll's auch recht sein, wenn du eine Tochter schickst. Aber eine oder einer von euch muss zu mir kommen. Geschieht das nicht, dann trifft euch ein großes Unglück.«

Der Kaufmann war froh, noch einmal wegzukommen. Geschwind eilte er nach Hause. Den älteren Töchtern gab er die Stoffe. Glücklich waren die nicht damit. »Hat es denn keine schöneren gegeben!?«, fragten sie ihn.

Der Jüngsten überreichte er die weiße Rose. Ihre Freude darüber war groß. Umso mehr wunderte es sie, dass ihr Vater so bekümmert dreinschaute. »Vater, was hast du denn?«, fragte sie. »Du schaust so besorgt?« – »Die Rose muss ich teuer bezahlen«, seufzte er. »Morgen heißt es wieder zurück ins Schloss.« – »In welches Schloss?«, fragte die Jüngste. Da erzählte er ihr die ganze Geschichte. »Nein, lieber Vater«, sagte sie drauf, »nicht du wirst zurückkehren ins Schloss, sondern ich.« – »Wieso du?«, meinte der Kaufmann. »Ich habe die Rose gepflückt, ohne lange zu fragen, also werde ich alles tun, um den Schaden wiedergutzumachen.«

Damit war die Jüngste aber ganz und gar nicht einverstanden. »Hätte ich mir die weiße Rose nicht gewünscht, so wäre es nie so weit gekommen.« Eine Zeit lang stritten sie hin und her – bis die Tochter schließlich nachgab. Der Kaufmann war von all dem, was geschehen war, müde und erschöpft. Deshalb legte er sich bald nieder. Kaum aber, dass er eingeschlafen war, packte die Jüngste das Nötigste zusammen und machte sich auf ins Schloss im Wald.

Dem Igel war es sehr recht, dass statt dem Kaufmann dessen jüngste Tochter kam. Freundlich nahm er sie auf und sie lebten gut zusammen im Schloss. Wochen und Monate vergingen.

Eines Tages bat sie den Igel: »Bitte lass mich noch einmal zu meinem Vater zurück. Ich habe nicht einmal Abschied nehmen können von ihm. Er soll wissen, dass ich noch lebe und, dass es mir gut geht.«

»Du bist fleißig, geschickt und wohl auch verlässlich«, sagte der Igel. »Gut. – Geh für einen Tag zu deinem Vater. Aber vergiss mich nicht. Ich gebe dir einen Ring mit. Der wird dich an mich erinnern. Gegen Abend musst du aber wieder zurück sein. Sonst droht dir ein großes Unglück.« – Die Kaufmannstochter versprach das zu beherzigen und steckte sich den Ring an: Wie schön der blaue Stein darauf leuchtete!

Vergnügt machte sie sich dann auf den Weg nach Hause. Dort waren der Vater und die Schwestern nicht wenig überrascht, als sie wieder auftauchte. Der Vater umarmte sie vor lauter Freude.

»Wie konntest du nur fortgehen, ohne uns Bescheid zu geben«, schimpften die Schwestern. »Wir haben uns Sorgen gemacht und lange nach dir gesucht.«

Der Tag verging schnell. Schon war die Sonne wieder am Untergehen. Höchste Zeit für die Jüngste, ins Schloss zurückzukehren. »Du wirst dich doch nicht in der Finsternis auf den Weg machen«, sagte der Vater. »Bleib wenigstens noch über Nacht bei uns. Wenn du morgen zeitig aufbrichst, kommst du noch früh genug ins Schloss.« – Die Tochter überlegte hin und her. »Ja«, sagte sie dann, »du hast wohl recht, Vater. Bestimmt wird es der Igel nicht einmal merken, wenn ich erst morgen früh zurückkomme.«

So hatten sie einen Abend mehr, den sie so wie früher miteinander verbringen konnten.

Weit vor dem Morgengrauen aber stand die Jüngste auf und eilte zurück in den Wald. Sonderbar – der Stein am Ring leuchtete jetzt nicht mehr. Im Schloss war alles ruhig und still wie sonst nie. Nichts rührte sich. Der Igel war nirgends zu sehen. Sie suchte ihn im ganzen Haus. Keine Spur von ihm! Kreuz und quer lief sie durchs Schloss – von den tiefsten Gewölben bis in die obersten Turmkammern. Nichts! Auch im Schlossgarten rief sie nach dem Igel.

Da hörte sie ein leises Schnaufen. Wo kam das denn her? Sie schaute sich um. Und plötzlich sah sie ihn. In einem Graben lag er, der Igel, und wand sich wie im Todeskampf.

»Mein lieber Igel«, rief sie, »was hast du denn nur?« – »Du kommst zu spät«, stöhnte er. »Jetzt geht es mit mir zu Ende.« – Da lief sie zu ihm hin, umarmte ihn: »Ach, wenn du doch nur wieder gesund werden würdest«, klagte sie. Voller Mitleid begann sie zu weinen.

»Wenn du mich wirklich lieb hast«, schnaufte der Igel, »kannst du mich erlösen! – Hol das große Messer, das in der Küche auf dem Tisch liegt, und zieh mir damit die Haut ab.« – »Das kann ich nicht!«, sagte sie. »Nein, nie und nimmer will ich dir Schmerzen bereiten.« – »Wenn du das tust, dann wird es mir nicht weh tun«, presste der Igel heraus. »Aber beeile dich! Du musst fertig sein, bevor die Sonne am Himmel steht.«

Geschwind holte sie das Messer. Vorsichtig und mit Bedacht zog sie dem Igel die Haut ab. Der blieb dabei ruhig liegen und machte keinen Mucks. Langsam kam das Morgengrauen. Aber noch bevor die Sonne am Himmel stand, machte sie den letzten Schnitt.

Da lag statt dem Igel ein wunderschöner Jüngling vor ihr. Der strahlte sie überglücklich an und umarmte sie. Jetzt war er erlöst, und die zwei freuten sich, wie sich nur zwei freuen können, die von Herzen ineinander verliebt sind.

Miteinander zogen sie drauf zum Kaufmann. War das ein Jubel, als sie wieder zurückkam und statt dem stacheligen Igel einen anmutigen Jüngling mitbrachte. Der Vater war glückselig und freute sich mit ihnen. »Na, da hast du dir ja einen schönen Igel gefangen!«, höhnten die Schwestern. Aber sie hörte nicht auf sie. Im Gegenteil: Sie alle wurden zur Hochzeit geladen. Beim Hochzeitsfest wurden auch die Schwestern reich beschenkt. Sie

dankten es ihnen aber nicht. Nein, sie zogen fort, um das Glück der Jüngsten nicht mehr mitanschauen zu müssen. So groß war ihr Neid.
Die Jüngste aber nannte ihren Liebsten ihr Lebtag »mein Igel«. Wer weiß, wie viele Kinder sie miteinander gehabt haben. Fortan lebten sie glücklich und ohne Sorgen – und wenn sie nicht gestorben sind, dann leben sie wohl heute noch.

Vom Grafensohn, der nicht auf die Erde treten durfte

Um 1900 sammelten Dr. Adolf Dörler und seine Mutter Sophie in Vorarlberg, vor allem in der Bodenseegegend, viele Sagen und auch Märchen. Erfreulich ist dabei ihr Schreibstil, in dem die Erzählungen verfasst sind. Adolf und Sophie Dörler schrieben die Überlieferungen so, wie sie sie hörten, vom Mund weg auf, ohne viel zu verändern.
Ein Beispiel dafür ist das nachfolgende Volksmärchen. Einzigartig ist darin der magische Zweikampf zwischen Mutter und Braut.

Es lebten einmal ein steinreicher Graf und seine Frau. Die hatten miteinander zwei Töchter. Ihr größter Wunsch aber hatte sich noch nicht erfüllt. Sie wünschten sich einen Sohn, einen Stammhalter.
Einmal kam eine alte Bettlerin ins Schloss und bat um ein Almosen. Die Gräfin war eine gutherzige und mildtätige Frau. Sie beschenkte die alte Frau reichlich. Da segnete die Bettlerin die Gräfin und sagte zu ihr: »Übers Jahr werdet Ihr einen Buben bekommen. Den sollt Ihr Karl taufen.« Da war die Freude der Gräfin groß: »Karl«, sagte sie, »so heißt auch mein Mann.« – »Eins merkt Euch aber gut, Frau Gräfin«, fuhr die Alte fort. »Euer Sohn darf bis zu seinem sechzehnten Lebensjahr den Boden nicht betreten. Tut

er das, dann verschwindet er.« Die Gräfin ließ sich das gemerkt sein. Die Bettlerin zog weiter.

Übers Jahr erfüllte sich alles, wie es die alte Frau geweissagt hatte: Die Gräfin setzte einen Buben in die Welt und sie tauften ihn »Karl«.

Frisch und munter wuchs er heran, der Karl. Die Eltern achteten sorgsam darauf, dass er nie auf der bloßen Erde zu stehen kam. Zwei Diener hatten den strengen Befehl, darauf zu achten, dass das nie und nimmer geschah.

Die Jahre vergingen. Aus dem Karl war ein schmucker Bursch geworden. Es fehlte nicht mehr viel zu seinem sechzehnten Geburtstag.

Da rief der Graf seine Leute zu einem Ausritt in den Schlosswald zusammen. Alle Vornehmen aus der Umgebung waren geladen. Auch der Karl war mit dabei. Er war ein geschickter Reiter. Zwei Diener aber ritten an seiner Seite. Sie hatten nur dafür zu sorgen, dass der Karl nie vom Pferd zu steigen brauchte. So gings mit Hurra hinaus in den Wald.

Nicht weit vom Weg hörte der Karl eine klare Waldquelle plätschern. Gleich ritt er hin und wollte davon trinken. »Wartet, Herr!«, rief einer der Diener, »macht Euch keine Mühe. Wir reichen Euch einen Becher!«

»Wer wird denn aus einem Becher trinken, wenn vor ihm das Wasser frisch aus dem Felsen sprudelt!«, lachte der Karl: »Reitet nur weiter. Ich werde auf das Brunnenbrett steigen. So kann nichts passieren.«

Da wandten sich die Diener wieder der Gesellschaft zu. Der Karl aber sprang vom Ross, rutschte am nassen Brunnenbrett aus – und kam auf der bloßen Erde zu stehen.

Im gleichen Moment war er verschwunden.

Nur sein Pferd stand noch da. Schließlich lief es den Dienern nach. Wie die das Pferd ohne seinen Reiter sahen, ahnten sie, was geschehen war. Sofort machten sie sich auf die Suche nach dem Karl. Aber das half alles nichts. Der war und blieb verschwunden.

Der Karl fand sich in einer menschenleeren Landschaft wieder. Eine trostlose, ebene Einöde lag vor ihm – so weit das Auge reichte. Ratlos stand er da und überlegte hin und her: Was sollte er jetzt tun?

Schließlich ging er einfach drauflos. Den ganzen Tag wanderte er und wusste doch nicht, wohin. In der Abenddämmerung ließ er sich erschöpft nieder. Die ebene Erde war sein Lager. Vor lauter Müdigkeit schlief er gleich ein.

Am anderen Tag rappelte er sich auf und ging wieder weiter. Weit, weit vor ihm sah er endlich einen schwarzen Punkt. Das gab ihm neue Hoffnung. So schnell er nur konnte, eilte er auf den Punkt zu. Beim Näherkommen stellte sich heraus, dass es eine alte Bauernhütte war.

Der Karl klopfte an die Tür, trat ein und fand darin eine alte Frau. Die war so hässlich, so wild und schaute so schrecklich aus, dass ihm angst und bang wurde.

Sie aber redete ihn freundlich an und setzte ihm etwas zum Essen vor: »Iss und trink, junger Herr!«, sagte sie, »und raste dich aus. Mir scheint, du kommst von weit. – Wie ist es: Kannst du auch arbeiten? Zu tun gibt es genug bei uns.« – »Ja«, sagte der Karl. »Arbeiten kann ich wohl.« Da war er auch schon aufgenommen.

Die wilde Frau hatte drei Töchter – Arelina, Karolina und Tresina. Sie waren so schön, dass es dem Karl die Rede verschlug. Sein Lebtag hatte er noch nie so engelsschöne Mädchen gesehen.

Am Abend kam auch der Hausvater heim. Er war groß, wild und grobschlächtig wie seine Frau. »Was habt ihr denn da für einen Menschen?«, fragte er barsch, als er den Karl sah. »Wo ist der denn her?«

Der Karl erklärte ihm, er wäre ein Grafensohn und hätte sich aus der Oberwelt in diese Welt verirrt.

»Gut«, sagte der wilde Mann, »wenn du schon hier bist, dann wirst du dich morgen nützlich machen. Es heißt zeitig aufstehen für dich. Unsere große Wiese gehört gemäht.«

Am anderen Tag wurde er frühmorgens aufgeweckt. Der wilde Mann gab ihm eine hölzerne Sense. »Damit wirst du die Wiese abmähen!«, sagte er. Der arme Karl war verzweifelt. Wie sollte er mit einem solchen Gerät etwas ausrichten? Betrübt hängte er sich die Sense über die Schultern und ging hinaus auf die Wiese. Dort legte er sich aus lauter Kummer und Aussichtslosigkeit nieder und schlief ein.

Gegen Mittag brachte ihm eine der Töchter, die Arelina, das Essen. Als sie ihn schlafend fand, weckte sie ihn auf. »Was ist mit dir?«, fragte sie. »Warum schaffst du nicht? – Du musst mähen!«

»Wie soll ich mit dem Gerät etwas schaffen?«, klagte er. »Die hölzerne Sense hat ja nicht einmal eine Schneid!« – »Ich will dir helfen«, sagte sie drauf, »Während du isst, werde ich die Arbeit für dich tun. Wenn dich mein Vater aber fragt, wer die Wiese gemäht hat, darfst du mich nicht verraten. Sag ihm, dass du alles selber gemacht hast.« Das versprach der Karl nur zu gerne. Und wirklich: Als er mit dem Essen fertig war, da war die ganze Arbeit auch schon getan. Glückselig dankte er dem Mädchen.

Am Abend kam der grobschlächtige Bauer auf die Wiese. »Bist du jetzt fertig?«, fuhr er den Karl an. Der deutete nur auf das gemähte Gras. Verdutzt sah der Wilde, dass die Arbeit tatsächlich geschehen war. »Komm mit!«, sagte er drauf zum Karl, und sie gingen nach Hause zum Nachtmahl.

Am anderen Tag gab der Bauer dem Karl eine hölzerne Axt. »Mit der wirst du heute bei uns im Wald soundsoviel Tannen schlagen«, sagte er. »Bis zum Abend muss die Arbeit geschehen sein.«

Ratlos nahm der Karl die Axt und ging damit in den Wald. Wie sollte er damit auch nur einen einzigen Baum fällen? – Bekümmert legte er sich auf das Moos und schlief ein. So fand ihn die Arelina gegen Mittag wieder schlafend.

»Warum schläfst du denn schon wieder?«, fragte sie ihn. Da schilderte er ihr seine Not. »Ich will dir noch einmal helfen«, sagte sie.

Und kaum, dass der Karl mit dem Essen fertig war, da hatte sie schon die Bäume geschlagen, so wie es ihr Vater wollte.

»Ich weiß gar nicht, wie ich dir nur danken soll«, sagte der Karl. »Hör zu«, meinte sie drauf, »wenn du mir versprichst, dass du mich nie und nimmer verlässt, dann bringe ich dich auch wieder an die Oberwelt.«

Da gab es nicht viel zu überlegen: »Niemals verlasse ich dich!«, rief der Karl. Hatte er sich doch schon beim ersten Anblick in sie verliebt! »Dann gib morgen früh gut acht und halte dich bereit«, sagte sie. »Wenn ich an deiner Tür klopfe, ziehen wir los und flüchten!«

Weit vor dem Morgengrauen stand die Arelina am nächsten Tag auf. Sie kleidete sich an und legte statt ihr einen Besen ins Bett. Den spuckte sie dreimal an und befahl ihm, was er zu sagen hatte. Dann klopfte sie dem Karl – und schon waren die zwei auf und davon.

Stunden später wunderte sich die Mutter, dass die Arelina noch nicht auf war. »Arelina!«, rief sie. »Es ist Zeit aufzustehen!« – »Ja!«, rief der Besen. – Eine Weile später rief die Mutter noch einmal: »Arelina, steh auf!« – »Ja!« gab der Besen zur Antwort. Diesmal ein wenig leiser. – Wieder verging eine Zeit. »Arelina, jetzt steh endlich auf!«, rief die Mutter ärgerlich. »Ja!«, kam es vom Besen zurück. Er war schon so leise, dass es kaum mehr zu hören war – denn die zwei Flüchtenden waren schon weit, weit fort.

Jetzt wurde es der Mutter zu dumm. Sie riss die Kammertür auf. Da fand sie statt der Tochter den Besen im Bett. Sofort wusste sie, was geschehen war, und rief ihrem Mann zu: »Schnell! Mach dich auf die Weite! Der Karl und die Arelina sind entflohen. Und merk dir eines: Das Schönste, das du auf dem Weg findest, nimmst du mit: Das sind sie.«

Dabei packte sie ein paar Schuhe und warf sie ihm zu. Wer in diese Schuhe schlüpfte, konnte die Wegstrecke von zwei Stunden mit einem Schritt zurücklegen. Geschwind zog der wilde Mann die Schuhe an und setzte den beiden nach.

Die Arelina warf trotz aller Eile immer wieder einen Blick zurück. So sah sie auch ihren Vater schon kommen, bevor er sie sah.

»Jetzt müssen wir uns schleunigst verwandeln«, sagte sie zum Karl. »Aus dir wird eine Ilge werden, eine Lilie, und aus mir eine Rose.« Gesagt, geschehen.

Als der wilde Mann daherkam, fiel sein Blick gleich auf die zwei Blumen: »Das Schönste, das mir unterkommt am Weg, soll ich mitbringen«, murmelte er in sich hinein. »Das sind die Rose und die Ilge. – Ach was, ich setze den zweien noch eine Stunde nach. Am Rückweg kann ich die Blumen immer noch pflücken.« Und schon rannte er weiter.

Kaum, dass er nicht mehr zu sehen war, verwandelte die Arelina den Karl und sich selbst wieder zurück in die menschliche Gestalt. In aller Vorsicht zogen auch sie weiter.

Der wilde Mann merkte bald, dass er ihre Spur verloren hatte, und kehrte um. Wenigstens die Rose und die Ilge wollte er pflücken. Aber die Blumen waren nicht mehr zu finden. Zu Hause erzählte er das seiner Frau. »Du Dummkopf!«, rief sie. »Das sind sie gewesen. Habe ich dir nicht gesagt, was du tun sollst!?« Gleich gab sie ihm ein neues Paar Schuhe. Mit denen ließ sich mit einem Schritt der Weg von drei Stunden zurücklegen. »Und denk daran, dass du das Schönste am Weg mitbringst!«, rief die Alte und jagte den Mann aus dem Haus.

Als sich die Arelina wieder einmal umschaute, sah sie ihren Vater von Weitem kommen.

»Jetzt heißt es noch eine Prüfung bestehen«, sagte sie zum Karl: »Ich werde zum Einsiedler werden, und aus dir wird eine Klause.«

Kaum, dass die Verwandlung geschehen war, da stand auch schon der wilde Mann vor der Tür der Klause. Nachdenklich betrachtete er die armselige Hütte. Schließlich fragte er den Einsiedler: »Sag, ist da nicht jemand vorbeigekommen?« – »Kein Mensch, seit ich da bin«, war die Antwort.

»Dann muss ich weitersuchen!« Und schon war er wieder auf und davon, der Wilde.

Die Arelina und der Karl aber nahmen wieder ihre menschliche Gestalt an und zogen weiter. Dem wilden Mann blieb schließlich nichts anderes übrig, als wieder umzukehren. Als er nach Hause kam, waren der Karl und die Arelina aber schon in der Oberwelt. Dorthin konnte er sie nicht mehr verfolgen.

Die Gegend, durch die sie zogen, war dem Karl wohl vertraut. Es ging durch einen prächtigen Buchenwald.

Die Arelina hatte für die Schönheit der Landschaft keinen Blick. Durch die eilige Flucht und das lange Wandern war sie ganz und gar erschöpft. »Ich muss mich jetzt hinlegen und eine Weile schlafen«, sagte sie und kauerte sich in die große bemooste Wurzel eines Baumes.

Der Karl aber wollte nicht warten, bis sie sich ausgeschlafen hatte, sondern wollte endlich wieder heim zu Vater und Mutter und den Schwestern. So eilte er weiter.

War das eine Freude, als er heimkam. Seine Mutter umarmte ihn unter Tränen, busselte ihn ab. Und als sie ihn mit Küssen überhäufte, da war für ihn mit einem Mal alles, was gewesen war – ja, selbst die Arelina – vergessen.

Als die Arelina erwachte, fand sie sich ganz allein in einem fremden Wald wieder. Der Karl war nirgends zu sehen. Sie rappelte sich auf und rief nach ihm. Keine Antwort.

Was sollte sie tun? – Hier kannte sie weder Weg noch Steg. Schließlich zog sie auf eigene Faust los. Immer wieder rief sie nach Karl. Sie irrte dahin und dorthin, schaute und spähte nach ihrem Liebsten. Aber keine Spur.

Auf einer Waldlichtung sah sie nicht weit weg einen Bauernhof. Darauf eilte sie zu und fragte die Bäuerin: »Könnt ihr nicht eine Dienstmagd brauchen? Ihr werdet zufrieden sein mit mir.«

Es war gerade die Zeit der Heuernte. Da kam die Arelina der Bäuerin sehr gelegen. »Kannst du mit der Sense mähen und heuen?«, fragte sie sie. »Nichts mache ich lieber!«, lachte die Arelina. »Ihr werdet sehen, ich bin dabei recht geschickt.« Da stellte sie die Bäuerin gleich ein. Der Bauer war an diesem Tag in der Stadt, und so zog die Arelina mit den anderen Knechten und Mägden hinaus auf das Feld. Dort ging ihr die Arbeit so flink von der Hand, dass den anderen nichts mehr zu tun übrig blieb. Die Schnelligkeit, mit der sie arbeitete, war ihnen nicht geheuer. Entsetzt warfen sie die Rechen und Gabeln fort und liefen nach Hause. »Das geht nicht mit rechten Dingen zu, so wie die Neue arbeitet«, sagten sie zur Bäuerin. Der war das nur recht. Als der Bauer am Abend heimkam, erzählte sie ihm, dass sie eine Neue angestellt habe. »Die arbeitet leicht für sechs bis sieben Leute«, sagte sie. »Wenn die so weitermacht, brauchen wir keine anderen Dienstboten mehr.«

»Ei, so eine kommt uns grad recht«, lachte der Bauer und erzählte von der Stadt: »Dort ist heller Jubel. Im Schloss wird ein Fest nach dem anderen gefeiert. Der Karl, der Grafensohn, der so lange verschwunden war, ist wieder nach Hause gekommen. Damit hat niemand mehr gerechnet. Umso größer ist jetzt die Freude.«

Gespannt hörte Arelina zu.

Am anderen Tag fragte sie den Bauern, ob sie denn nicht einen Tag frei haben könnte, um in der Stadt die Festlichkeiten zu sehen.

Mit einer so tüchtigen Magd wollte es sich der Bauer nicht vertun. So stimmte er zu und zeigte ihr auch den Weg.

Nur ein kleines Waldstück trennte sie schließlich noch von der Stadt und den Festlichkeiten. Da machte Arelina eine Rast. In ihrer Tasche hatte sie fünf Nüsse. Zwei davon holte sie heraus und schlug sie auf. Da kam aus der einen ein Wagen zum Vorschein. Der war mit Silber beschlagen. Vorgespannt waren zwei prächtige Rappen. Aus der anderen zauberte sie ein prunkvolles Kleid und zog es an. Schön wie ein Engel setzte sie sich in die Kutsche, fuhr auf die Stadt zu und geradewegs ins Schloss. Ungehindert passierte sie die Tore. Alle waren erstaunt über die schöne Fremde, die da vorfuhr. Kein Mensch kannte sie oder hatte eine Ahnung, wer die Schöne denn war.

Im Schlosshof stieg sie aus und fragte einen Diener nach dem jungen Schlossherrn. Der verneigte sich respektvoll und zeigte ihr den Weg.

Im Hauptgang begegnete sie der alten Gräfin. Wie die die schöne junge Frau sah, die nach ihrem Sohn verlangte, warf sie ihr einen bösen Blick zu. Durch ihn wurde die Arelina verrupft und verguntelt, also verhext. Mit einem Mal stand die Arelina als hässliche zerlumpte Gestalt da. »Was will diese Jammergestalt bei den Festlichkeiten?«, rief die Gräfin: »Fort mit ihr!« Gleich wurde die Arelina aus dem Schloss gewiesen und fortgejagt. Obendrein erhielten die Torwächter einen strengen Verweis. »Wie könnt ihr eine so schäbige Weibsperson ins Schloss lassen!?«, hieß es.

Die Arelina ließ sich durch den Zauber aber nicht verdrießen. Im Wald vor der Stadt holte sie die restlichen drei Nüsse aus der Kitteltasche und schlug sie auf. Da kam eine vierspännige Equipage, also eine elegante Kutsche, samt Kutscher und Diener zum Vorschein. Die war so nobel, wie man sich eine Kutsche nur vorstellen kann. Dazu zog die Arelina ein noch prächtigeres Kleid an und fuhr wieder ins Schloss.

Als sie dort ankam lief die ganze Dienerschaft zusammen und staunte über so viel Pracht und Schönheit. Arelina stieg aus: »Bringt mich zu Karl, dem jungen Grafen«, sagte sie. »Ich habe etwas Wichtiges mit ihm zu besprechen.«

Die Diener wunderten sich, dass sie ihren Herrn, der frisch verlobt war, beim Vornamen nannte. Sie meinten, seine Braut sei gekommen. Sofort wurde sie in einen Saal geführt. Gleich darauf kam der Karl herein. Er erkannte Arelina aber nicht mehr. Erstaunt fragte er sie: »Wer sind Sie denn?

Und was wollen Sie von mir?« – »Weißt du denn nicht mehr, wer dich aus der Unterwelt zurückgebracht hat?«, fragte sie ihn – und gab ihm einen Kuss.

Jetzt gingen ihm die Augen auf. Voller Freude erkannte er sie wieder. Auf der Stelle ließ er seine Eltern rufen. »Jetzt hat sich mein Schicksal erfüllt«, erklärte er ihnen. »Neben mir steht Arelina, meine Retterin aus der Unterwelt. Sie soll meine liebe Braut sein.«

Was blieb den Eltern da anderes übrig, als zuzustimmen. In Pracht und Herrlichkeit wurde bald darauf Hochzeit gefeiert. Lange und gut haben sie dann noch gelebt. Glücklich sind sie auch gewesen. Wer weiß, wie viele Kinder sie miteinander gehabt haben. Und wenn sie nicht gestorben sind, dann leben sie wohl heute noch.

Armreich und Schmerzenreich

Aufgrund der drastischen originalen Schilderung ist diese Geschichte zum Vorlesen oder Erzählen für kleine Kinder nicht geeignet!

»Vom Madl ohne Händ« nannte die burgenländische Meistererzählerin, die Miazi-Moam aus Oberschützen, diese Überlieferung. Sie erzählte sie mitreißend in ihrer südburgenländischen Mundart, denn diese Geschichte lag ihr ganz besonders am Herzen. »Mir wird selber ganz hårt«, meinte sie, als sie zu der Stelle kam, wo das Mädchen ohne Hände hinaus muss in die Welt. Wegen ihrer Erzählkunst wurde die Miazi-Moam vor allem im Winter weitum auf die Höfe eingeladen.
Der Märchensammler Karl Haiding schreibt: »Alle wissen, dass sie viele lange und schöne Geschichten erzählen kann, und sie hören sie nicht nur einmal gerne an, um sie kennenzulernen, sondern sie wollen sie jeden Winter erzählt bekommen. Die Zuhörer empfinden mit ihr Freude und Trauer. Beim Federnschleißen vermag sie durch ihre köstliche Erzählergabe alle in die fröhlichste Stimmung zu versetzen.« Obwohl – fröhlich ist dieses Märchen größtenteils nicht.

Es lebte einmal ein Wirt. Der hatte eine wunderschöne Tochter, die Marie. Gerade, als sie fünfundzwanzig Jahre alt war, starb der Vater. Die Mutter hätte gern wieder geheiratet. Aber allen Männern, die ins Haus kamen, war die Tochter lieber als die Mutter. Bei der Jungen schafften sie ihr Essen und Trinken an, und ihr machten sie auch schöne Augen.

Das wurmte die Mutter. Hin und her überlegte sie: Was könnte sie nur tun gegen die Tochter? Der Ärger wuchs mit der Zeit zu einem gewaltigen Zorn, und sie beschloss, die Tochter zu verderben.

Zum Wirtshaus gehörte ein stattlicher Besitz und auch ein großer Wald. Den wollte die Mutter abholzen lassen. Sie ließ also die Holzknechte kommen und schaffte ihnen an: »Schlägert für mich den ganzen Wald. Ihr werdet dafür gut bezahlt – besser als sonst wo. Dafür müsst ihr mir aber auch einen Gefallen tun.« – »Welchen?«, fragten die Holzknechte. – »Wenn meine Tochter, die Marie, mit dem Essen kommt, müsst ihr ihr die Hände abschlagen.«

Die Holzknechte waren fassungslos! Diese Anordnung traf sie wie ein Blitz aus heiterem Himmel!

Sie waren raue Burschen und viel gewohnt. Aber wie konnte sich eine Mutter das wünschen? Und wer wollte so etwas schon tun? Niemand! – Zu der Zeit gab es aber kaum Arbeit. Irgendwie mussten sie sich und ihre Familien ernähren. So willigten sie ein.

Am nächsten Tag kam die Marie mit dem Essen in den Wald. Keiner von den Holzknechten wollte da zur Hacke greifen und ihr die Hände abschlagen. Einer schob es auf den anderen. Und schließlich brachte es keiner übers Herz. Tags darauf war es nicht anders.

Da ließ die Mutter den Vorarbeiter kommen und sagte: »Wenn ihr meiner Tochter die Hände nicht abschlagt, dann seid ihr entlassen. Es gibt genug Holzknechte, die Arbeit suchen, und die tun, was ich verlange.«

Da dachte der Mann an seine eigene Frau und die Kinder. Wie würde es denen gehen, wenn er keine Arbeit mehr hätte und kein Geld heimbringen würde! Schließlich sagte er: »Nun gut, wir werden tun, was du verlangst.«

Draußen im Wald hielt er dann mit den anderen Holzknechten Rat. »Es bleibt uns nichts anderes übrig«, meinte er. »Du hast recht«, sagten sie alle. »Aber wer soll es tun?« – »Am besten wird sein, wenn wir losen«, schlug einer vor. – Das geschah. Sie gaben Lose in ein Fürtuch, also in eine Schürze, hinein. Auf einem der Lose stand ein »M«. Wer das zog, musste die Untat begehen. Und wen erwischte es: ausgerechnet den Liebsten von der Marie.

Gegen Mittag kam die Marie mit dem Essen. Mit hängenden Köpfen saßen die Holzknechte da herum. Ihrem Liebsten aber kugelten die Tränen über die Wangen. Sie stellte das Essen ab, schaute sie der Reihe nach an – dann auch ihren Liebsten.

»Geh nur her«, sagte sie. »Ich weiß, ihr müsst mir die Hände abschlagen. Einer muss es ja tun. Lieber du als sonst wer!« Drauf kreuzte sie ihre Hände übereinander und legte sie vor sich hin auf einen Baumstock. Der Bursche nahm das breite Beil und schlug ihr mit einem Hieb die Hände ab.

Laut schrie sie auf, die Marie. In rasendem Schmerz steckte sie die Armstümpfe in den feuchten Erdboden. So stillte sie das Blut. Dann lief sie durch den Wald auf und davon. Weitum waren ihr Klagen und ihre Schreie zu hören. In ihrem Schmerz fand sie keine Ruhe. Erst spät in der Nacht sank sie nieder und fiel in einen unruhigen Schlaf.

Am anderen Tag spürte sie den Hunger. Aber wie sollte sie sich jetzt etwas zum Essen besorgen? – Weiter taumelte sie und kam in einen Obstgarten.

Es war Herbst. Voll und rund hingen die Äpfel in den Bäumen. Sie biss ab, wo sie konnte, und aß, so viel sie erwischte. Dann verschwand sie wieder im Wald. Tag für Tag suchte sie jetzt den Obstgarten auf.

Der Garten gehörte zum königlichen Schloss. Bald fielen dem Gärtner die vielen angebissenen Äpfel auf. Dem Biss nach konnte das kein Tier gewesen sein. Aber welcher Mensch würde Äpfel nur anbeißen und am Baum hängen lassen? – Verwundert zeigte der Gärtner dem König die angebissenen Äpfel. »Wir werden schon noch erfahren, wer da die Äpfel anbeißt!«, sagte der König zum Gärtner: »Gleich wer und was es ist: Fangt es! – Das ist ein Befehl.«

So legte sich der Gärtner auf die Lauer. Bis Mitternacht rührte sich nichts. »Jetzt kommt keiner mehr«, sagte er sich und ging in seine Kammer, um zu schlafen.

Die Marie wusste aber ganz genau, wann die beste Zeit war, um in den Obstgarten zu gehen. Im Morgengrauen schlich sie sich hinein. Und als der Gärtner am Vormittag in den Garten kam, fand er wieder angebissene Apfelbutzen. So blieb ihm nichts anderes übrig, als die darauffolgende Nacht wieder Wache zu halten:

Diesmal lag er aber bis in die Früh auf der Lauer. Und da erwischte er die Marie, wie sie zu den Bäumen schlich und in die Äpfel biss. Gleich sprang er vor, packte sie und schrie: »Was fällt dir ein? – Wie kannst du im königlichen Garten die Äpfel anbeißen?« – In ihrer Not flehte sie ihn an: »Lass mich los! Ich werde nie mehr wieder in den Garten kommen!« – »Nein«, sagte der Gärtner, »ich kann dich nicht freilassen! – Ich muss dich vor den König bringen.« – »Ich werde fortgehen, so weit mich meine Füße tragen, und gewiss keinen Schaden mehr anrichten«, flehte sie. »Ich bitte dich: Lass mich frei!« – Aber das half ihr alles nichts. Der Gärtner zerrte sie vor den König.

Fürchterlich schaute sie aus, die Marie: Blutverkrustete Armstümpfe, dreckig von Kopf bis Fuß, die Haare verfilzt, wirr und zerzaust. In Strähnen hingen sie ihr vom Kopf. Auch das Gesicht war blutverschmiert von den Armstümpfen, mit denen sie sich immer wieder abwischen wollte. Rund um den Mund schmierte sich der Saft der Äpfel. Das Gewand in Fetzen.

Ja, sie war ein scheußlicher Anblick. Dazu der Gestank nach Schweiß und Blut.

»Wascht sie!«, befahl der König. »Kämmt sie auch und gebt ihr ein neues Gewand! Danach könnt ihr sie mir wieder vor den Thron bringen!«

Dienerinnen brachten sie ins Bad, wuschen ihr den Dreck, den Schweiß und das Blut ab. Sie versorgten ihre Armstümpfe, salbten die verkrusteten Wunden und kämmten ihre Haare.

Wie sie drauf vor den König trat, ging ein Leuchten von ihr aus und ihr Gesicht erstrahlte, dass dem König ganz wunderlich wurde. Jetzt lachte ihm das Herz, als er sie sah.

»Ich bitte Euch, Majestät«, sagte die Marie, »lasst mich frei. Ich verspreche euch, ich werde fortgehen, und Ihr werdet nie wieder etwas von mir hören.« »Nein«, sagte der König. »Zuerst erzählst du mir, warum du die Äpfel angebissen hast und was mit deinen Händen geschehen ist.«

Da erzählte sie die ganze Geschichte: Wie sie durch den Neid und die Eifersucht der Mutter um die Hände gekommen war und wie sie der Hunger in den Garten getrieben hatte.

War dem König schon bei ihrem Anblick wonniglich warm geworden ums Herz, so verliebte er sich jetzt, je mehr sie erzählte, ganz und gar in sie.

Schließlich fragte er sie unumwunden, ob sie denn nicht die Seine werden wolle. »Nein, Herr«, sagte sie, »nicht, dass Ihr mir nicht auch gefallen würdet. – Aber was ist, wenn wir Kinder bekommen? Dann bin ich eine Mutter, die keine Hände hat, um sich um sie zu kümmern. – Und wie traurig ist es für eine Mutter, wenn sie ihre Kinder nicht auf den Arm nehmen oder ihnen über den Kopf streicheln kann! – Nein, das Heiraten ist nichts für mich.« – »Die Hände kann ich dir nicht zurückgeben«, sagte der König. »Aber für dich und die Kinder wird gesorgt sein. Eine Dienerin wird dir bei allem helfen, und auf die Kinder schaut eine Pflegerin. Du brauchst ihr nur zu sagen, was sie tun soll.« Drauf redete er ihr so lange zu, bis sie schließlich einwilligte. Bald darauf wurde Hochzeit gefeiert. So waren die zwei ein glückliches Paar.

Wochen und Monate vergingen. Da brach ein Krieg aus. Der König musste fort, um die Grenzen gegen den Feind zu verteidigen.

Marie, die Königin, war in anderen Umständen. In der Obhut seines Bruders blieb sie zurück und wartete Tag für Tag darauf, dass der König siegreich und gesund wieder zurückkehren würde. Der König hatte seinem Bruder aufgetragen, gut für seine Frau zu sorgen. Der aber machte sich heran an die Königin und wollte mehr von ihr, als für einen Schwager statthaft ist.

So zudringlich er auch wurde: Die Königin wollte von ihrem Schwager nichts wissen. Kühl ließ sie ihn abblitzen. Das verwandelte die Leidenschaft des königlichen Bruders in Ärger, Wut und Heimtücke.

Immer wieder schrieb der König aus dem Feld Briefe an seine Frau. Der Bruder fing die Briefe einen nach dem anderen ab und las sie alle.

Endlich war es so weit: Die Königin war am Entbinden. Sie setzte zwei kerngesunde Buben in die Welt. Glückselig schrieb sie ihrem Mann von dem freudigen Ereignis. Der Bruder fing den Brief aber ab und schrieb dem Bruder in ihrem Namen, dass sie zwei Hunde in die Welt gesetzt hätte. – Als der König den Brief las, konnte er das, was da stand, kaum fassen. Aber dann schrieb er zurück: »Auch wenn uns das Schicksal prüft: Es wird wohl ein Sinn darin sein. – Fügt den Welpen kein Leid zu. Zieht sie groß, bis ich wieder zu Hause bin.«

Der Bruder fing auch diesen Brief ab und schrieb stattdessen: »Was für ein Unglück! – Ich hätte es wissen müssen, als sie zerlumpt und mit abgeschlagenen Händen vor meinen Thron trat: Meine Frau ist eine Hexe! – Bringt sie mitsamt den Missgeburten auf der Stelle im Wald um.«

Ein Diener musste der Königin den Brief vorlesen. Für die junge Königin brach eine Welt zusammen. – Was hatte ihren Mann dazu getrieben, so etwas zu schreiben? – Mit ihr war der ganze Hofstaat entsetzt und niedergeschlagen. Niemand konnte verstehen, wie es zu diesem Befehl gekommen war.

Aber was half das alles: Der Brief trug unübersehbar das königliche Siegel. Mit hängenden Köpfen fügte sich die Dienerschaft in das Befohlene. Am

Turm wurde eine schwarze Fahne aufgezogen. Dienerinnen putzten die Königin und die Kinder fein heraus. Eine Kutsche wurde gerüstet. Dann ging es hinaus in den Schlossgarten bis weit in den hintersten Winkel. Dort wartete schon der königliche Jäger: »Im Namen des Gesetzes«, sagte er. »Frau Königin, es ist meine traurige Pflicht, den königlichen Befehl zu befolgen.«

Da begann die Königin bitterlich zu weinen. »Der Himmel weiß, was in meinen Mann gefahren ist«, klagte sie. »Denkt doch wenigstens an die Kinder! – Sollen sie ihr Leben lassen für einen Befehl, den keiner versteht? – Schont uns, und wir werden auf Nimmerwiedersehen verschwinden. Keiner wird wissen, dass wir noch am Leben sind.«

Auch dem Jäger kam das, was der König da verlangte, hart an. Die Königin und ihre Kinder erbarmten ihn. So gab er schließlich nach und ließ sie laufen. Das alles war auch so schlimm genug.

Sie hatte ja keine Hände. Deshalb bat sie ihn noch: »Bindet mir die Kinder auf den Rücken.« Das tat der Jäger. Mit einem Tuch wurden die zwei Buben festgezurrt. Sie dankte ihm unter Tränen. Dann machte sie sich auf, zog fort durch den Wald und weinte in einem fort. Am Leben waren sie geblieben. Aber wie sollte sie sich und die Kinder jetzt durchbringen – ausgesetzt und ohne Hände?

Auf ihrem Weg kam sie zu einem breiten Bach. Wild und reißend schoss das Wasser daher. Sie ging ein Stück bachaufwärts und hielt Ausschau nach einer Brücke. Dann suchte sie weiter abwärts. Ein Steg war nirgends zu sehen! – An einer Engstelle ragten einige Felsen aus dem Wasser. Da wagte sie den Übergang. Vorsichtig stieg sie von Stein zu Stein. An einer glitschigen Stelle rutschte sie aber ab und konnte gerade noch zum nächsten Stein springen. Durch den Ruck rutschte einer von den Buben aus dem Tuch und fiel ins Wasser. Hilflos trieb er in der Strömung und drehte sich bei einem Felsen im strudelnden Wasser.

Ihr blieb schier das Herz stehen. Vergebens versuchte sie den Buben zu erhaschen. Wie denn auch – ohne Hände! Mit einem Ruck warf sie den anderen Buben ans sichere Ufer. Dort kam er auf der Wiese gut zu liegen. Sie aber stieg ins Wasser. Mit ihren Armstümpfen fuhr sie immer wieder unter das Kind. Aber sie bekam den Buben im Wasserstrudel einfach nicht zu fassen.

»Ach, Himmel, hilf!«, rief sie in ihrem Schmerz, und streckte die Armstümpfe zum Himmel. Da wuchsen ihr mit einem Mal Hände.

Glückselig hob sie den Buben aus dem Wasser. »Du bist mein ‚Schmerzenreich'!«, sagte sie. Und so kam der Bub zu einem Namen, den sonst keiner hatte. Den Buben am Ufer nannte sie »Armreich«.

Drauf zog sie mit den Kindern weiter bis in den dichtesten Wald. Dort baute sie sich auf einer Lichtung aus Ästen eine Hütte. Darin richtete sie Betten aus Moos und Laub für sich und die Kinder.

Erst als sie endlich fertig war mit der Arbeit, spürte sie, dass sie der Hunger plagte. Da tauchte aus dem Wald eine Hirschkuh auf. Die hatte ein großes Euter. Die Hirschkuh war zutraulich. Vor der Hütte legte sie sich nieder. Bedächtig ging die Marie hin zu der Hirschkuh, schmeichelte ihr und streichelte sie. Die Hirschkuh ließ das alles geschehen und blieb ganz ruhig. Da machte die Marie aus Blättern ein Stanitzel, also eine Tüte, und molk das Stanitzel voll. Die Milch war ein nahrhafter Trunk. Dazu suchte die Marie Beeren, Kräuter und Wurzeln. So lebten sie sieben Jahre.

Endlich war der Krieg zu Ende. Der König kam siegreich zurück. Umso mehr wunderte ihn die schwarze Fahne am Turm. »Was hat das zu bedeuten?«, fragte er unwirsch. »Es ist wegen Eurer Frau und den Kindern, Herr!«, sagte der Mann beim Tor zögernd. »Ist ihnen denn ein Unglück geschehen?«, fragte der König. »Die Stunde, in der sie sterben mussten, war wahrlich keine glückliche«, sagte der Mann.

»Meine Frau und meine Kinder mussten sterben?«, fragte der König verwundert. – »Ja, Herr, so wie Ihr es befohlen habt!«

Der König konnte nicht fassen, was er da hörte. Er sollte die Hinrichtung seiner Frau und der Kinder befohlen haben?

Entsetzt ritt er auf und davon – bis tief in den Wald. Nur seine drei Leibjäger hielten mit ihm mit.

Den ganzen Tag jagte der König, wie vom Wahnsinn getrieben, kreuz und quer durch den Wald. Als die Sonne unterging, kamen sie zu der armseligen Laubhütte.

Hier hauste die Marie mit den Kindern. Sie erkannte ihn sofort. Er sie aber nicht.

Wie denn auch: Sie sah aus wie eine Waldfrau. Noch dazu hatte sie wieder Hände. Die zwei Buben, die vor der Hütte spielten, gefielen dem König. »Habt ihr für mich einen Platz für die Nacht?«, fragte er. »Ja«, sagte sie und bemühte sich, nicht erkannt zu werden. Wer weiß, sagte sie sich, was er im Schilde führt. Vielleicht hat er erfahren, dass wir noch am Leben sind, und jetzt sucht er mich und die Kinder, um uns umzubringen.

Der König legte sich nach dem kargen Nachtmahl ins Bett. Die drei Leibjäger saßen daneben. Die Marie und die Kinder kauerten am Boden. Mitten in der Nacht leuchtete der Mond durch einen Spalt in die Hütte. Der König schlief unruhig. Er streckte sich am Lager. Da rutschte eine seiner Hände heraus und hing auf den Boden herunter.

»Schmerzenreich«, sagte da die Marie, »leg deinem Vater die Hand wieder ins Bett.« – »Aber, Mutter! Dieser stolze Mann wird doch nicht mein Vater sein!?« – »Wenn ich es dir sage: Er ist es.« Da legte der Bub die Hand seines Vaters wieder ins Bett. Bald darauf rutschte dem König der andere Arm aus dem Bett. »Armreich«, sagte die Marie, »leg deinem Vater die Hand wieder hinein.« Still nahm der Bub die schwere Hand und legte sie wortlos wieder unter die Decke. Einer der Leibjäger aber döste im Halbschlaf und hatte alles gehört.

In der Früh schenkte der König einem jeden von den zwei Buben sieben Dukaten. Dann ritt er mit seinen Leuten wieder davon.

Dem Jäger, der in der Nacht alles gehört hatte, ließ es keine Ruhe. Er selbst war es gewesen, der vor Jahren die Königin mit den Kindern verschont und fortziehen lassen hatte. Schließlich sagte er: »Herr, ich hätte vor Jahren Euren Befehl ausführen sollen.« – »Von welchem Befehl redest du?«, fragte der König. – »Von Eurem Befehl, die Frau samt den Missgeburten, wie ihr sie genannt habt, umzubringen«, sagte der Jäger. – »Das habe ich nie befohlen!«, schimpfte der König. – »Und ich habe den Befehl nie ausgeführt«, sagte der Jäger. »Die Königin hat mir erbarmt, wie sie mit den zwei kleinen Kindern vor mir gestanden ist – und ich habe sie ziehen lassen.« – »Sie leben also noch?«, fragte der König. – »Ja, Herr«, sagte der Jäger, »und von gestern auf heute haben wir bei ihnen übernachtet.«

Da ließ der König auf der Stelle wenden. In wilder Jagd ging es zurück zur Laubhütte im Wald. Dort erschrak die Marie nicht wenig, als der König und seine Jäger ungestüm durch den Wald brachen. Einmal mehr hatte sie Angst um ihr Leben und fiel vor dem königlichen Ross auf die Knie. »Steh auf«, sagte der König, »wenn du es wirklich bist, meine liebe Frau.« Sie richtete sich auf, und er saß ab. »Wie kommt es, dass du auf einmal Hände hast? – Bist du vielleicht doch eine Zauberin?«

Da erzählte sie ihm die ganze Geschichte: Von den Zudringlichkeiten seines Bruders, von der Geburt der Kinder, vom Brief mit dem unsäglichen Befehl, vom Jäger, der sie ziehen lassen hatte, und von den Händen, die ihr bei der Errettung des Buben gewachsen waren.

Jetzt konnte sich der König selbst einen Reim drauf machen. Glückselig umarmte er seine Frau und die Kinder. Miteinander zogen sie drauf zurück ins Schloss. Dort fragte er seinen Bruder nach den Briefen, und was denn daringestanden sei. Zuerst wollte sich der Bruder noch in Ausflüchte retten. Bald merkte er, dass das nichts half. Stammelnd gestand er seine Schuld ein – und der König übergab ihn dem Gericht.

Nach all dem, was sie mitgemacht hatten, hatten sich der König und die Königin noch viel lieber denn je. Lange und glücklich lebten sie fortan ein zufriedenes Leben – und wenn sie nicht gestorben sind, dann leben sie wohl heute noch.

Von den drei Eiern

Aufgrund der drastischen originalen Schilderung ist diese Geschichte
zum Vorlesen oder Erzählen für kleine Kinder nicht geeignet!

*Geboren wurde Theodor Vernaleken im nordhessischen Volkmarsen.
Nach dem Studium in Zürich kam er 1850 als »Seminardirektor«
nach Wien. Hier reformierte er das österreichische Schulwesen und
gründete die erste Lehrerbildungsanstalt.
Fast nebenbei sammelte er eine Fülle alpenländischer
Überlieferungen. Erstaunlich, wie viele Märchen er alleine im
niederösterreichischen Ort Obersulz fand. Das Märchen »Von den
drei Eiern« ist dabei besonders einzigartig.*

Vor langer, langer Zeit, wars gestern oder wars heut, da lebten einmal zwei Schwestern. Von den zweien hatte eine jede eine Tochter. Zum Unglück starb aber eine von den zwei Schwestern. So blieb der anderen wohl oder übel nichts anderes übrig, als die Tochter der Verstorbenen an Kindes statt anzunehmen. Freude hatte sie damit aber keine.

Denn auch sie drückte die Not. Sie wusste kaum, wie sie ihre eigene Tochter und sich selbst durchbringen sollte. Und jetzt war noch ein hungriges

Maul mehr zu stopfen. Nein, das gefiel der Frau gar nicht – und das ließ sie ihre Stieftochter auch spüren. Das Mädchen musste seinen Unterhalt sauer verdienen. Arbeit über Arbeit bekam es aufgetragen und wehe, es ging nicht schnell genug. Da wurde die Stiefmutter fuchsteufelswild.

Einmal schickte sie ihre Stieftochter zur Quelle, die nahe beim Haus sprudelte, um Wasser zu holen. Das Mädchen bemühte sich, der Stiefmutter nur ja alles recht zu machen, und beeilte sich. Sie rannte, so schnell sie nur konnte. Dabei stolperte sie aber und zerbrach den Krug. Jetzt war der Jammer groß. Die Stiefmutter schäumte vor Wut, als sie die Scherben sah. »Den Krug wirst du ersetzen!«, tobte sie. »Komm mir nicht mehr unter die Augen, bevor du nicht einen neuen Krug besorgt hast. Gnade dir Gott, sonst setzt es etwas!«

Bei so viel Schimpf weinte das Mädchen bitterlich und machte sich auf den Weg. Aber wo sollte es hin?

In seiner Verzweiflung lief es einfach drauflos, nur fort!

Nach Stunden kam das Mädchen zu einem Baum. Darunter saß eine Frau. Die hatte keinen Kopf. Der Anblick verwunderte das Mädchen schon sehr. Noch mehr verwunderte es sie aber, als die Frau fragte: »Was schaust du denn so? Stimmt denn irgendetwas nicht?« – »Nein, nein, nein!«, meinte das Mädchen. »Es ist schon alles gut so!« Schnell ging es weiter. Bald darauf kam es wieder zu einem Baum. Der war noch viel größer als der erste. Auch darunter saß eine Frau – und auch die hatte keinen Kopf. Das wunderte das Mädchen umso mehr.

»Was gibt's denn da zu schauen?«, fragte auch diese Frau. »Stimmt etwas nicht?« – »Nein, nein, nein!«, sagte das Mädchen wieder. »Es passt schon alles!« Schnell eilte sie weiter. Sie spürte schon Hunger und Durst.

Auf ihrem Weg kam sie wieder zu einem Baum. Auch unter dem saß eine Frau. Die aber hatte einen Kopf. Steinalt war sie, die Frau, und freundlich schaute sie das Mädchen an. Das grüßte sie freundlich und fragte: »Ach,

Großmutter, hast du vielleicht ein Stück Brot für mich? Ich habe so großen Hunger.« Da meinte die Alte freundlich: »Gegen den Hunger kann ich dir schon helfen! Geh dort drüben in die Hütte am Ende vom Feld. In einem Topf wirst du Reis finden. Bestimmt kommt dann gleich eine schwarze Katze zu dir. Gib ihr auch etwas ab von dem Reis.«

Flugs machte sich das Mädchen auf den Weg. Wirklich stand in der Hütte ein Topf mit Reis. Den ließ es sich schmecken. Und als bald darauf die schwarze Katze auftauchte, bekam auch die etwas von dem guten Reis. Da lachte die Alte, als sie ins Haus kam und die Katze beim Fressen sah. »Komm mit!«, sagte sie drauf zum Mädchen. Miteinander gingen sie in eine Kammer. Auf einem Tisch lagen da etliche Eier. »Davon darfst du dir drei Eier nehmen«, sagte die Alte. »Aber nimm nur solche, die nicht reden! Und noch eines: Schlag unter jedem Baum, wo eine Frau gesessen ist, ein Ei auf!«

Dem Mädchen kam das alles sehr sonderbar vor, aber sie machte es genau so, wie es die Alte gesagt hatte. Die großen Eier redeten lustig und vergnügt. So nahm sie eben nur die Kleinen. Die schwiegen. Dann ging es zurück. Beim ersten Baum zerschlug sie ein Ei und – oh Wunder! – da stand ein Wasserkrug vor ihr. Der sah genauso aus wie der, den sie zerbrochen hatte. Aus dem zweiten Ei wurde ein Wagen mit Pferden. Aus dem dritten Ei aber gar eine kleine Kiste voller Gold. War das eine Freude!

Vergnügt fuhr das Mädchen jetzt mit dem Wagen zurück zur Stiefmutter und brachte ihr den Krug. Sie selbst fuhr weiter, kaufte sich mit dem Gold ein Landhaus und lebte dort lustig und vergnügt.

Die Stiefmutter verstand die Welt nicht mehr. Wie war ihre Stieftochter zu diesem Reichtum gekommen? Neugierig fragte sie nach, in welche Richtung sie denn gezogen war. Und kaum, dass das heraußen war, schickte sie ihre eigene Tochter los.

Auf ihrem Weg kam die zu der ersten von den drei Frauen. Und auch diesmal hatte die keinen Kopf. Das Mädchen glotzte sie mit großen Augen an.

»Was schaust du denn so?«, fragte die Frau. »Stimmt etwas nicht?« – »Ob etwas nicht stimmt, fragst du?«, rief das Mädchen. »Natürlich stimmt etwas nicht: Vor mir sitzt eine Frau ohne Schädel!« Gleich lief sie weiter – fort von der unheimlichen Gestalt.

Und so kam sie zur zweiten Frau. Auch die hatte keinen Kopf. Und auch sie fragte: »Was ist mit dir, Mädchen? Stimmt etwas nicht, dass du so schaust?« – »Natürlich stimmt etwas nicht!«, rief sie wieder. »Vor mir sitzt eine Frau ohne Schädel! Wer würde da nicht Augen machen!?«

Und flugs war sie wieder auf und davon. So kam sie zur dritten Frau. »Sag, Großmutter, hast du etwas zu essen für mich?«, meinte das Mädchen. »Mich plagt schon der Hunger!«

»Natürlich«, sagte die Alte. »Geh nur in die Hütte dort drüben am Ende vom Feld. Drin wirst du guten Reis finden. Gib aber der schwarzen Katze auch etwas ab, wenn sie kommt.«

Gleich lief das Mädchen hinüber zur Hütte und stopfte sich dort mit dem Reis den Bauch voll. Als die schwarze Katze hereinkam, gab es für sie einen Tritt. Den Reis aber aß das Mädchen alleine auf. Bald darauf kam die alte Frau zur Hütte. Sie sah die Katze, die hungrig im Winkel lag. Dann zeigte sie dem Mädchen die Eier. »Nimm dir aber nur die, die nicht reden!«, trug sie ihr auf und sagte ihr genau, was sie damit tun sollte.

Kaum, dass die Alte weg war, schnappte sich das Mädchen die drei größten Eier. Die redeten laut und wehrten sich dagegen. Sie aber kümmerte das nicht. Die größten Eier wollte sie, die allergrößten, und sonst nichts!

Beim Baum war sie schon neugierig, was denn in den Eiern drinnen sein würde. Sie schlug eines auf – aber das war leer. Ui, da wurde das Mädchen fuchsteufelswild!

Gleich knallte sie das zweite Ei auf den Boden. Daraus kroch eine große Schlange hervor. Die hatte Flügel! Vor Schreck wollte das Mädchen auf und davon laufen. Da stolperte es, fiel hin und jetzt zerbrach auch das dritte

Ei! Aus diesem Ei kam eine Frau ohne Kopf hervor. Die setzte sich auf die Schlange und flog mit ihr auf und davon. Dem Mädchen blieb nichts als die leeren Eierschalen und der Ärger. Ach ja, immerhin hatte sie sich satt gegessen.

Die andere aber hatte mit dem, was sie von den drei Frauen bekommen hatte, ein gutes Leben. Lange und gut hat sie noch gelebt und glücklich ist sie gewesen, und wenn sie nicht gestorben ist, dann lebt sie wohl heute noch.

Von der schwarzen Frau

Aufgrund der drastischen originalen Schilderung ist diese Geschichte zum Vorlesen oder Erzählen für kleine Kinder nicht geeignet!

Die Miazi-Moam war eine Erzählerin, die in Oberschützen im südlichen Burgenland lebte. Sogar auf den Fotos von ihr ist die innere Kraft, mit der diese Frau wohl erzählt hat, spürbar. Eines der Märchen, die von ihr überliefert wurden, ist diese Geschichte.

Es waren einmal recht arme Leute. Die drückte die Not hinten und vorn. Einmal machte sich der Mann wieder auf, hinaus in den Wald. Holz wollte er sammeln für den kümmerlichen Haushalt. Kaum aber, dass er mit dem Holzklauben begonnen hatte, stand ein kohlschwarzes Mandl vor ihm. »Was tust du denn da!?«, fragte es ihn. »Holz klauben. Kaufen können wir uns keines. Es geht uns auch so schlecht genug.«
»Pass auf«, sagte das Mandl. – »Wenn du mir das versprichst, von dem du nichts weißt, dann wirst du genug haben, und es wird euch künftig an nichts mehr fehlen!« – »Was kann das schon sein, das, von dem ich nichts weiß!?«, rief der Arme. »Von mir aus kannst du das gerne haben!«.
Da lachte das Mandl und ging zufrieden fort.
Der Mann aber füllte den Korb. Voller Neugier machte er sich dann auf den Heimweg.
Wie er nach Hause kam, sah er, dass im Hof Holz über Holz lag. Er hätte keines heimzuschleppen brauchen. Drinnen war seine Frau vergnügt am Kochen. »Stell dir vor«, sagte sie, »sonst fehlt doch immer etwas. Aber seit

heute ist wie durch ein Wunder von allem genug da.« – »Kein Wunder!«, sagte der Mann und erzählte ihr von dem Mandl. »Um Himmels willen!«, rief da die Frau. »Jetzt hast du dein Kind verschachert!« Verblüfft schaute sie der Bauer an: »Wie kommst du drauf, dass ich ein Kind verkauft habe?« – »Schon lange wollte ich dir erzählen, wie es um mich steht«, sagte die Frau. »Bald schon werde ich wieder ein Kind in die Welt setzen.«

Da verging dem Mann die Fröhlichkeit ganz und gar.

Obwohl: Eigentlich hatten sie jetzt ein gutes Leben. Es fehlte an nichts. So war die Zeit umso schneller um – und das Kind kam zur Welt. Es war ein Mädchen. Ein ganz besonderes Mädchen! Ein Blick auf das Neugeborene genügte und den Eltern wurde warm ums Herz. So viel Freude und Seligkeit ging von dem Kind aus. Drei Tage nach der Geburt aber kam ein schwarzer Wagen gefahren. Schwarz waren auch die Rösser, die vorgespannt waren. Und drin saß eine schwarze Frau.

»Heute komme ich, um das zu holen, was dem Mandl draußen im Wald versprochen wurde«, sagte die Schwarze.

Da begann die Mutter bitterlich zu weinen: »Kaum, dass es auf die Welt gekommen ist, soll ich mein Kind hergeben, und ich weiß nicht, wo es hinkommt und was mit ihm geschieht! Ich bitte dich: Lass es mir wenigstens, bis es sieben Jahre alt ist.«

»Na gut«, sagte die Schwarze, »ich will nicht unbarmherzig sein. Sieben Jahre sollst du das Kind noch haben. Aber wenn ich dann wiederkomme, nehme ich es mit.«

Die sieben Jahre vergingen wie im Flug. Und kaum, dass die Zeit um war, kam die schwarze Frau wieder gefahren. Sie nahm das Mädchen bei der Hand, stieg mit ihm in den Wagen und fuhr fort. Zurück blieben die klagenden und weinenden Eltern.

Die Schwarze fuhr mit dem Kind weit, weit weg und brachte es in ein prächtiges Schloss. Dort führte sie das Mädchen durch die Räume: »Du

kannst hier im Schloss tun und treiben, machen und lassen, was du willst«, sagte sie zu ihm. »Nur in die eine Kammer dort darfst du niemals schauen. Sonst geht es dir schlecht.«

Die schwarze Frau selbst war allerdings die meiste Zeit in dieser verbotenen Kammer. Eigenartig war auch eines: Ein Tag in diesem Schloss war wie ein Jahr in der Menschenwelt.

Wie dem auch sei: Das Mädchen hatte dort jetzt das beste Leben. Es fehlte ihm an nichts.

Einmal war es gerade wieder beim Spielen. Da hörte es eine wunderschöne Musik. Wo kam die nur her? – Geschwind ließ es alles stehen und liegen und lief hinaus in den Hof. Aber da war von der Musik nichts mehr zu hören. Es war auch nicht zu sehen, von wo der Klang hergekommen war. Still und bekümmert ging das Mädchen wieder zu seinem Spielzeug.

An nächsten Tag war die Musik wieder zu hören. Wo nur kam die her? – Gleich lief das Mädchen hinaus in den Garten. Aber auch hier war nichts zu sehen und zu hören.

Am dritten Tag war die Musik noch viel schöner als an den Tagen zuvor. Das Mädchen wusste vor lauter Glückseligkeit kaum, wie ihm geschah. Unbedingt wollte es jetzt wissen, woher die Musik kam. Es lief durchs ganze Haus – immer dem Klang nach. Und plötzlich merkte es: Die Musik kam aus der verbotenen Kammer!

Vor lauter Neugier gabs kein Halten. Das Mädchen riss die Kammertür auf. Da saß die schwarze Frau und war fast weiß.

Kaum aber, dass das Mädchen sie anschaute, wurde die Frau wieder schwarz. Da schlug das Mädchen die Türe zu und lief zurück in das Zimmer, wo es gespielt hatte.

Aber da war auch schon die schwarze Frau hinter ihm her: »Was hast du nur getan!«, schrie sie es an. »Habe ich dir nicht verboten, in die Kammer zu schauen!?« Das Mädchen wollte leugnen. Das half nichts – natürlich nicht! Die schwarze Frau wusste nur zu gut, was sie gesehen hatte. »Weil du nicht gefolgt und in die Kammer geschaut hast, darfst du nicht mehr hierbleiben!«, schrie sie.

Drauf packte sie das Mädchen, steckte es in den schwarzen Wagen und fuhr mit ihm hinaus in den Wald, weit in die Wildnis hinein, bis zu einem steilen Felszacken. Dort zerrte sie das Mädchen aus dem Wagen, riss ihm das Gewand herunter, schleppte es den Felsen hinauf und stürzte es hinunter. Dann fuhr die schwarze Frau auf und davon.

Das Mädchen war mitten ins Gestrüpp hineingefallen. Zerschunden und zerkratzt lag es da. Schließlich richtete es sich mühsam auf und schleppte sich durch den Wald. Hinaus aus der Wildnis wollte es, auf und davon. Aber der Wald nahm kein Ende. Schließlich fand es einen hohlen Baum. Dort richtete es sich mit Moos ein Lager. Am Tag suchte es Wurzeln und Kräuter. Das war sein einziges Essen.

Die Zeit verging. Schnell erzählt man, aber langsam, langsam erlebt man. Kein Mensch war im Wald zu sehen. Aber eine Hirschkuh tauchte auf. Zuerst fürchtete sich das Mädchen vor ihr. Aber dann gewöhnten sich die zwei aneinander. Die Hirschkuh ließ sich vom Mädchen streicheln und schließlich sogar melken. So hatte das Mädchen jetzt wenigstens hin und wieder einen Schluck warme Milch zu trinken.

Einmal im Winter war der König mit seinem Gefolge im Wald auf der Jagd. Die Hunde spürten die Hirschkuh auf und setzten ihr nach. Die flüchtete zum hohlen Baum und blieb dort stehen. Da verbellten die Hunde die Hirschkuh, liefen zurück zu den Jägern, dann wieder zum Baum.

»Gleich haben wir sie!«, riefen die Jäger. Schon standen sie vor dem Baum und legten auf sie an.

»Nein! – Schießt nicht auf sie!«, rief da das Mädchen aus seinem Versteck. »Wer ruft denn da?«, fragte der König. »Ich!«, sagte sie. – »Wer ich?«, fragte der König, »komm heraus!« – »Nein«, sagte das Mädchen, »ich komme nicht heraus!« – »Warum nicht!?« – »Weil ich mich schäme!« – »Warum schämst du dich denn?« – »Weil ich nackt bin.«

Da reichte ihr der König seinen Mantel hinein. Jetzt kam das Mädchen heraus. »Was machst du denn hier im Wald?«, fragte der König, als er sie sah. »Da ist mein Platz!«, sagte sie. – »Das ist kein Platz für eine junge Frau wie dich«, meinte der König. – »Doch!«, sagte sie. Aber schließlich half alles Sträuben nichts. Auf königlichen Befehl musste sie mitkommen.

Am Heimweg ließ der König das Mädchen in einem Forsthaus waschen und von Kopf bis Fuß neu einkleiden. Jetzt erst sah er, wie schön sie war. Was für eine Anmut! Sie ging ihm nicht mehr aus dem Sinn.

Zurück im Schloss hielt er gar um ihre Hand an. »Nein«, sagte das Mädchen, »oh Gott, nein! – Wer weiß, was mit mir geschieht, wenn ich heirate.« Immer noch hatte sie Angst vor der schwarzen Frau.

Auch die alte Königin war gegen die Heirat: »Bist du verrückt geworden!?«, sagte sie zu ihrem Sohn, dem König: »Ein Mann wie du findet genug Mädchen, die besser sind und reicher als die hier. Wer weiß, was los ist mit ihr und wie sie in den Wald gekommen ist!«

Der junge König ließ sich aber nicht mehr abbringen. Immer wieder warb er um ihre Hand.

In ihrer Not erzählte sie ihm von der schwarzen Frau: »Die hat mir schon einmal übel mitgespielt. Gnade Gott, wenn sie erfährt, dass ich verheiratet bin.« All das konnte den König nicht schrecken. So lange setzte er ihr zu, bis sie einwilligte in die Heirat. Mit einem großen Fest wurde die Hochzeit begangen.

Das Jahr verging. Da setzte die junge Königin einen Buben in die Welt. Wer war da glücklicher als der König.

Sie aber warnte ihn: »Mein lieber Mann, ich bitte dich: Lass mich und das Kind bewachen so gut es nur geht. Wer weiß, was passiert, wenn die schwarze Frau von dem Kind erfährt.«

Auf Befehl des Königs wurden sicherheitshalber vor dem Schloss Wachen aufgestellt. Ja, es standen sogar welche vor der Kammertür. Er selbst hielt bei seiner Frau am Bett Wache. Gegen Mitternacht aber wurden alle von einer bleiernen Müdigkeit befallen. Einer nach dem anderen schliefen sie ein. Plötzlich tauchte die schwarze Frau auf, und in der Früh war das Kind verschwunden.

Der König und die Königin waren verzweifelt. Im ganzen Land ließen sie den Buben suchen. Vergebens: Nirgends war er zu finden.

Wieder verging ein Jahr. Und wieder setzte die Königin einen Buben in die Welt. Diesmal bat sie den König, besser aufzupassen. Deshalb verdoppelte er die Wachen. Aber was half es: Gegen Mitternacht kam wieder die Müdigkeit, und in der Früh war das Kind fort. Keiner wusste, wohin es verschwunden war. Alles Suchen half nichts.

»Siehst du«, sagte da die Mutter vom König, »wer weiß, was das für eine ist. Ein Kind nach dem anderen verschwindet. Bestimmt ist sie verhext! Ich habe dich gewarnt!«

Im dritten Jahr setzte die Königin wieder einen Buben in die Welt. Der König verdreifachte jetzt die Wachen. Überall standen Soldaten und ließen das Kind nicht aus den Augen. Gegen Mitternacht sanken jedoch alle erschöpft nieder. Und während sie schliefen, kam die schwarze Frau und holte das Kind.

Der König und die Königin waren jetzt so verzweifelt, dass es kaum zu beschreiben ist. Ja, der Kummer war schließlich so groß, dass sich die Trauer des Königs in eine unbändige Wut gegen seine Frau verwandelte: »Wer weiß, du bist wohl wirklich eine Hexe«, sagte er. »Aber, wenn ich schon keine Freude haben soll an unseren Kindern, dann sollst du auch keine haben!« Drauf übergab er sie dem Gericht.

Das Gericht hielt Rat und konnte sich doch keinen Reim machen, was mit den Kindern geschehen war. Ja, es war ein Rätsel, wie das überhaupt ge-

schehen konnte. Schließlich kam es aber einstimmig zu einem Entschluss: Wer, wenn nicht die Königin, war schuld am Verschwinden der Kinder! Bestimmt war Hexerei im Spiel. So wurde das Urteil gesprochen: Als Hexe sollte die Königin am Scheiterhaufen verbrannt werden.
Der Königin war das einerlei. Ohne ihre Kinder wollte auch sie nicht mehr leben.
So wurde das Holz für den Scheiterhaufen zusammengetragen und aufgeschichtet. Viele Leute kamen, um dabei zu sein, wenn sich die junge Königin auf den letzten Weg machte.
Schön war sie früher schon gewesen. In ihrer stillen Trauer gewann sie noch an Schönheit dazu. Zwei Henkersknechte führten die Königin hinauf auf den Holzstoß und banden sie dort an den Mast in der Mitte. Ohne jede Regung ließ die Königin das alles geschehen. Dann machte sich einer daran, das Holz anzuzünden. Fassungslos schauten die Leute das traurige Schauspiel mit an.
Da kam durch die Menge ein Wagen dahergefahren. Den zogen schneeweiße Rösser. Oben saß eine schneeweiße Frau. Drei Buben waren bei ihr. Auch die waren schneeweiß angezogen. Die Frau winkte mit einem Tuch und rief: »Haltet ein! Haltet ein! – Schont das Leben der Königin!«
Beim Holzstoß angekommen, sprang sie ab und half auch den Buben herunter. Mit einem Satz war sie dann oben am Holzstoß und durchschnitt die Fesseln der Königin. »Du hast es nicht geschafft, mich zu erlösen«, sagte sie, »dafür aber deine Buben. Sie haben mich aus der Verwünschung befreit. Hier bringe ich sie dir wieder.«
Da stiegen der Königin die Tränen in die Augen. Glückselig umarmte sie ihre Kinder. Nicht anders erging es dem König. Auch er weinte vor Freude und aus der bitteren Einsicht, wie sehr er seiner Frau Unrecht getan hatte. So bat er sie um Verzeihung. »Wir haben alle nicht gewusst, wie uns geschieht«, sagte sie. »Jetzt können wir nur froh sein, dass das alles

ein gutes Ende genommen hat.« Drauf umarmten sie sich und die Kinder aufs Neue.

Die weiße Frau stieg derweil in ihren Wagen. So schnell wie sie gekommen war, war sie auch wieder verschwunden. Der Scheiterhaufen brannte lichterloh. Jetzt war er ein Freudenfeuer. Bald darauf starb die alte Königin. Kaum jemand weinte ihr eine Träne nach. Dafür ließ die junge Königin jetzt ihre Eltern holen. Die staunten nicht wenig, als die verloren geglaubte Tochter als Königin vor ihnen stand. War das eine Freude!

Dann lebten sie alle noch lange und gut. Glücklich sind sie auch gewesen – und wenn sie nicht gestorben sind, dann leben sie wohl heute noch.

Vom Rotkopf

Aufgrund der drastischen originalen Schilderung ist diese Geschichte zum Vorlesen oder Erzählen für kleine Kinder nicht geeignet!

Franz Josef Vonbun hörte diese schaurige Geschichte in Bürs bei Bludenz.
Richard Beitl schreibt in den Notizen dazu, sie sei ein »Nachhall der ursprünglich französischen Geschichte vom Ritter Blaubart«.
Und doch wird dieses Märchen auf eine ganz eigene Weise erzählt: Diesmal wird die hilflose Frau nicht – wie in der französischen Fassung – von ihren Brüdern gerettet, sondern ... Das ist hier zu lesen. Um den Reiz und die sprachliche Eigenart der Erzählung zu bewahren, wurden viele Dialekt-Ausdrücke des Originals beibehalten. Auch beim Schluss haben wir es – nach Abwägung aller Für und Wider – beim Original belassen. Die Leserinnen und Leser sind wohl mündig genug, sich ihre eigenen Gedanken zu machen.

Es lebten einmal drei schöne Grafentöchter. Zu denen ging immer wieder ein reicher Herr aus der Nachbarschaft zu Hengert. Das heißt, er kam zu Besuch. Der Mann hatte feurige rote Haare, und so nannten sie ihn nur den »Rotkopf«.

Mit der Zeit rückte der Holderstock heraus mit der Sprache und hielt um die älteste Tochter an. Ihr gefiel der Rotkopf nicht schlecht. Auch der alte Graf hatte nichts dagegen. Kurzum: Bald darauf fuhren die zwei frisch verheiratet zum Schloss des Rotkopfs. Dort lebten sie gut und es fehlte an nichts.

Nach ein paar Wochen sagte der Rotkopf zu seiner Frau: »Ich muss in Geschäften für eine Weile fort. Hier geb ich dir die Schlüssel zum ganzen Schloss und dieses Ei. Schau gut darauf: Zerbrich mir das Ei beileibe nicht! – Und geh nicht in die neunte Kammer. Sonst gibt es ein raues Wetter, wenn ich wieder heimkomme.«

Die Frau nahm den Schlüsselbund und das Ei und sagte: »Du kannst dich auf mich verlassen.«

Kaum aber, dass der Rotkopf bei der Tür draußen war, überkam sie schon der Wunderwitz. Sie rannte durchs Schloss, machte die Tür zur neunten Kammer auf und gügglet hinein. Ja, sie schaute hinein – aber, Herr Jesus! – ist sie da erschrocken: An den Wänden sah sie lauter Menschenköpfe. Die steckten an langen Spießen. Vor Schreck und Entsetzen zitterte und schnatterte sie an allen Gliedern. Das Ei fiel ihr aus der Hand – und zerbrach am rauen Boden.

Als der Rotkopf wieder heimkam, fragte er gleich nach dem Ei. Das war freilich zerbrochen. – Jetzt gab es ein raues Wetter. Er hatte sie ja gewarnt. Aber sie hätte doch nie gedacht, dass es so schlimm werden würde. In seiner Wut packte sie der Rotkopf, schlug ihr den Kopf ab und steckte ihn in der neunten Kammer auf einen Spieß.

Bald darauf ging der Rotkopf wieder zum Schwaher, also zum alten Grafen. »Meine erste Frau ist mir gestorben, Herr«, sagte er. »Ich bitte Euch: Gebt mir doch Eure zweitälteste Tochter zur Frau.«

Der Graf hatte nichts dagegen. Auch seine mittlere Tochter nicht – und so fuhren sie frisch verheiratet wieder zurück ins Schloss des Rotschopfs. Der machte es dort seiner zweiten Frau wie der ersten. Er sagte ihr, dass er fort müsse auf eine Reise, gab ihr den Schlüsselbund und ein Ei: »Schau mir gut auf das Ei«, warnte er sie. »Wehe, wenn es zerbricht. Und gang mir nicht in die Kammer Nummer neun.«

Aber der zweiten Frau erging es aufs Tüpflein wie der ersten: Sie geht gügglen, schaut also in die Kammer, erschrickt bis in die Knochen, das Ei fällt hinunter, zerbricht, und als der Rotkopf wieder heimkehrte, kostete es auch sie ihren Kopf.

Der Rotkopf aber ließ es sich nicht verdrießen. Bald darauf ging er zum dritten Mal zum Schwaher. »Ich bin schon wieder Wittlig«, sagte er und spielte den traurigen Witwer. »Drum bitt ich Euch auch um die Hand Eurer dritten Tochter.« – Der Graf überlegte nicht lange: »Hab ich dir die zwei gegeben«, sagte er, »so will ich dir die dritte auch nicht absein.« Die dritte und jüngste Tochter hatte selber rote Haare. Der Rotkopf gefiel ihr – und so zogen sie bald darauf als Mann und Frau in sein Schloss.

Bald darauf bekam auch sie den Schlüsselbund und das Ei, während der Mann fortzog.

Sie aber ging es ganz anders an als ihre Schwestern. Sie büetzte das Ei in ein wollenes Blätzlein. So lag das Ei weich und war gut geschützt. Dann ging auch sie durch das Schloss und lueget in die Kammer Nummer neun. Und was sah sie da: Menschenköpfe über Menschenköpfe, alle der Reihe nach auf Spießen, und – was sie gar überpfächtig erginzte – mitten drunter die Köpfe von ihren eigenen Schwestern!

Vor Entsetzen erdattert auch sie. Sie zittert und taumelt, sodass ihr das Ei entschlüpft und hinunterfällt. In dem wollenen Blätzlein ist dem Ei aber nichts geschehen.

Wie der Rotkopf heimkam, fragte er sie nach dem Ei. Da holte sie es hervor. Ohne Riss und ohne Sprung lag es auf ihrer Hand, das Ei – ein gebundenes Fass ohne Reif, wie das Sprichwort sagt. Der Rotkopf staunte nicht schlecht – und ihr blieb der Kopf erhalten. Zu sich selber aber sagte sie: »Wart nur, Mann, ich will dir's gelegentlich eintränken!«

Eine Zeit darauf meinte sie zu ihm: »Mein lieber Mann, ich möchte ein paar Tage zum Ätti heim zu Hengert.« – Ihren Vater wollte sie also besuchen. »Warum nicht!«, sagte sich der Rotkopf und ließ sie ohne Widerrede gehen. Natürlich erzählte die Jüngste zu Hause ihrem Vater gleich, was sie für einen Mann habe, und wie der mit den Schwestern verfahren sei. Der alte Graf konnte kaum fassen, was geschehen war. Er geriet derart in Wut, dass er auf der Stelle mit den Knechten ausrückte und dem Tochtermann Haus und Stall zusammenschlug. Den Rotkopf selber machte er um einen Kopf kürzer. So war es nur recht und billig.

VOM KLEINEN VOLK IN DEN BERGEN

Wie ist denn das mit den Zwergen? Gibt es sie? Oder gibt es sie nicht? Wenn es sie denn früher einmal gegeben hat, wohin sind sie jetzt verschwunden? Oder handelt es sich dabei nur um Hirngespinste? Wenn ja, wie lässt sich das Auftauchen dieser Geister in so vielen Überlieferungen quer durch alle Länder und Kulturkreise erklären? Jörg Mauthe zitiert in seinem Buch »Die große Hitze – oder die Errettung Österreichs durch den Legationsrat Dr. Tuzzi mit Hilfe der Zwerge aus dem Ötscher« eine fiktive Studie der österreichischen Ministerialbürokratie und schreibt: »Nichts steht ... grundsätzlich der Annahme entgegen, dass es Zwerge tatsächlich gegeben hat. Für sie sprechen unzählige bis in unsere Tage hinein vorgebrachte Augenzeugenberichte, dagegen nichts als ein Vorurteil, demzufolge alle jene Zeugen Opfer eines Aberglaubens, Lügner oder Phantasten gewesen seien. Und schließlich sehen wir keinen fundamentalen Widerspruch zu der theoretischen Annahme, dass, da es offenbar Jahrtausende hindurch an Zwergen nicht gemangelt hat, solche auch heute noch vorhanden sind und lediglich nicht in Erscheinung treten.« Damit ist wohl alles gesagt, oder?

Vom Hansl, dem Saubartl

*Sagen gibt es im Salzburger Land in Hülle und Fülle. Märchen sind kaum welche überliefert. Vielleicht auch, weil sich hier niemand die Mühe machte, sie aufzuschreiben und zu sammeln.
Das nachfolgende Märchen hat der Pongauer Altbauer Grünwald 1947 dem Volkskundler Karl Haiding erzählt:*

Vor langer, langer Zeit, wars gestern oder wars heut, da lebte ein junger Bursch. Der hieß Hansl. Der Hansl war jung, er war fesch und Geld hatte er im Überfluss. Die Mädchen hatten es ihm angetan, und er hat ihnen gefallen. Was hätte er sich mehr wünschen können?
Bald zog er mit der einen herum, dann wieder mit einer anderen. Ans Heiraten dachte er bei keiner. »Warum sollte ich denn heiraten?«, sagte er allen, die ihn danach fragten. »Jetzt bin ich frei und kann alles tun und lassen, wie es mir gefällt. Bin ich aber verheiratet, dann muss ich am Sonntag zu Hause sitzen bei der Frau und den Kindern. Nein, das ist kein Leben!«
Mit der Zeit aber wurden die Frauen, die sich mit ihm einließen, immer weniger. Bald schaute ihn keine mehr an. Noch schlimmer, sie fingen an, ihn zu verspotten. Zuerst in den Wirtshäusern, dann auf der Straße. Schließlich riefen ihm sogar die Schulkinder nach: »Heirat-Hansl! Heirat-Hansl!«
Das verdross den einst lebenslustigen Burschen so sehr, dass er beschloss, seinem Leben ein Ende zu setzen. Er nahm einen Strick und ging hinaus in den Wald, um sich aufzuhängen.

Wie er aber zwischen den Bäumen herumsuchte und schaute, welcher Ast denn dafür passen könnte, begegnete ihm ein Zwerg – ein Mandl mit einem langen grauen Bart und einem grünen Gewand.

»Was suchst denn du da herinnen im Wald!?«, fragte er den Hans neugierig. – »Aufhängen will ich mich!« – »Warum denn das?« – »Weil mir das Leben verleidet ist. Keine schaut mich mehr an. Alle spotten mir nur: Heirat-Hansl! Heirat-Hansl! Nein – mir reicht's!« – »Aber wer wird sich denn deswegen aufhängen!? – Hör zu: Wenn du alles genauso tust, wie ich es dir sage, verspreche ich dir, dass du dein Glück finden wirst. Du wirst die Richtige bekommen und es wird dir an nichts fehlen, aber du musst mir getreu folgen.«

Na ja, sagte sich der Hansl, aufhängen kann ich mich nachher immer noch! – Und so willigte er ein: »Was verlangst du?« – »Komm mit!«, sagte das Mandl und nahm ihn bei der Hand. Miteinander gingen sie tiefer und tiefer in den Wald hinein, bis sie vor einer Holzknechthütte standen.

»Da gehst du jetzt hinein!«, sagte das Mandl. »Und wirst drei Wochen lang drinbleiben. Wenn du etwas zu essen und zu trinken willst, brauchst du es dir nur zu wünschen. Es wird im gleichen Moment vor dir auf dem Tisch stehen. In den drei Wochen darfst du dich aber nicht waschen und nicht schnäuzen, nicht kämmen und nicht rasieren. Weder die Haare noch die Nägel darfst du dir schneiden!« – »Was!?«, sagte da der Hansl. »Wie sehe ich denn dann aus!? – Da schrecken sich ja alle vor mir.« – »Du hast versprochen, dass du alles genauso tust, wie ich es dir sage«, erinnerte ihn das Mandl.

Da fügte sich der Hansl in sein Schicksal und ging hinein in die Hütte. Drinnen stand ein Tisch, dazu ein Sessel und im Winkel eine Liegestatt. Das war alles, was er im Dämmerlicht sah. Mehr gab es auch nicht.

Das Mandl aber ging wieder hinaus, sperrte ab und ließ den Hansl mit sich und seinen Gedanken allein. Der spürte jetzt den Hunger. Ein Bier wünschte er sich und einen guten Braten. Und schon dampfte der Braten vor ihm auf einem großen Teller. Dazu Knödel und Erdäpfel, nichts fehlte. Beim Bier lief der Foam, der Schaum, herunter. Das war ein Leben! – Er aß und trank. Dann legte er sich nieder.

In der Früh fiel ihm ein, was er versprochen hatte. Wie gern hätte er sich gewaschen. Aber das durfte er ja nicht. Tag für Tag machte er jetzt eine Kerbe in den Tisch, um auf diese Weise die Tage zu zählen.

Die Zeit verging langsam – ein Tag war wie der andere. Mit der Zeit wurde der Hansl immer schmutziger. Er stank nach Schweiß. Das Gesicht war voller Bartstoppeln – und die wurden von Tag zu Tag länger. Die Haare waren schmierig und verfilzt. Dazu die langen Zehen- und Fingernägel. Die hatten schon dicke Trauerränder. Bald war er über und über voller Grind. Er konnte sich selber nicht mehr riechen. Der Gestank lag in der Hütte wie Blei.

Als die Zeit endlich um war, sperrte das Mandl die Tür wieder auf. »So, Hansl«, sagte es dann, »komm mit! Jetzt gehen wir auf Brautschau.«

»Was fällt dir ein!? – Bist du verrückt geworden!?«, rief der Hansl. »So wie ich jetzt ausschaue, kann ich mich doch nirgends blicken lassen! – Mit dem Dreck und mit dem Gestank mag mich doch erst recht keine!«

»Komm nur!«, sagte das Mandl. »Du hast versprochen, dass du alles getreu tun wirst, was ich dir sage! – Glaub mir, es wird schon alles recht werden.«

Da ließ sich der Hansl breitschlagen. Miteinander gingen sie durch den Wald. Am Waldrand kehrten sie bei einem Wirtshaus ein. »Herr Wirt, für mich und meinen Freund einen Krug roten Wein!«, bestellte das Mandl, »Aber vom Besten!«

Als der Wirt den Wein brachte, sagte das Mandl zu ihm: »Ihr habt doch drei schöne Töchter. Wollt ihr die nicht fragen, Herr Wirt? – Mein Freund, der Hansl, der wäre noch zu haben.« Der Wirt schaute den verdreckten sonderbaren Kerl nachdenklich an. »Na ja«, meinte er dann, »wir können es ja versuchen.« Drauf rief er die Älteste: »Nani, komm heraus!« – »Was ist denn, Vater?« – »Im Gastzimmer sitzt einer, der möchte dich gern heiraten.« Gleich war die Nani herinnen. Als sie aber den Hansl sah, wurde ihr ganz anders. »Jetzt sag einmal, Vater. Was fällt dir denn ein!? – Zu so einem dreckigen, verstunkenen Kerl holst du mich herein! – Nein, den heirate ich nie und nimmer!« Gleich war sie wieder draußen.

Als der Wirt nach einer Weile nachschenkte, redete ihn das Mandl aufs Neue an. »Herr Wirt, fragt doch die zweite. Vielleicht mag ihn die?« – »Ich weiß nicht«, meinte der Wirt, »bei der wirds nicht anders sein.«

Aber schließlich rief er sie: »Liesl, komm herein!« – »Was ist denn, Vater?« – »Der, der dort hinten bei dem Mandl sitzt, der möchte dich heiraten.« – »Pfui Teufel!«, schrie die Liesl, als sie den Hansl sah. »Zu so einem Saubartel holst du mich herein. Bist du den narrisch geworden? Glaubst du wirklich, dass ich so einen wie den heirate!? Wie der ausschaut, und wie er stinkt! – Nein, so einen heirate ich nie und nimmer.« Schon war sie wieder draußen.

Bald darauf redete das Mandl den Wirt zum dritten Mal an: »Herr Wirt, fragt doch auch eure jüngste Tochter. Vielleicht mag ihn die?« – »Das glaub ich nicht«, meinte der Wirt. »Bei ihr wirds nicht anders sein wie bei den älteren beiden.« Aber das Mandl redete dem Wirt gut zu, bis der endlich nachgab. »Linerl!«, rief er. »Geh, komm doch herein!« Die Jüngste war flink. Schon war sie herinnen: »Was ist denn, Vater?« – »Der dort im Winkel, neben dem Mandl, der wär zu haben. Der möchte dich heiraten.«

Neugierig trat die Linerl näher. Sie verzog die Nase wegen dem strengen Geruch, der vom Hansl ausging. Immerhin schaute sie ihn sich genau an. Schließlich meinte sie: »Dreckig ist er, das steht fest. Und stinken tut er auch. – Aber wenn ich ihn so betrachte, dann steckt unter dem Dreck und hinter dem Grind ein fescher Bursch.« Sie überlegte kurz – und stellte dann schnell entschlossen fest: »Ich heirate ihn – wenn ich ihn mir putzen darf!«

»Das gilt!«, sagte das Mandl. »Wir gehen jetzt fort, aber in vierzehn Tagen kommen wir wieder.«

Miteinander gingen die zwei drauf ins Dorf. Dort ließ das Mandl den Hansl waschen, rasieren, Zehen-, Fingernägel und Haare schneiden. Der Schneider musste ihm ein neues Wams nähen. Das Mandl steckte ihm auch noch einen Sack Geld in die Tasche. Jetzt war der Hansl nicht mehr wiederzuerkennen.

Als sie nach vierzehn Tagen zum Wirtshause zurückkamen, wunderten sich die Leute über den stattlichen Burschen, der da einkehrte. »Nun!?«, sagte das Mandl zu der Linerl. »Was sagst du jetzt?« – »Ich habs ja gleich gewusst, dass er ein fescher Bursche ist!«, lachte sie. »Jetzt ist er sauber, und so sauber wird er bei mir auch bleiben!«

Die Linerl und der Hansl feierten bald darauf fröhliche Hochzeit mit Tanz und Spiel. Drauf lebten sie lange und glücklich. Wer weiß, wie viele Kinder sie miteinander gehabt haben – und wenn sie nicht gestorben sind, dann leben sie wohl heute noch.

Von den goldenen Birnen

In Vorarlberg war Franz Josef Vonbun der Erste, der Märchen und Sagen in aller Ausführlichkeit sammelte und dokumentierte. Schon 1847 erschien seine erste Sammlung unter dem Motto »Ma schwetzt, wie em der Schnabl g'wachsen isch« in Mundart. Die nachfolgende Erzählung stammt aus Bürs bei Bludenz.

Es lebte einmal ein Bauer. Der hatte drei Söhne und vor dem Haus einen ganz besonderen Baum: Der trug goldene Birnen.
Einmal im Herbst sagte der Bauer zu seinem ältesten Sohn: »Mach dich auf und bring dem König ein paar von unseren goldenen Birnen. Das wird dir zur Ehre gereichen. Die Leute sagen, dass der König nichts lieber isst als Birnen.«
Da machte sich der Älteste gleich auf den Weg. Die Krätte, also der Korb, war voll mit den saftigsten Birnen. Darüber hatte er ein Tuch gebreitet, um sie zu schützen.
Auf seinem Weg kam der Bursch zu einem Brunnen. Dort saß eine steinalte Frau. »Wohin denn so nötig?«, fragte sie ihn. »Und – mit Verlaub – was hast du denn drin in deinem Krättlein?« – So, wie ihn die Steinalte fragte, gefiel das dem Burschen gar nicht. Die ging es doch gar nichts an, wo er hinwollte und was er drin hatte in seinem Korb. – »Gehen tu ich nach Trippstrüll«, fuhr der Bursch sie unwirsch an, »und haben tu ich im Kratten einen Dreck!« – »Dann soll es Dreck sein und bleiben!«, sagte die Alte.

Den Burschen kümmerte das wenig. Schnurstracks zog er weiter in die Königsstadt. Dort wurde er gleich vorgelassen. »Was höre ich da?«, fragte der König. »Du bringst mir goldene Birnen, um sie zu verkosten?« – »Ja, Majestät!«, sagte der Bursch und zog das Tuch weg. Aber was kam da zum Vorschein? Randvoll war der Korb gefüllt – mit lauter Dreck!

Der König konnte kaum fassen, was er da sah. Dann wurde die Verblüffung zum Zorn. In der Töbi, also in seiner Wut, ließ er den Burschen schließlich ins Verlies sperren. Da lag er jetzt – tief drunten im Keller.

Eine Zeit darauf sagte der Ätti, der Vater, zum Nächstältesten: »Los, geh du, und bring dem König ein paar von unseren goldenen Birnen. Schau auch, wo denn unser Großer bleibt.«

Jetzt machte sich also der mittlere der drei Brüder auf den Weg. Auch er begegnete der Steinalten am Brunnen und fuhr sie an. In Vorarlberg sagt man das so schön lautmalerisch: Er schnerzte sie an. Und das nicht weniger barsch als sein Bruder zuvor.

Wie der mittlere Bruder aber vor dem König das Tuch zurückzog, da war auch sein Korb angefüllt mit Dreck. Gleich wurde er bei seinem Bruder im Verlies einquartiert.

Der jüngste von den drei Brüdern war ein Lappi, ein tollpatschiger Kerl. Den lachten sie nur aus. Oft genug hielten sie ihn zum Narren. Auch der Vater traute ihm nicht allzu viel zu. Jetzt sagte er zu ihm: »Es bleibt wohl nichts anderes über, als dass du dich aufmachst. Bring dem König ein paar von unseren goldenen Birnen und schau, wo deine Brüder bleiben. Mir scheint, es kommt keiner mehr zurück.«

Der Jüngste ließ sich das nicht zweimal sagen. Gleich füllte er die Krätte mit den besten Birnen, deckte sie fein zu und nahm den Weg unter die Füße.

Beim Brunnen im Wald traf auch er die Steinalte. »Wohin so nötig, und, mit Verlaub, was hast du denn drin in dem Krättlein?«, fragte sie ihn. »Gehn tu ich in die Stadt, und in dem Krättlein sind goldene Birnen zum Geschenk für den König«, sagte er.

»Dann sollen es goldene Birnen sein und bleiben!«, sagte die Steinalte.

Als der Jüngste vor den König gebracht wurde, war der schon ungehalten: Kommt da wieder einer, der goldene Birnen verspricht und einen Korb voller Dreck herzeigt? – Missmutig fuhr er ihn an: »Weh dir, wenn auch du mich zum Gespött machen willst.«

Unerschrocken zog der Jüngste aber das Tuch zurück. Und was kam da zum Vorschein – goldene Birnen.

Jetzt war er herzlich willkommen. Der König fragte nach seinen Wünschen. Er aber fragte nach seinen Brüdern. Da wurden die gleich aus dem Keller geholt.

Vor lauter Freude lud sie der König zu einem festlichen Schmaus. Danach steckte er einem jeden allerhand Kram, also kostbare Gaben, in den Korb. So kamen sie reich beschenkt wieder nach Hause. Und wem hatten sie das zu verdanken? – Dem Jüngsten, der für sie immer nur der Lappi, der Dummkopf gewesen war.

Jetzt aber hatten sie ihm alle ein gutes Leben zu verdanken – und wenn sie nicht gestorben sind, dann leben sie wohl heute noch lustig und vergnügt.

Vom Senavogel

Von Gaber Schöffmann, einem Kärntner Bauern aus Puppitsch bei St. Veit an der Glan, hatte die Märchensammlerin Elli Zenker-Starzacher dieses Zaubermärchen 1937 gehört. Sie wiederum erzählte mir die Geschichte 1989 beim Kongress der Europäischen Märchengesellschaft in Salzburg.
Dieses Volksmärchen geht wohl auf einen ganz alten indoeuropäischen Mythos zurück. So taucht es in persischen und kurdischen Überlieferungen genauso auf wie in kaukasischen und russischen.
Deutlich erkennbar ist die Verwandtschaft zum russischen Zaubermärchen »Jungfrau Zar«, dem deutschen »Das Wasser des Lebens« aus der Sammlung der Gebrüder Grimm und dem Siebenbürger Märchen »Von der Wundernachtigall«.
Alleine in Österreich gibt es etliche Varianten dieser Geschichte – in Wien vom »Goldvogel Phoenix«, in der Steiermark »Die weiße Amsel«, im Burgenland »Vom Heilenden Vogel« und viele mehr.
Unklar ist die Herkunft des Namens »Senavogel«. In Persien steht der Vogel Simurgh als »König der Vögel« für ein Fabelwesen mit übernatürlichen Kräften. Sein Vorläufer ist der »Vogel Saēna«. Sein Nest liegt in den zoroastrischen Überlieferungen jenseits des Gebirges von Wahrheit und Selbsterkenntnis.
Mag sein, dass hier auch der »Senavogel« zu Hause ist.
Fakt ist, dass dieses Volksmärchen ein wesentlicher Mosaikstein zur Aufnahme des Märchenerzählens in Österreich in die Liste des immateriellen Kulturerbes durch die UNESCO war.

Es lebte einmal ein König. Der hatte drei Söhne. Die ältesten zwei waren sein Ein und Alles. Auf den Jüngsten aber hielt er nichts.

Einmal wurde der König krank. Es ging ihm immer schlechter. Ein Doktor nach dem anderen kam. Aber keiner konnte ihm helfen. Bis ihn schließlich ein Wunderarzt untersuchte. Der war von weit her, aus dem Morgenland. Er schaute den König an und meinte: »Majestät, das Einzige, was Euch helfen kann, ist der Senavogel. Wenn er für Euch singt, werdet ihr wohl wieder gesund werden!«

»Ja, und wo soll ich den Vogel hernehmen?«, fragte der König. »Wo er zu finden ist, weiß ich nicht«, sagte der Doktor. »Ich weiß nur, dass er im verwunschenen Garten singt.«

Als der älteste Königssohn das hörte, sagte er gleich: »Mach dir keine Gedanken, Vater! Ich hol den Senavogel für dich!« – So gab der König dem Buben das beste Ross aus dem Stall, dazu einen Sack voll Gold. Drauf ritt der Prinz fort, hinaus in die Welt und hinein in einen tiefen Wald.

Tief drinnen im Wald, zwischen den hohen großmächtigen Bäumen begegnete ihm ein Zwerg, ein Mann mit einem grauen Umhang und mit einem langen grauen Bart. Der reichte ihm bis zu den Zehen hinunter.

»Wohlan, königlicher Prinz, woher und woaus?«, fragte der Zwerg. Dass ihn das Mandl so keck anredete, gefiel dem Prinzen gar nicht: »Schau dich an, du alter Bettelstab! Du hast nicht einmal etwas Gescheites anzuziehen«, gab er streng zurück. »Du hast einen königlichen Prinz nicht zu fragen, wo er herkommt und wo er hin will! – Schau, dass du fortkommst!« – »Wohl, wohl!«, sagte da der Zwerg, »Frage und Antwort sind jedem Menschen erlaubt.« Drauf verschwand er wieder im Wald.

Der Prinz aber ritt weiter. Bald kam er hinaus aus dem Wald. Jetzt ging es hinauf auf eine Leite. Der Hang war sehr steil. Halbmitt, also mitten am Hang, stand dort ein Wirtshaus. »Wie ist's mit dir, stolzer Reiter?«, riefen ihm die Leute zu, »komm herein! Iss mit uns, trink mit uns, hab eine Gaudi mit uns!« – Warum nicht, sagte sich der Prinz, den Senavogel kann ich nachher immer noch holen – und er kehrte ein. Bei Essen und Trinken ging es lustig zu. Nach dem Essen wurden die Karten hervorgeholt und gespielt. Das Glück war aber nicht auf der Seite des Königssohnes. Bald hatte er das ganze Gold verspielt. Schließlich ging auch das Pferd drauf. Er machte Schulden. Die wurden immer schlimmer. Zahlen konnte er nicht. So wurde er in der Früh ins Gefängnis geworfen.

Zu Hause wartete der Vater. Ihm ging es immer schlechter – und der älteste Sohn kam und kam nicht zurück. So machte sich der Mittlere von den dreien auf den Weg. Der König ließ auch ihm ein gutes Ross satteln und steckte ihm einen Haufen Gold zu. Am Weg begegnete auch er dem Zwerg. Und der Mittlere war gerade so unfreundlich zu ihm wie sein älterer Bruder. Stolz ritt er drauf weiter, kam zum Wirtshaus, kehrte ein, aß und trank, spielte Karten, verjubelte alles und landete schließlich im Verlies. Dort trafen sie sich, die zwei Brüder.

Ein Jahr war um. Mit dem König wurde es schlechter und schlechter. Da sagte der jüngste von den drei Söhnen: »Na, dann werd ich mich auf den Weg machen und schauen, was aus den Brüdern geworden ist. Vielleicht gelingt es mir, den Senavogel zu finden.«

Das kostete den König nur einen Lacher. Was will der Dummkopf machen, wenn die anderen nichts ausrichten können, sagte er sich, bei dem ist doch um alles schade. Drum gab er ihm auch nur ein paar Kupfermünzen mit auf den Weg, dazu das schlechteste Ross. Das war auf einem Haxen lahm. Unverdrossen nahm der Jüngste, was er bekam, und wackelte auf dem hatscherten Ross hinaus in die Welt und hinein in den tiefen Wald.

Bei einer Weggabelung wusste er nicht mehr weiter: Sollte er den einen Weg reiten? Oder lieber den anderen?

Da stand auf einmal der Zwerg vor ihm: »Königlicher Prinz, woher und wo aus?«, fragte er.

»Wo ich herkomme, weiß ich wohl«, sagte der Prinz. »Vom Vater komme ich, und soll den Senavogel holen, damit er wieder gesund wird. Aber wo der Senavogel zu finden ist, das weiß ich nicht.« – »Da kann ich dir wohl raten«, sagte der Zwerg. »Reite diesen Weg hier weiter. Dann wirst du hinauskommen aus dem Wald und es geht hinauf auf eine Leite und zu einem Wirtshaus. Dort kehrst du nicht ein. Reite einfach weiter dem Weg nach hinauf auf den Berg. Hoch droben kommst du zu einer Burg. Die ist verwunschen. Nur zwischen elf und zwölf geht die Hängebrücke herunter. In dieser Zeit kannst du hinein und auch wieder heraus. Geh hinein. Drinnen wirst du den Senavogel finden. Reite dann nach Hause mit ihm. Aber ich warne dich: Kauf dir ja kein Galgenfleisch!«

Der Königssohn dankte dem Zwerg für den Rat. »Weißt du«, sagte er noch, »viel habe ich nicht. Aber so viel habe ich doch, dass ich mir kein Galgenfleisch kaufen muss. Wer will denn schon das Fleisch von Erhängten? Aber ich danke dir für den Rat.«

Drauf nahm er den Weg, den ihm der Zwerg gewiesen hatte. Bald kam er hinaus aus dem Wald und es ging hinauf auf die Leite. Beim Wirtshaus riefen ihm die Zechbrüder zu, er solle doch einkehren. Er kümmerte sich nicht darum, sondern ritt weiter. Spät am Abend stand er endlich vor der verwunschenen Burg.

Vom Turm her schlug es bald darauf elf. Langsam und knarrend senkte sich die Fallbrücke herunter. Der Königssohn band sein Ross an und ging hinein.

Drinnen kam er durch den Hof in einen blühenden Garten. Dort hörte er den Senavogel singen. Der Gesang war so schön, dass ihm das Herz vor Freude hüpfte.

Eine Zeit lang hörte er ihm zu. Dann sagte er sich: »Den Senavogel kann ich nachher immer noch holen, aber jetzt schau ich mir die verwunschene Burg an.«

So ging er vergnügt durch den Garten, stieg in große Kellergewölbe voller Weinfässer, schlenderte durch prächtige Säle und kam schließlich in eine große Dachkammer. Da lagen drei wunderschöne Jungfrauen in einem großen Bett und schliefen tief und fest. Die drei gefielen ihm wohl. Aber schließlich ging er weiter.

In der nächsten Dachkammer lagen zwei Jungfrauen in einem Bett. Die waren noch viel schöner als die ersten drei. Auch sie schliefen tief und fest. Der Königssohn betrachtete sie lange. Dann ging er weiter.

So kam er in eine dritte Dachkammer. Hier lag eine in einem großen Bett, die war so schön, so viel schöner als alle die anderen! Liebreizend schlummerte sie wie ein Engel. Da brachte es der Königssohn nicht übers Herz weiterzugehen. Er hob die Decke und schlüpfte zu ihr ins Bett.

Bei aller Glückseligkeit übersah er die Zeit nicht. Als es dreiviertel zwölf schlug, huschte er wieder heraus, zog sich an, stürmte hinunter, schnappte den Senavogel und rannte hinaus aus der Burg. Hinter ihm ging die Fallbrücke wieder hoch.

Am Heimweg kehrte der Königssohn beim Wirtshaus ein, aß und trank nach Herzenslust. Da erzählte ihm einer, dass am nächsten Tag zwei Burschen aufgehängt würden. »Warum denn das?«, fragte der Königssohn. »Die haben bei uns eine große Zeche und beim Kartenspielen einen Haufen Schulden gemacht. Deshalb haben wir sie ins Verlies geworfen. Jetzt liegen sie schon über ein Jahr unten, zahlen können sie nicht. Auslösen will sie auch keiner. So knüpfen wir sie eben auf.« – Neugierig wollte er sie sehen, die zwei. Es waren seine Brüder.

Was sollte er tun? – Schließlich kratzte er sein ganzes Geld zusammen und löste sie aus. Zu dritt ritten sie auf seinem Ross weiter. Die Brüder hatten ihre Rösser ja verspielt. Bald schlief der eine, bald der andere.

Als er einmal einen Gnåpfetza machte und selig schlief, sagte der eine Bruder zum anderen: »Es ist nicht gut, dass gerade der Dümmste von uns dreien den Senavogel heimbringt.« – »Nein«, meinte auch der andere, »das ist nicht recht.« Und sie redeten so lange über den Jüngsten dreckig hin und her, bis sie beschlossen, ihn zu verderben.

Bald darauf kamen sie am Weg zu einer Löwengrube. Die Löwen wurden damals noch in Gruben gefangen. Da packten die zwei Älteren den Schlafenden und warfen ihn hinunter in die Grube.

Stolz ritten sie dann weiter und brachten dem Vater den Senavogel. Der Vogel aber sang nicht. Nicht einmal einen Krächzer machte er – und dem kranken König ging es nicht besser.

Der jüngste Königssohn wurde in der Grube jäh munter. Verschlafen rieb er sich die Augen. Da sah er die Löwen. Verschreckt fuhr er in die Höhe. Aus und vorbei, sagte er sich, jetzt hat meine letzte Stunde geschlagen!

Die Löwen blieben aber ganz ruhig. Keiner tat ihm etwas zuleide. »Hab ich dich denn nicht gewarnt?«, sagte da eine Stimme. Verdutzt schaute er auf. Ein Hirsch mit einem goldenen Geweih stand am Rand der Grube. »Wer bist denn du?«, fragte der Königssohn verblüfft, »dich kenne ich ja gar nicht.« – »Als Mandl bin ich dir schon erschienen«, sagte der Hirsch. »Und ich habe dich gewarnt: Kauf dir kein Galgenfleisch. Aber du hast ja nicht auf mich gehört.« – »Hätte ich denn meine Brüder nicht auslösen sollen?« – »Du siehst selbst, wie du jetzt dran bist«, sagte der Hirsch. »Aber weil du ein gutes Herz hast, will ich dir noch einmal helfen.«

Drauf ließ er sich mit dem Geweih hinunter. Der Königssohn packte die Enden und zog sich dran hinauf. Droben durfte er aufsitzen. Der Hirsch brachte ihn bis zum Rand des Waldes. »Das letzte Stück musst du alleine gehen«, sagte er dann zum Königssohn. »Aber wenn du in Not kommst, brauchst du nur an mich denken und ich werde dir helfen.«

Wie der Königssohn jetzt auf die Stadt zuging, sahen ihn seine Brüder von weitem kommen. Sie drückte das schlechte Gewissen. Gleich riefen sie: »Schaut nur, wer da kommt – unser jüngster Bruder! Wer weiß, wo sich

der herumgetrieben hat, während wir den Senavogel geholt haben.« Gleich ließen sie ihn ins Verlies werfen.

Da lag er nun im finstern Loch. Hätte ihm das Mandl nicht immer wieder etwas zu essen und zu trinken gebracht. Er wäre wohl umgekommen.

Zwei, drei Jahre vergingen, da kam ein großer Heerzug vor die Tore der Stadt. Eine Zeltstadt wurde errichtet und ein Bote kam ins königliche Schloss. Der verkündete: »Schickt uns morgen, bei Sonnenaufgang, den zum Stadttor, der den Senavogel geholt hat.«

»Hast du den Senavogel geholt?«, fragte der König den ältesten Sohn. »Ja, Vater, ich habe ihn geholt.« – »Gut«, sagte der König, »dann reitest du morgen zum Stadttor. Der Knappe soll dir dazu die goldene Rüstung anlegen.« Tags darauf ritt der Älteste zeitig in der Früh mit seinem Knappen zum Stadttor. Über und über war die Straße dorthin mit Gold ausgelegt. »Königlicher Prinz, was ist?,« fragte ihn der Knappe. »Reiten wir neben dem Gold? Oder reiten wir auf dem Gold?« – »Wir? Wir reiten neben dem Gold. Denn das Gold, das muss man schonen!«, sagte der Prinz – und so ritten sie neben dem Gold zum Stadttor.

Dort war ein Spalier von Rittern hoch zu Ross. Die Rüstungen blitzten und funkelten im Licht der aufgehenden Sonne. In der Mitte saß – ebenfalls hoch zu Ross – eine weiß verschleierte Frau.

»Bist du der, der den Senavogel geholt hat?«, fragte sie den Prinzen. »Ja, der bin ich.« – »Dann sag mir: Was hast du gesehen in der Burg, wie du ihn geholt hast?« – »Nichts! Was hätte ich schon sehen sollen?« – »Wirklich nichts?« – »Nein, nichts!« – »Wirklich nichts?« – »Ja!«, rief er verärgert. »Nichts habe ich gesehen.«

Da griff sie unter ihren Mantel, holte ein Schwert hervor und – patsch – schlug sie ihm mit einem Hieb den Kopf ab.

Drauf schickte sie wieder einen Boten in das königliche Schloss. Der verkündete: »Schickt uns morgen bei Sonnenaufgang den zum Stadttor, der den Senavogel geholt hat. Wenn nicht, bleibt hier kein Stein am anderen.« Da fragte der König den zweiten seiner Söhne. »Sag, hast du den Senavogel geholt?« – »Freilich, Vater!« – »Ja, warum sagst du das denn nicht gleich? – Deinen Bruder hat es jetzt das Leben gekostet.« – »Mich hast du nicht gefragt, Vater!« – »Gut, dann reitest du morgen zum Stadttor. Soll auch dir der Knappe die goldene Rüstung anlegen.«

Zeitig in der Früh machten sich die zwei auf den Weg. Wieder war die Straße hin zum Stadttor über und über mit Gold ausgelegt. »Wie ist's, königlicher Prinz? – Reiten wir neben dem Gold? Oder reiten wir auf dem Gold?« – »Wir?«, sagte der Prinz. »Wir reiten neben dem Gold. Das Gold, das muss man schonen!« Und so ritten auch sie neben dem Gold zum Stadttor. Dort war wieder das Spalier mit den Rittern hoch zu Ross und die weiß Verschleierte.

»Bist du jetzt der, der den Senavogel geholt hat?«, fragte sie ihn. »Der bin ich.« – »Dann sag mir: Was hast du gesehen in der Burg, wie du ihn geholt hast?« – »Nichts!« – »Wirklich nichts?« – »Nein, nichts.« – »Du hast wirklich nichts gesehen?« – »Ja, zum Teufel noch einmal, ich habe nichts gesehen.«

Da packte sie wieder das Schwert und – patsch – schlug sie auch ihm mit einem Hieb den Kopf ab.

Drauf schickte sie wieder den Boten in das königliche Schloss. Der verkündete: »Wenn ihr uns morgen bei Sonnenaufgang nicht wirklich den zum Stadttor schickt, der den Senavogel geholt hat, dann machen wir die Drohung wahr: Die ganze Stadt mitsamt dem Schloss wird in Schutt und Asche gelegt.«

»Wer könnte den Senavogel denn noch geholt haben?«, fragte der König seine Berater. »Majestät, vielleicht hat ihn gar Euer Jüngster geholt?« – »Mein Jüngster? – Wo ist denn der?« – »Der liegt wohl noch drunten im Verlies!«

Da ließ ihn der König in den Thronsaal bringen. Bleich sah er aus, der jüngste Königssohn, nach der langen Zeit im Verlies. Sonst fehlte ihm aber nichts. Das Mandl hatte gut für ihn gesorgt.

»Jetzt sag einmal«, fragte der König, »hast gar du den Senavogel geholt?« – »Ja, Vater, ich war's!« – »Dann reitest du morgen zum Stadttor. Der Knappe soll dir die goldene Rüstung anlegen und das beste Ross geben!« – »Nein, Vater, ich reite so wie ich bin, und mein altes Ross ist gut genug.«

Beim nächsten Morgengrauen ritt also er mit dem Knappen zum Stadttor. Wieder war die Straße über und über voller Gold.

»Königlicher Prinz, wie ist's?«, fragte der Knappe. »Reiten wir neben dem Gold? Oder reiten wir auf dem Gold?« – »Wir?«, lachte er. »Wir reiten auf dem Gold, denn das Gold, das soll der Teufel holen!« Und so ritten sie in aller Ruhe über das Gold zum Stadttor.

Dort war wieder das Spalier: Die Ritter hoch zu Ross. Die Rüstungen funkelten. Die Wappenfahnen wehten leicht im Wind. In der Mitte saß die weiß Verschleierte und musterte ihn streng: »Bist du endlich der, der den Senavogel geholt hat?« – »Ja, der bin ich!« – »Dann rede: Was hast du gesehen in der Burg, wie du ihn geholt hast?« – »Nichts!« – »Wirklich nichts?« – »Nein, nur einen blühenden Garten.« – »Und sonst nichts?« – »Dazu große Kellergewölbe, voll mit Wein, prächtige Säle, Dachkammern auch.« – »Und sonst nichts?« – »Na ja, da war eine Dachkammer, in der lagen drei wunderschöne Jungfrauen.« – »Und sonst war da nichts?« – »Da war noch eine zweite Dachkammer. Darin sind zwei Jungfrauen gelegen. Die waren noch viel schöner als die ersten drei.« – »Und sonst war da nichts?« – »Ich bin dann noch in eine dritte Dachkammer gekommen.« – »Und? Da war nichts?« – »Doch. – Da war eine drin. Die war so schön, so viel schöner als alle die anderen. Sie hat geschlummert wie ein Engel.« – »Und sonst war da nichts?« – »Da hab ich es nicht übers Herz gebracht weiterzugehen und bin zu ihr unter die Decke geschlüpft.«

Da lüftete die Junfrau den Schleier, lachte ihn an und machte mit einer Handbewegung den Mantel auf. »Schau her!«, sagte sie. »Und hier sitzt unser Bub!«

Neben ihr saß am Pferd ein wunderlieber kleiner Knabe. Was soll man noch sagen? – Glückselig fielen sich die zwei um den Hals, küssten sich und das Kind.

Der Senavogel sah das und fing zu singen an – so schön, dass es nicht zu beschreiben ist. Das hörte der König – und war im gleichen Moment gesund.

Ihr könnt Euch denken, wie es zugegangen ist: Bald darauf wurde fröhliche Hochzeit gefeiert. Dann haben sie noch lange und gut gelebt. Wer weiß, wie viele Kinder sie miteinander noch hatten, und wenn sie nicht gestorben sind, dann leben sie wohl heute noch.

Vom Vater Winterkölbl

Rumpelstilzchen kennen viele. Aber Winterkölbl, Hahnengiggerl, Kruzimugeli, Spitzbartl, Springhunderl … wie einige der österreichischen Varianten heißen, sind wenig bekannt. Dieses Märchen-Motiv wird in vielen verschiedenen Spielarten erzählt. Eine jede davon hat ihren ganz eigenen Reiz. Diese Fassung stammt aus dem österreichisch-ungarischen Grenzgebiet.

Vor Zeiten lebte am Rand eines tiefen Waldes ein Holzknecht mit seiner Frau und ihrer Tochter, der Liesl. Die Armut der drei war so himmelschreiend, dass der Holzknecht und seine Frau im Geheimen beschlossen, die Tochter im Wald auszusetzen. »Soll sich doch der liebe Gott ihrer erbarmen«, sagten sie. »Sonst gehen wir alle zugrunde.«
Tags darauf brachte der Holzknecht die Tochter tief hinein in den Wald auf eine Lichtung mit einer blühenden Waldwiese. »Pass auf, Liesl«, sagte er zu ihr. »Die Arbeit, die ich heute zu tun habe, ist gefährlich. Drum lasse ich dich hier zurück. Aber wenn ich fertig bin, hole ich dich wieder ab.«
Dann ging er weiter. Nicht weit von der Wiese band er ein großes Stück Holz mit einem Strick an einen Baum. Wenn der Wind das Holz hin und her schleuderte, dass es gegen den Baum schlug, dann klang das so, als ob jemand Holz hacken würde. Die Liesl dachte sich deshalb nichts Böses. Sie suchte Erdbeeren und spielte mit den Blumen. Nach einer Weile wurde sie müde und legte sich unter Sträuchern in den Schatten. Bald war sie eingeschlafen.

Als sie wieder erwachte, stand der Mond schon hoch am Himmel. Aber wo war der Vater!? »Vater! Vater!«, rief sie immer wieder laut. Kein Mensch war zu sehen und zu hören. – Da war nur der tiefe, finstere Wald. In ihrer Verzweiflung fing sie an, bitterlich zu weinen. Aber natürlich half auch das nichts. So lief sie schließlich in den Wald, um den Vater zu suchen. Mühselig stolperte sie durch das Dickicht und über die Wurzeln zwischen den Bäumen herum.

Da sah sie ein Licht! – Nicht weit vor ihr flackerte auf einer Waldwiese ein Feuer. Daneben standen kleine Töpfe, Schüsseln und Krüge. Geschwind lief sie darauf zu. Das Feuer war schon am Ausgehen. So legte sie dürres Holz auf die Glut und blies nach Leibeskräften hinein. Bald loderten die Flammen wieder auf. Gleich wollte sie noch mehr Holz nachlegen. Wie sie sich umdrehte, stand da ein Mandl vor ihr und lachte sie freundlich an.

Das Mandl war grau, wie auch sein Kittel. Nur der Bart war weiß und stach sonderbar ab. Über die Brust hing er ihm herab bis zu den Zehen.

Im ersten Schrecken wollte die Liesl gleich fortlaufen. Aber das Mandl sagte ruhig: »Bleib doch da! Wo willst du denn hin!? – Glaub mir: Ich tu dir nichts.«

Wohl war der Liesl nicht bei dem Ganzen. Aber schließlich rannte sie doch nicht weg. Das Mandl redete ihr so freundlich zu, dass sie die Scheu bald ablegte und dem Zwerg beim Kochen half.

»Wie heißt du denn?«, fragte der. »Und wer ist dein Vater?« Mit Tränen in den Augen erzählte die Liesl, dass ihr Vater irgendwo im Wald verschwunden sei.

»Sei unbesorgt«, sagte da der Zwerg. »Du kannst bei mir bleiben und meine Tochter sein.«

Was blieb ihr denn anderes übrig, der Liesl? Dankbar nahm sie das Angebot an. Drauf zeigte ihr der Alte sein Haus. Es war ein großer hohler

Baum. Statt einem Bett lag darin ein großer Haufen Laub. Ein zweiter Haufen wurde nun als Bett für die Liesl gerichtet.

Am nächsten Tag weckte das Mandl die Liesl zeitig in der Früh auf. »Ich muss jetzt fort«, sagte er. »Schau du nur gut aufs Haus und bring alles in Ordnung.«

Es dauerte nicht lange, da kam der Zwerg wieder zurück. Jetzt zeigte er der Liesl alles, was zu tun war. Er lehrte sie die Namen der Kräuter und Pflanzen, Beeren und Schwammerl, erklärte ihr, wann, wo und wie sie gesammelt würden, was man daraus brauen und kochen könne. Viel lernte sie von ihm. Es hieß für sie aber auch tüchtig zupacken und mithelfen. Vor allem aber musste sie das Haus, so nannte der Zwerg den Baum, sauber halten.

Die Zeit verging. Bald waren ein paar Jahre um. Die Liesl war inzwischen einen Kopf größer als ihr Pflegevater. Da sagte der eines Abends zu ihr: »Es ist Zeit für dich, eine Arbeit anzunehmen. Nicht weit weg von hier residiert eine Königin. Ich war schon dort und habe ihr von dir erzählt. Sie kann eine umsichtige Dienerin brauchen und ist bereit, dich aufzunehmen. Morgen werden wir uns aufmachen zu ihr. Bleib du nur tugendsam, dann wird es dir dein Lebtag gut gehen.«

Am nächsten Tag machten sie sich auf ins Schloss. Der Alte stellte die Liesl der Königin vor, und sie wurde von ihr als Dienerin aufgenommen. Der Abschied vom Zwerg fiel der Liesl jetzt freilich schwer. »Versprich mir«, sagte sie, »dass du mich jeden Sonntag besuchst.« – »Gerne verspreche ich das!«, sagte der Alte. »Und du hältst dein Versprechen?«, fragte sie nach. – »Und ich halte es!«, sagte er.

Im Schloss arbeitete die Liesl so fleißig und sorgsam, dass sie die Königin bald ins Herz schloss und zu ihrer Leibdienerin machte. Und wirklich verging kein Sonntag, an dem der Alte sie nicht besuchte. Es freute ihn, wenn er sah, wie gut es der Liesl ging.

Eines Tages kam der junge Königssohn wieder zurück. Er war in einem Krieg gewesen. Der Feind war aus dem Land vertrieben. Jetzt kehrte er als Sieger heim. Kaum aber, dass er die Liesl sah, da lachte ihm das Herz. Ihr erging es nicht anders. So fragte er sie, ob sie nicht die Seine werden wolle. »Von Herzen gern«, lachte die Liesl. »Wird aber auch Eure Mutter einwilligen?«

Die Königin verstand ihren Sohn nur zu gut. »Wohl ist sie keine Edelfrau«, sagte sie, »aber sie hat mehr Herz und Verstand als sonst eine.« Gerne gab sie zu der Heirat ihren Segen.

»Und was wird der Graue sagen?«, fragte sie die zwei. Den Grauen, so nannte man den Zwerg im Schloss.

Am Sonntag kam er wieder, um die Liesl zu besuchen. Verschmitzt führte ihn die zu der Königin. Vor deren Augen hielt der Königssohn beim Zwerg um die Hand der Liesl an.

»Was!?«, rief der Alte da mürrisch. »Du willst meine Tochter zur Frau nehmen.« – »Ja, lieber Vater«, sagte die Liesl, »wir haben uns von Herzen liebgewonnen.« – »Auch ich bin damit einverstanden«, sagte die Königin, »Jetzt liegt es nur an dir.«

»Der Prinz wird meine Tochter nur dann zur Frau kriegen, wenn er errät, wie ich heiße«, sagte der Alte entschlossen und verschwand drauf wieder im Wald. Dort heizte er tüchtig ein, dass das Feuer auflöderte, dann stellte er einen Topf auf und begann ein seltsames Lied.

Im Schloss überlegte der Prinz jetzt hin und her: Wie könnte der Alte denn heißen? Die Königin konnte ihm da nicht helfen. Nicht einmal die Liesl wusste Rat. Tag um Tag ging dahin. In seiner Not schickte der König Diener aus. Irgendjemand musste den Namen vom Zwerg doch wissen! Die Diener streiften durchs Land. Aber alles vergebens. Kein Mensch hatte eine Ahnung, wie der Alte wirklich hieß.

Am Weg zurück ins Schloss verirrte sich einer der Diener im Wald. In der Dämmerung sah er zwischen den Bäumen ein Feuer lodern. Neugierig schlich er näher. Beim Feuer war der Zwerg zu sehen: Er hüpfte rundum, rührte immer wieder mit dem Kochlöffel im Topf und sang:

»Siad, Topferl, siad,
dass der König niemals woaß,
dass i Winterkölbl hoaß!«

Was für ein eigenartiger Gesang:

»Sied, Töpfchen, sied,
dass der König niemals weiß,
dass ich Winterkölbl heiß!«

Da ging dem Jäger ein Licht auf. Gleich machte er sich auf den Rückweg ins Schloss. Dort erzählte er dem Prinzen, was er im Wald gehört und gesehen hatte. War das eine Freude!
Am Sonntag kam der Zwerg wieder ins Schloss. »Na«, sagte er zum Prinzen, »wisst Ihr jetzt, wie Ihr mich zu nennen habt?«
»Ja!«, sagte der freudestrahlend, »seid mir willkommen, Vater Winterkölbl!«
Verblüfft schaute ihn der Zwerg an. Dann gab er seine Einwilligung zur Hochzeit. Beim Fest saß er neben seiner Tochter bei der Tafel. »Du bleibst doch jetzt bei uns im Schloss, lieber Vater!?«, sagte die Liesl. »Nein«, erwiderte er, »so sehr mich dein Glück freut, und so gerne ich dich besuche: Meine Heimat ist im Wald.« Und weiß Gott: Dort lebt er vielleicht heute noch.

Vom Hahnengiggerl

*»Dieses Märchen erzählte mir ein altes holzsammelndes Weiblein
Ende August 1904 unweit vom Poluderteich in Neumarkt«,
schrieb der steirische Märchensammler P. Romuald Pramberger
als Nachwort zu diesem Märchen.
Manche seiner Motive sind uns aus den Grimm'schen Sammlungen vertraut:
In der Art, wie es erzählt wird, und mit seinen schillernden Gestalten ist es
aber doch ein zutiefst steirisches Märchen.*

Es war einmal ein kleines Mädchen. Das hieß Annerl. Mit ihrem Vater und mit ihrer Mutter lebte sie in einem kleinen Haus am Waldrand. Der Vater war Holzknecht. Die Arbeit im Wald war hart und schwer. Aber trotzdem: Wenn der Vater am Abend nach Hause kam, setzte er sich vor dem Schlafengehen zu der Annerl auf die Bettkante und erzählte ihr Geschichten – von Prinzen und Fürsten, von Feen und Hexen, von Zwergen und Prinzessinnen, von Lindwürmern und Wasserfrauen.

Die Annerl freute sich den lieben langen Tag auf den Abend und die Geschichten. So war das Leben nicht gar so hart für sie – wenn sie auch sonst nichts hatten.

Einmal aber geschah ein großes Unglück! – Bei der Arbeit im Wald erschlug den Vater ein Baum. Weinend gingen die Annerl und ihre Mutter mit der Leiche. Und als der Sarg des Vaters in das Grab hinuntergelassen wurde, da weinte die Annerl so bitterlich, dass es ihr schier das Herz abgestoßen hätte.

Jetzt musste die Mutter noch viel mehr arbeiten, um die zwei durchzubringen. Wenn sie dann am Abend erschöpft heimkam von der Arbeit bei den Bauern, war sie vor lauter Müdigkeit saugrantig – ja, erschöpft und missmutig. Da gab es keine Geschichten mehr.

Aber obwohl die Mutter arbeitete so viel sie nur konnte: Es reichte trotzdem kaum zum Nötigsten. Oft gab es nicht mehr als ein Schüsserl Geißmilch und Mutter und Tochter mussten Hunger leiden.

Wieder einmal stand in der Früh zum Frühstück nichts am Tisch. Dabei hatte die Annerl furchtbaren Hunger. »Ach, Mutter«, klagte sie, »hast du nicht doch noch ein Stückerl Brot für mich?« – »Nein!«, schrie da die Mutter. »Wir haben nicht mehr. Was soll ich denn noch tun!? – Ich arbeite ohnehin schon bis zum Umfallen. – Da! Nimm das Körberl und geh hinaus in den Wald. Dort kannst du Schwammerl und Beeren brocken. Wenn du die pflückst, dann haben wir mehr zu essen. Einen Teil davon können wir auch in der Stadt auf dem Markt verkaufen.«

Da nahm die Annerl den Korb und ging hinaus in den Wald. Zwischen den Bäumen kam ihr wieder der Vater in den Sinn:

»Wie schön war das Leben, als der Vater noch gelebt hat«, sagte sie sich. Sie dachte an die Geschichten, die der Vater erzählt hatte: »Ja, so einen Prinzen, wie die in den Märchen, so einen könnten wir jetzt brauchen. Dann müsste sich die Mutter nicht so schinden.«

Vor lauter Kummer begann die Annerl bitterlich zu weinen. Sie sah die Beeren nicht, die da wuchsen, und auch nicht die Schwammerl neben dem Weg. Sie stolperte in ihrer Verzweiflung einfach nur blindlings dahin.

So kam sie auf eine Lichtung.

Da stand ein hölzernes Haus! Groß war das nicht. Es hatte gerade eine Tür und ein paar kleine Fenster! Beim Kamin rauchte es heraus. »Wer wird darin wohl wohnen!?«, überlegte die Annerl.

Neugierig schaute sie bei einem Fenster hinein.

Eine alte Frau stand da beim Ofen. Kreuzbuckelig war die und hatte eine lange krumme Nase. Auf ihrer Schulter wiegte sich eine Krähe. Die alte Frau rührte mit einem Kochlöffel in einem großen Kessel um und redete dazu sonderbares Zeug. Das waren wohl Zauberworte.
»Das ist gewiss eine Hexe!«, sagte sich die Annerl, »die weiß bestimmt, wo ich einen Prinzen herbekomme.«
Bedächtig ging sie um das Haus zu der Tür. Da saß eine schwarze Katze und putzte sich in der Sonne. Als die Katze die Annerl sah, lief sie zu ihr und strich ihr um die Füße: Miau! Miau! Auch die Krähe kam herausgeflogen, setzte sich auf die Schulter der Annerl und krächzte: Kroah! Kroah! – Jetzt wurde auch die alte Frau neugierig. Sie trat in die Tür: »Ja, wer ist denn da!?«, sagte sie. »Ein Mäderl. Sag einmal, was willst denn du von der Waldmutter?«
»Einen Prinzen hätt ich halt gern«, sagte die Annerl schüchtern.
»Einen Prinzen hätte sie gern!«, lachte die Alte. »Mein liebes Kind, die Gattung Männer ist heute schon recht selten. Da werde ich dir nicht helfen können. – Du möchtest wohl reich werden?« –
»Ja! – Reich möcht ich werden. Damit die Mutter nicht mehr so viel zu arbeiten braucht. Und damit wir ein besseres Leben haben.«
»Hör zu!«, sagte da die Alte, »dazu musst du hinuntergehen zu der alten Mühle am Waldrand. Dort ist ein kreisrunder, steiniger Platz. Das ist ein Tanzplatz vom Teufel. – Vorher brockst du aber noch im Wald ein großes Büschel Farnkraut. Das legst du dort im Kreis aus. Dann stellst du dich in die Mitte hinein und rufst: Hahnengiggerl, komm herbei! – Schreck dich nicht. Daraufhin wird ein gewaltiges Gewitter aufziehen. Gleich was geschieht: Geh ja nicht aus dem Kreis. Weh dir, wenn du das tust. Es wird dann einer kommen, ein Ganggerl, also eine Art Kobold. Der kann dich reich machen. Verhandle mit ihm. Aber ganz gleich, was er von dir will. Eines darfst du ihm auf keinen Fall geben: deine unsterbliche Seele.«

»Ich danke dir für deinen Rat, Waldmutter«, sagte die Annerl. »Aber was mache ich, damit der Ganggerl wieder verschwindet?«

»Du brauchst nur zu sagen: Hahnengiggerl, verschwind! – Und er wird wieder fort sein. Dann kannst du auch wieder aus dem Kreis treten.« Ein freundlicher Wink, und die Alte ging mit ihren Tieren zurück ins Haus.

Die Annerl rannte hinunter zur Mühle. Am Weg brockte sie da und dort das Farnkraut. Der kreisrunde Platz war bald gefunden. Rundum legte sie – wie es ihr die Alte gesagt hatte – das Farnkraut aus, stellte sich in die Mitte und rief: »Hahnengiggerl, komm herbei!«

Gerade noch war der Himmel wolkenlos gewesen. Jetzt zogen schwarze Wolken auf. Die wurden immer dichter und dichter. Ein gewaltiges Gewitter braute sich zusammen. Schon sah sie die ersten Blitze. Dann kam der Donner. Es begann zu tröpfeln, dann zu regnen. Das Gewitter wurde immer schlimmer. Blitz für Blitz zuckte vom Himmel. Und wie es erst donnerte! – Der Annerl war angst und bang. Der Regen prasselte nieder. Schnell war die Annerl patschwaschelnass. Wie schön wäre es jetzt zu Hause in der trockenen Stube! Aber fest entschlossen blieb sie stehen im Kreis. Immer wilder tobte das Gewitter. Es war ein einziges Krachen und Donnern. Mit einem Mal zuckte hinter ihr im Gestrüpp ein Blitz auf. Dann ein Greamler. Das war ein Krachen, als ob Mühlsteine zerbersten würden. Und es hällsterte! Ja, es hallte von den Felswänden zurück, als ob der ganze Berg einstürzen würde. Ein Lärchenbaum ging hinter ihr in Flammen auf.

Da sprang aus einem Gestrüpp ein Ganggerl hervor. Der Kobold war nicht größer als ein Gockelhahn. Er hatte rote Patscherln, also Schuhe, fingerdünne Haxen, rote Hosen, ein rotes Wams, eine rote Mütze am Kopf, und hintenaus einen gewaltigen Hahnenschweif.

»Hohoho!«, rief der Ganggerl, »der Hahnengiggerl ist da!« Drauf sprang er wie toll herum. Plötzlich sah er die Annerl: »Ja, wer ist denn da!? – Ein Dirndl! – Dirndl, was willst denn du vom Hahnengiggerl!?«

»Reich möcht ich halt werden«, sagte die Annerl.

»Reich möcht sie werden!«, rief der Ganggerl. »Reich möcht sie werden! – Was gibst du mir denn dafür, wenn ich dich reich mache?«

»Was soll ich dir geben!?«, sagte die Annerl. »Ich hab doch nichts. Sonst wäre ich ja nicht da!«

»Ei wohl, du hast schon etwas, das mir gefällt!«, sagte der Ganggerl, »deine schöne unsterbliche Seele!«

»Also, wenn ich die hergeben müsste, dann würde mich der ganze Reichtum nicht freuen!«, sagte die Annerl, »meine Seele bekommst du nicht.«

»Na gut, dann machen wir einen Handel, wir zwei: Du musst dir nur meinen Namen merken. Dafür mache ich dich reich. In sieben Jahren komme ich dann wieder. Weißt du meinen Namen noch, ist es gut für dich. Du bist reich und es fehlt dir an nichts. Weißt du meinen Namen aber nimmer, dann gehörst du mitsamt deiner Seele mir!«

»Der Handel gilt!«, sagte die Annerl. »Aber wie werde ich jetzt reich?«

»Bei dir zu Hause steht am Dachboden eine Truhe. Die stammt von deiner Großmutter. Da wirst du alles drin finden, was du dir wünschst. Ich werde es dir verschaffen.«

»Gut!«, sagte die Annerl, »Hahnengiggerl, verschwind!« Schon war er wieder fort, der Ganggerl, und der Himmel klarte auf.

Die Annerl machte sich gleich auf den Heimweg. Dabei überlegte sie die ganze Zeit: Was sollte sie sich vom Hahnengiggerl wünschen? – Vielleicht ein lichtblaues Kleid? Dazu goldenes Geschmeide! Und einen Sack voll Golddukaten!

Zu Hause stürmte sie auf den Dachboden. Da stand die Truhe. Sie hob den Deckel. Alles war da. Genauso, wie sie es sich gewünscht hatte. Geschwind packte sie die Sachen und lief hinaus in den Wald. Dort wusch sie sich beim Teich, schlüpfte in das neue Kleid, legte das Geschmeide an und steckte den Sack mit den Golddukaten in die Kitteltasche.

Wie sie wieder nach Hause kam, war auch die Mutter zurück aus der Stadt. Die erkannte sie gar nicht. »Ei, eine Comtesse, eine Gräfin, aus der Stadt«, meinte die Mutter: »Grüß Gott, Euer Gnaden! Was verschafft mir die Ehre.« -

»Aber Mutter«, lachte die Annerl, »erkennst du mich denn nimmer? – Ich bin's, die Annerl!«

»Annerl!? – Aber wie schaust du denn aus!? – Wo hast du das schöne Gewand her? – Du hast es doch nicht gestohlen?«

»Nein!«, sagte die Annerl, »vom Hahnengiggerl hab ich's!«

Und sie erzählte der Mutter die ganze Geschichte. Da wollte auch die Mutter schöne Gewänder. Der Hahnengiggerl bekam jetzt viel zu tun. Er musste rennen und rennen und rennen – um die ganzen Wünsche zu erfüllen. Die Annerl aber sagte sich Tag für Tag seinen Namen vor – Hahnengiggerl! Hahnengiggerl! Hahnengiggerl! – um ihn ja nicht zu vergessen.

Schnell war ein Jahr um. »Annerl«, sagte die Mutter einmal, »wir haben ein gutes Leben. Es fehlt uns an nichts. – Aber wir leben immer noch in der alten Hütte. Viel schöner wär's, wenn wir ein prächtiges Schloss in der Stadt hätten.«

»Aber nein, Mutter!«, sagte die Annerl, »lassen wir uns doch hier am Waldrand ein Schloss herbauen.«

So wünschten sie sich vom Hahnengiggerl viel, viel Geld. Der musste schwatteln und schwatteln und schwatteln. Ja, er rannte und rannte und rannte, um ihnen all das Geld zu verschaffen. Damit ließen sie sich dann ein prächtiges Schloss bauen.

Als es fertig war, ging die Mutter jeden Tag hinaus auf den Söller. Der ragte wie ein Balkon hinaus. Von dort schaute sie über das Land, ob denn nicht ein Prinz dahergeritten käme. Denn die Annerl wollte sie nur mit einem Prinzen verheiraten.

Einmal kam wirklich der Prinz von Italien in seinem Kobelwagen durch

den Wald gefahren. Da sprang plötzlich ein Ganggerl aus dem Gestrüpp und in die Deichsel. Er trat sie durch, und – bumstinazl, hast du es gesehen – war er wieder im Wald verschwunden. Mit Müh und Not brachte der Kutscher die Kutsche zum Dorfschmied. Der schaute sich den Schaden an.
»Daran werde ich wohl die ganze Nacht arbeiten müssen«, meinte er.
»Aber ich kann doch nicht bei euch in der Werkstatt übernachten«, sagte der Prinz.
»Das nicht«, meinte der Schmied, »aber dort drüben am Waldrand. In dem Schloss lebt eine Mutter mit ihrer Tochter. Die zwei haben bestimmt ein gutes Papperl, also etwas zu essen, und ein warmes Nesterl zum Schlafen haben sie bestimmt auch für Euch.«
So schwang sich der Prinz auf eines der Rösser und ritt hinüber zum Schloss.
»Annerl, zieh dir das schönste Gewand an! Ein Prinz kommt dahergeritten!«, rief die Mutter, als sie ihn kommen sah. Sie selbst stolzierte ihm aufgemascherlt entgegen. Sie war geschminkt und geschmückt wie ein Zirkuspferd. Als der Prinz durchs Schlosstor ritt, verneigte sich die Mutter, dass sie mit dem Kopf fast am Prellstein aufgeschlagen hätte.
Die Annerl legte nur ihre Schürze ab, wischte sich die Hände darin ab und ging freundlich auf ihn zu.
Kaum aber, dass der Prinz ihr in die Augen sah, da hatte er sich auch schon in sie verliebt. Der Annerl erging es nicht anders. Die ganze Nacht musste der Prinz an die Annerl denken. Er konnte kaum einschlafen. Und als er endlich schlief, träumte er von ihr.
In der Früh trat er vor sie hin, nahm ihre Hand und fragte sie: »Schöne Jungfrau, dein Bild trage ich im Herzen. Du gehst mir nimmer aus dem Sinn! Sag, willst du nicht die Meine werden?«
Was hätte sie da sagen sollen!? – Auch sie hatte ihn von Herzen gern, – und so gab sie ihm das Ja-Wort.

»So gern ich auch bleiben würde«, sagte er drauf zu ihr, »jetzt muss ich weiter. Aber sobald ich kann, werde ich wiederkommen. Dann hole ich dich, und wir fahren miteinander nach Italien. Dort werden wir in meinem königlichen Schloss Hochzeit feiern.«

So geschah es. Der Hahnengiggerl musste jetzt für die Annerl und die Mutter prächtige Gewänder für die Hochzeit bringen und noch vieles mehr. Tag für Tag hieß es für ihn schwatteln und schwatteln und schwatteln.

Nach der Hochzeit übergab ihnen der alte König die Regierung. So lebten sie jetzt als Königin und König. Im Sommer, wenn die Hitze in Italien groß war, blieben sie im Schloss am Waldrand. Im Winter, wenn hier Frost und Schnee regierten, zogen sie nach Italien. So vergingen die Jahre.

Einmal wurde die Annerl im Sommer in aller Herrgottsfrühe munter. Da fällt ihr ein: Die sieben Jahre sind bald um! Wie heißt denn der Ganggerl? – Sie überlegte: Der Name fiel ihr nicht mehr ein! Wie heißt er denn nur!? Hin und her überlegte sie. Der Name kam ihr nicht in den Sinn!

Schließlich lief sie hinaus in den Wald, um die Waldmutter aufzusuchen. »Die muss den Namen doch wissen!«, sagte sich die Annerl. – Aber so viel sie auch kreuz und quer durch den Wald lief: Die Waldmutter war nirgends zu finden! – Endlich kam sie auf eine Lichtung. Da stand auch ein Haus. Aber das war schon verfallen. Vom Dach war nicht mehr viel übrig. Der Kamin war eingestürzt. Gestrüpp wucherte um die Mauern.

Da kam eine Kräuterfrau auf die Lichtung.

»Großmutter«, sagte die Annerl, »gut, dass ich dich treffe: Weißt du vielleicht, wo die Waldmutter ist?«

»Die liegt schon lang ein paar Klafter tief unter der Erde.«

»Was!? Die Waldmutter ist tot!? – Aber irgendjemand muss doch ihre Tiere, den Kessel, die Salben und ihre Zauberbücher geerbt haben!« – »Das hat alles ihre Nichte, die Simmerl-Müllner-Weber-Keuschn-Kathl-Toni.« – »Weißt du auch, wo die ist?« – »Die lebt im Dorf. Wenn du hineinkommst,

ist es die letzte Keuschen. Ja, es ist wirklich das Letzte – ein armseliges Haus.« – »Ich danke dir«, sagte die Annerl und gab ihr einen Golddukaten. Drauf lief sie gleich ins Dorf. Dort klopfte sie beim letzten Haus.
Eine alte Frau machte auf. »Grüß dich Gott, liebe Großmutter«, sagte die Annerl, »bist du die Simmerl-Müllner-Weber-Keuschn-Kathl-Toni?« – »Ja, die bin ich.«
»Dann musst du mir helfen! – Ich brauche den Namen von einem Ganggerl. Mit Hilfe von der Waldmutter habe ich ihn gerufen. Aber jetzt fällt mir der Name nimmer ein.«
»Komm nur herein«, sagte die alte Frau. Dann holte sie die Zauberbücher der Waldmutter.
»Da drin sind alle Holden und Unholden verzeichnet«, sagte die Alte. »Wie schaut er denn aus, der Ganggerl?«
»Rote Patscherln hat er, fingerdünne Haxen, eine rote Hose, ein rotes Wams, eine rote Mütze am Kopf, und hintenaus einen mordstrum Hahnenschweif. An dem ist er leicht zu kennen.«
Die alte Frau blätterte und blätterte. »Nein«, sagte sie schließlich, »ein solcher ist hier nicht zu finden.«
»Das kann doch nicht sein«, klagte die Annerl, »sind das alle Bücher?« – »Wart ein wenig. Dort hinten im Winkel sind noch ein paar.« Jetzt holte die Alte auch die Bücher hervor und blätterte sie durch.
»Hier!«, sagte sie dann, »da sind Ganggerl aufgezeichnet.« Sie blätterte weiter. »Rote Patscherl, rote Hosen, rotes Wams, rote Mütze am Kopf, Hahnenschweif.« – »Ja, das ist er!«, frohlockte die Annerl. »Sonderbar«, meinte die Alte, »da steht kein Name. Als ob er ausgelöscht worden wäre.«
»Aber ich brauche den Namen!«, klagte die Annerl, »sonst kommt er und holt mich mitsamt meiner Seele.«
»Hör zu«, sagte die Alte, »wenn du dich vor nichts fürchtest, dann kann ich dir vielleicht helfen.«

»Was bleibt mir denn anderes übrig?«, meinte die Annerl. »Sag nur: Wie kann ich den Namen noch erfahren!?«

»Droben auf der hohen Alm geht um elf Uhr nachts das wilde Loch auf. Da kommen allerhand Geister, Ganggerl, Unholde und Wichte heraus. Vielleicht erfährst du den Namen dort. Aber das ist gefährlich. Weh dir, wenn dich einer von denen erwischt.« – »Verloren bin ich auch so«, sagte die Annerl. Sie dankte und gab der alten Frau noch reichen Lohn.

Dann stieg sie, so schnell sie nur konnte, den Berg hinauf.

Als sie endlich auf die hohe Alm kam, war es schon finster geworden. Die Sterne funkelten am Firmament. Der Vollmond leuchtete über das Land. Hinter einer Lärche fand die Annerl ein gutes Versteck. Bald darauf hörte sie drinnen im Berg eine Uhr schlagen: Einmal, zweimal, dreimal, viermal, ... elfmal schlug die Uhr. Dann sprang mit einem Kracher im Felsen das wilde Loch auf. Ein Kerl stieg heraus. Der war so groß wie ein erwachsener Mann. Aber er hatte zehn Ohren, sechzehn Hörner und neun Nasen. Über ein Dutzend Schweife baumelten von seinem Hintern. Zum Glück flog der gleich weg.

Dann kam ein turmhoher Lotter. Der Unhold hatte einen Schädel wie ein Stier und drei riesige Kuhschweife. Mit denen schlug er wild herum. Die Fransen von einem Schweif verfingen sich beim Lärchenbaum. Da riss der Lotter wild an und hätte fast den Baum mitsamt der Wurzel ausgerissen.

Nach ihm kam ein kleiner grüner Froschteufel. Dem wiederum folgte ein großer Dünner mit langen Stelzhaxen, wie ein Storch, und einem langen roten Storchenschnabel.

Hinter ihm kam ein kleiner Ganggerl zum Vorschein: Nicht größer als ein Hahn, mit roten Patscherln, fingerdünnen Haxen, roten Hosen, rotem Wams, roter Mütze am Schädel und einem Hahnenschweif.

»Das ist er«, dachte sich die Annerl, »aber wie heißt er nur!?«

Mit näselnder Stimme redete der Ganggerl jetzt den Langen an: »Wohin des Weges, Storchenschnabel!? Gehst du heute noch auf Seelenfang?« – »Ja«, sagte der, »du auch!?« – »Nein!«, lachte der Ganggerl, »ich hab die meine schon. Heute brauch ich sie mir nur zu holen!« – »Von wem denn?« – »Von der jungen Königin, von der Annerl.«
Drauf begann der Ganggerl zu hüpfen und zu springen. Vor lauter Freude johlte er:

»Is des a Freud,
is des a G'spoaß,
dass de Königin net woaß,
dass i Hahnengiggerl hoaß!
Juchhuiiiiii!«

Die Annerl hatte es deutlich verstanden:

Ist das eine Freude,
ist das ein Spaß,
dass die Königin nicht weiß,
dass ich Hahnengiggerl heiß!«

Vor lauter Freude juchzte er noch drauf. – Die Annerl hätte am liebsten auch gejuchzt – und durfte doch keinen Mucks machen.
Um Mitternacht schlug die Uhr tief drinnen im Berg zwölfmal, dass es weitum hallte. Die Geister und Unholde verschwanden wieder im wilden Loch. Mit einem Kracher fiel es hinter ihnen zu.
Jetzt eilte die Annerl ins Tal. Der Mond leuchtete ihr am Weg. Als sie ins Schloss kam, graute schon der Morgen. Erschöpft ließ sie sich ins Bett fallen. Gleich darauf war sie eingeschlafen.

Es war schon Nachmittag, als die Annerl wieder munter wurde. An der Tür hatte es geklopft. Verschlafen sagte sie: »Herein!«

Da ging die Tür einen Spalt auf. Und wer kam herein? – Der Hahnengiggerl. »Frau Königin«, sagte er, »jetzt bin ich da! Wie heiß ich denn?« Dabei wurde er immer größer und größer.

»Ja, du bist da«, sagte die Annerl immer noch ein wenig verschlafen. »Wie wirst du wohl heißen!?«

»Ja, Frau Königin, jetzt bin ich da!«, sagte er drohend, »wie heiße ich denn?« Jetzt war er schon so groß wie ein großmächtiger Mann und wuchs dabei immer noch.

»Schön und gut. Du bist da. Ja, wie heißt du wohl!?«, sagte die Annerl.

»Ja, Frau Königin, jetzt bin ich da! Also: Wie heiße ich!?«

Bücken musste er sich schon, um überhaupt noch Platz zu haben in der Kammer, so riesengroß war er schon, der Ganggerl. Mit einer seiner gewaltigen Pranken griff er nach der Annerl.

Die lachte ihn nur an und sagte:

»Is des a Gspoaß,
is des a Freud,
da Hahnengiggerl is net weit!«

Hatte er da richtig gehört?

»Ist das ein Spaß,
ist das eine Freud!
Der Hahnengiggerl ist nicht weit!«

Vor Schreck zuckte er zusammen:
»Au weh«, rief er dann, »sie woaß mein' Nåm.«

Ja, sie wusste seinen Namen, die Annerl. Und kaum, dass der ausgesprochen war, schrumpfte der Hahnengiggerl im Handumdrehen wieder zum kleinbudawinzigen Ganggerl. Als kleiner Knirps sprang er beim Fenster hinaus.

Der Annerl aber fiel ein Stein vom Herzen. Lange und gut lebte sie noch mit ihrem Mann, dem König. Wer weiß, wie viele Kinder sie noch gehabt haben miteinander. Und wenn sie nicht gestorben sind, dann leben sie wohl heute noch.

VON DRACHEN UND ANDEREN UNGEHEUERN

Sprachlich stammt »der Drache« vom lateinischen »draco« und vom altgriechischen »drakōn« ab. Beides ist einfach die Bezeichnung für eine starr blickende, grausige, aber ungiftige Schlange. In Mitteleuropa ist der Drache auch als Lind- oder Tatzelwurm bekannt. Dargestellt wird er meist als scheußliches, menschenfressendes Ungeheuer. Im Grund verkörpert er seit Jahrtausenden elementare Kräfte – die der Erde genauso wie z. B. die der Sonne.
Mit ihm und seinen ungeheuren Kräften müssen sich die Helden messen, wenn es gilt, der Erde ihre Schätze zu entreißen oder die Naturgewalten zu bannen, um ein gutes Leben sicherzustellen.
Im fernen Osten gelten Drachen als Glücksbringer. Auch einige alpenländische Volksmärchen zeigen, dass der Kampf mit dem Untier nicht immer die zielführendste Vorgangsweise ist. Geduldige Fürsorge und schelmische List führen in den Märchen »Von der Drachenfrau« und »Vom Walddrachen« zu einer glücklichen Lösung.
Ganz gleich aber, ob es sich um Drachen oder andere Ungeheuer handelt: Es gilt, sich ihnen zu stellen. Wie wichtig es ist, ihnen nicht unvorbereitet gegenüberzutreten, schildern die Märchen allerdings auch. Genau dazu werden sie ja erzählt.

Von der Drachenfrau

Das ist eines der vielen Märchen, die wir den Brüdern Ignaz und Joseph Zingerle verdanken. Sie sammelten in Tirol eine Fülle von Überlieferungen.
1845 erschien ihr zweiter Band mit »Tirols Volksdichtungen und Volksgebräuchen«. Darin ist auch diese Geschichte zu finden.

Es lebte einmal ein Jäger. Der hauste mit seiner Frau und den Kindern droben am Berg in einem Haus im Wald. Zu seinem Unglück erwischte er auf der Jagd nicht viel und so war Schmalhans oft Küchenmeister.
Einmal pirschte er dem Wild weit oberhalb vom Haus in den Felsen nach. Sein Hund lief ihm voraus. Plötzlich begann er laut zu bellen.
Der Jäger wunderte sich. »Was hat er denn nur?«, fragte er sich, als er ihm nachstieg. Zwischen den Felsen kam der Jäger auf einen Wiesenfleck. Dort lag ein großmächtiger Mann. Der richtete sich auf, grüßte den Jäger freundlich und sagte: »Dein Hund gefällt mir. Willst du ihn mir nicht verkaufen?« – »Nein«, erwiderte der Jäger, »den Hund hab ich mir gut abgerichtet. Den gebe ich nicht her!« – »Aber ich würde dir viel Geld dafür zahlen«, meinte der andere. Da begann der Jäger zu überlegen. »Hör zu«, sagte er schließlich, »zu Hause habe ich noch einen zweiten Hund. Den verkaufe ich dir, wenn du willst.« – »Gut«, meinte drauf der Mann, »komm morgen zur gleichen Stunde hierher. Dann machen wir den Handel perfekt.«

Am nächsten Tag nahm der Jäger den anderen Hund an die Leine. Das sah seine dreizehnjährige Tochter. »Vater, wo gehst du denn hin?«, fragte sie ihn. – »Hinauf auf den Berg!« – »Dann nimm mich doch mit!« – »Nein«, sagte der Jäger, »der Weg ist weit, bestimmt wirst du dann müde, dir tun die Füße weh und du fängst zu jammern an.«

Aber so viel der Jäger auch dagegenredete, die Tochter bettelte so lange, bis er sie schließlich doch mitnahm. So stiegen sie also zu dritt auf den Berg – der Jäger, seine Tochter und der Hund.

Zwischen den Felsen lief der Hund wieder voraus und mit einem Mal begann er wild zu bellen. Der Jäger und seine Tochter stiegen ihm nach. Als sie aber auf die Wiese kamen, traute der Jäger seinen Augen nicht: Ein Lindwurm lag da, so groß und so scheußlich, dass es kaum zu beschreiben ist.

Schnell entschlossen packte der Jäger seine Tochter bei der Hand und wollte mit ihr umdrehen. Da richtete sich der Lindwurm auf, riss seinen Schlund auf, schoss nach vor, packte das Mädchen und flog mit ihr auf und davon. Vor Schreck und Entsetzen war der Jäger wie gebannt. Dann aber raffte er sich auf: Verzweifelt suchte er eine Spur seiner Tochter oder zumindest vom Drachen. Aber so viel er auch schaute und so verzweifelt er auch suchte: Weder von der Tochter noch vom Drachen war eine Spur zu finden.

»Wo hast du denn unsere Tochter gelassen?«, fragte ihn seine Frau, als er heimkam. Was blieb ihm anderes übrig, als ihr die ganze traurige Geschichte zu erzählen.

Ein Jahr verging. Dem Jäger ließ es keine Ruhe. Immer wieder machte er sich auf, um seine Tochter zu finden. So viel er aber auch suchte: Sie blieb verschwunden. Nicht die geringste Spur tauchte auf.

Nach sieben Jahren war der Jäger wieder einmal hoch droben in den Felsen auf der Pirsch. Diesmal hatte er einen Gehilfen mit. Eine Gämse wollten sie erlegen. Sie bekamen auch eine vor die Flinte. Aber jedes Mal, wenn sie abdrücken wollten, machte die einen Satz, verschwand im Latschengestrüpp oder hinter einer Felskante. Sie kamen einfach nicht zum Schuss.

Langsam ging die Sonne unter. Schließlich standen die zwei zwischen den Felsen und die Gämse war verschwunden. Die Nacht war angebrochen und sie hatten noch den weiten Weg hinunter ins Tal vor sich.

»Bleiben wir doch hier heroben am Berg über Nacht«, sagte der Gehilfe. »Die Nacht ist klar – und kalt wird es wohl auch nicht werden.« – »Nein!«, sagte der Jäger. »Hier will ich nicht bleiben! Gerade an dieser Stelle hat mir vor sieben Jahren ein Drache meine Tochter geraubt.« – »Dann werde ich dort auf den Baum klettern und Ausschau halten«, meinte der Gehilfe. »Vielleicht ist in der Finsternis ein Licht zu sehen, eine Hütte, in der wir bleiben können.«

Gleich kletterte er den Baum hinauf. »Die Mühe kannst du dir sparen«, sagte der Jäger. »Hier ist nichts. Ich kenne den Berg wie meine Westentasche. Da steht nirgends ein Haus – auch keine Hütte.«

Der Gehilfe tat aber, als ob er das nicht gehört hätte. Weitum spähte er in die Finsternis.

»Dort!«, rief er. »Nicht weit von hier ist ein großes Licht zu sehen!« – »Da täuschst du dich«, erwiderte der Jäger. »Da kann gar nichts sein. Woher sollte also das Licht kommen?«

Der Gehilfe ließ sich aber nicht beirren. Miteinander gingen sie in die Richtung, in der er das Licht gesehen hatte. Bald darauf standen sie vor einem großmächtigen Schloss. Das war hell erleuchtet.

»Habe ich es dir nicht gesagt«, meinte der Gehilfe. »Hier steht ein Haus – und was für eines!« – »Aber da stimmt etwas nicht«, sagte der Jäger. »Das Schloss muss verwunschen sein. Hier ist noch nie etwas gestanden. – Und ich kenne den Berg wie meine Westentasche.«

Der Gehilfe überlegte nicht lange. Er ging zum Tor und klopfte an. Bald darauf ging das Tor auf. Eine junge Frau kam zum Vorschein. »Männer, was wollt ihr denn hier – mitten in der Nacht, hoch heroben am Berg?«, fragte sie. »Wir haben uns auf der Jagd verirrt!«, sagte der Jäger. »Drum wollten wir fragen, ob wir bei euch übernachten dürfen.« – »Ihr könnt schon hierbleiben«, gab sie ihm zur Antwort. »Aber wenn ihr hier übernachten wollt, dann dürft ihr euch die ganze Nacht lang nicht grausen und nicht fürchten!« Dem Jäger war das unheimlich, aber der Gehilfe sagte: »Jetzt sind wir schon einmal hier, also bleiben wir auch hier!«

Schnell entschlossen ging er hinter der Frau ins Schloss. Was blieb dem Jäger da anderes übrig, als ihm nachzugehen?

In der Küche bekamen die zwei von der jungen Frau zu essen und zu trinken. Während sie hungrig und durstig zulangten, ging sie wieder hinaus, kam jedoch bald darauf wieder zurück. Sie schob eine große Brentn, also einen großen Bottich, herein. Den füllte sie kübelweise mit Wasser, bis er halb voll war. Gleich darauf ging die Tür wieder auf: Ein gewaltiger Drache kam ganz langsam auf seinen schweren Pranken herein. Der Drache hatte handtellergroße gelbe Augen und grüne Schuppen. Zwischen denen sickerte grüner Schleim herunter.

Dem Jäger und seinem Gehilfen blieb schier der Bissen im Hals stecken. Der Drache beachtete die zwei aber nicht. Schritt für Schritt tappte er auf den Bottich zu und ließ sich dann hineinfallen. Die Jungfrau packte daraufhin eine Bürste und begann den Drachen abzureiben – und je mehr sie an ihm rieb, desto mehr grüner Schleim löste sich und sickerte ins Wasser. Das wurde davon blutrot.

Der Jäger und der Gehilfe konnten kaum hinsehen, so grausig war der Anblick. Der Appetit war ihnen ganz und gar vergangen.

Der Drache aber begann mit einem Mal zu reden: »Jungfrau!«, sagte er, »Jungfrau, ich bitte dich: Heirate mich!«

»Nein«, wiegelte sie ab, »das tut kein gut: Du bist ein Drache und ich bin eine Menschenfrau. Wir passen nicht zusammen!« Weiter rieb sie ihn ab, und immer mehr grüner Schleim quoll unter den Schuppen heraus.
Nach einer Weile bat er sie ein zweites Mal: »Jungfrau, ich bitte dich: Heirate mich!« – »Nein!«, gab sie wieder zurück. »Ich habe es dir schon gesagt: Wir passen nicht zusammen!«
Stunde um Stunde rieb sie den Drachen weiter ab. Als sie endlich fertig war, war aus dem klaren Wasser ein dicker blutroter Sirup geworden. Dem Jäger und dem Gehilfen wurde schon vom Hinschauen schlecht.
Jetzt flehte sie der Drache ein drittes Mal an. Mit einer Inbrunst, die ganz und gar verzweifelt klang, rief er: »Jungfrau, ich bitte dich gar so sehr: Heirate mich!« Die Herzensnot, die da zu spüren war, rührte selbst die Jungfrau, die schon zweimal abgelehnt hatte. Nachdenklich schaute sie ihn an und schließlich sagte sie: »Jetzt habe ich dich schon sieben Jahre lang jeden Tag abgeputzt, abgerieben und abgebürstet. Das werde ich wohl noch eine Weile aushalten: So heirate ich dich denn!«
Daraufhin gab sie ihm auf die nassen kalten glitschigen Schuppen einen Kuss.
Da tat es einen Donner, dass das Schloss erzitterte. Statt dem Drachen stand ein junger fescher Mann vor ihr. Der schaute sie freudig an und sagte: »Jungfrau, ich danke dir! Weil du mich sieben Jahre lang abgeputzt, abgerieben und abgebürstet hast, weil du mich heiraten wolltest, und weil du mir einen Kuss gegeben hast, deshalb hast du mich erlöst. Wenn du willst, dann will ich immer noch gerne der Deine werden!« – »Wo du mir schon als scheußlicher Drache recht warst, da bist du mir als fescher Mann noch viel, viel lieber!«, lachte sie. Die zwei umarmten sich und gaben sich noch einen Kuss, wie er inniger nicht hätte sein können.
Drauf nahm sie der Mann bei der Hand und ging mit ihr zum Jäger. »Na, Jäger, kennst du sie?«, fragte er ihn. »Woher sollte ich die Frau kennen?«,

meinte der Jäger verdutzt. »Deine Tochter ist es!«, lachte der Bursch vergnügt. »Als Drache habe ich sie dir geraubt, als Mann bringe ich sie dir wieder.«

War das ein freudiges Wiedersehen! – Miteinander gingen sie am nächsten Tag alle hinunter ins Haus vom Jäger und holten die Familie. Bald darauf wurde droben im Schloss Hochzeit gefeiert. Dann lebten sie alle miteinander noch lange und gut, glücklich waren sie auch, und wenn sie nicht gestorben sind, dann leben sie wohl heute noch.

Vom Walddrachen

Dieses mythische Volksmärchen wird nicht nur in ganz Österreich, sondern von Asien bis Europa in den unterschiedlichsten Spielarten erzählt. Die nachfolgende Erzählung ist in ihrer Bildsprache besonders klar und eindrucksvoll. Die Gebrüder Ignaz und Joseph Zingerle fanden sie im Tiroler Zillertal und veröffentlichten sie 1854 in ihrer Sammlung »Kinder- und Hausmärchen aus Süddeutschland«.

Vor langer, langer Zeit, wars gestern oder wars heut, da lebte in einem kleinen Dorf in den Bergen ein Wirt. Der hatte eine Tochter. Die war wunderschön. Eine liebreizende Wirtstochter zog natürlich die Männer an, wie der süße Brei die Fliegen. Viele kamen und machten ihr schöne Augen. Sie aber hatte den ihren schon gefunden.

Nicht weit vom Wirtshaus lebte in einer armseligen Hütte ein Holzknecht mit seinem Sohn. Viel hatten die zwei nicht. Selbst die Hütte gehörte nicht ihnen. Aber der Sohn vom Holzhacker und die Wirtstochter verstanden sich gut. Mehr als das: Sah er sie und sah sie ihn, dann lachte ihnen das Herz. Ja, die zwei hatten sich so gern, dass er sie fragte, ob er denn bei ihrem Vater um ihre Hand anhalten dürfte.

»Von Herzen gern!«, lachte die Wirtstochter. »Aber machen wir uns nichts vor: Wir wissen alle zwei, was mein Vater sagen wird. Der wird toben vor Wut!« – »Wer nicht wagt, der nicht gewinnt«, sagte der Bursch und machte sich unverdrossen auf zu ihrem Vater.

Als der Bursch vor dem Wirt stand und um die Hand seiner Tochter anhielt, wusste der nicht so recht, ob er nun lachen oder weinen sollte. »Alles was Recht ist«, meinte der Wirt schließlich und bemühte sich die Fassung zu bewahren: »mir scheint, du bist wohl nicht ganz bei Trost: Du, ein armer Teufel, der nichts, aber auch gar nichts hat, untersteht sich, um die Hand meiner Tochter anzuhalten? – Für die ist ein reicher Kaufherr oder ein vermögender Bauer gerade recht, aber nicht ein Habenichts wie du. Scher dich zum Teufel und trau dich ja nicht, mir noch einmal mit so einer Zumutung unter die Augen zu kommen!« – »Aber wir haben uns von Herzen gern«, hielt der Bursch tapfer dagegen. »Miteinander könnten wir ein glückliches Leben führen!«

Da merkte der Wirt, dass es dem Burschen ernst war und er ihn wohl nicht so schnell loswerden würde. So überlegte er sich eine List.

»Hör zu«, sagte der Wirt drauf zum Burschen, »wenn du meine Tochter unbedingt zur Frau willst, dann beweise auch, dass du das Zeug dazu hast und den Schneid! – Bring mir drei goldene Federn vom Walddrachen. Schaffst du das, dann soll sie die Deine werden!« – Drei goldene Federn vom Walddrachen zu holen, das war eine gewaltige Herausforderung. Und doch hörte der Bursch das mit Freude. Immerhin tat sich jetzt ein Weg zum Liebesglück auf, ein Weg, den es vorher nicht gegeben hatte.

Gleich berichtete er seiner Liebsten davon: »Stell dir vor, dein Vater ist einverstanden!« Die Wirtstochter konnte das gar nicht glauben. »Er hat nur eine Bedingung gestellt«, erzählte der Bursch weiter. »Die hat es allerdings in sich: Ich muss ihm drei goldene Federn vom Walddrachen bringen – aber dann steht unserer Hochzeit nichts mehr im Wege!« – »Um Himmels willen!«, rief da die Wirtstochter. »Mit dem Walddrachen ist nicht zu spaßen. Wenn der dich in seine Fänge bekommt, bedeutet das deinen sicheren Tod!« – »Nein, nein, nein, sei unbesorgt!«, sagte der Bursch. »Zugegeben: Die drei goldenen Federn vom Walddrachen zu holen, ist wohl kein Sonntagsspaziergang. Aber mit reiflicher Überlegung, etwas Geschick und der nötigen Prise Glück sollte es doch zu schaffen sein!«

Es brauchte einiges an Überzeugungsarbeit, aber schließlich sah auch die Wirtstochter ein, dass das bei all der Gefahr noch der beste Weg zum gemeinsamen Glück war. Schweren Herzens gab sie dem Burschen ihren Segen – und er machte sich unverzagt auf den Weg.

Überall wo er hinkam, fragte der Bursche nach dem Walddrachen. Kein Mensch wusste, wo der hauste. Im Wald, klar – aber wo genau? Das konnte niemand sagen.

In einer schier endlosen Waldung kam der Bursche zu einer Hütte. Die lag halb versteckt im Unterholz. Ein Mann saß davor auf der Hausbank und hielt niedergeschlagen den Kopf zwischen den Händen. Der Bursche grüßte ihn freundlich und fragte: »Was fehlt dir denn, guter Mann? Du schaust so niedergeschlagen.« – »Es ist wegen meiner Tochter«, klagte der Mann. »Sie war früher gesund und munter. Jetzt aber ist sie krank und liegt darnieder. Kein Mensch kann ihr helfen. Auch kein Doktor weiß Rat, was man gegen ihre Krankheit tun kann.« – »Da kann ich dir auch nicht helfen«, meinte der Bursch. »Ich bin am Weg zum Walddrachen. Weißt du vielleicht, wo der wohnt?« – »Der Walddrache? – Der haust weit von hier. Wo genau, das weiß ich auch nicht. Aber wenn du schon zu ihm gehst, dann sei so gut und frag ihn, was man tun kann, damit meine Tochter wieder gesund wird. Er weiß alle Antworten auf alle Fragen!« – »Das will ich gerne tun«, meinte der Bursch und zog weiter – tiefer in den Wald hinein.

So kam er auf eine Lichtung. Hier breitete sich eine blühende Wiese aus. Mitten auf der Lichtung aber stand ein großer Baum. Unter seiner Krone waren einige Menschen versammelt. Der Bursch grüßte sie freundlich und fragte: »Wisst ihr vielleicht, wo der Walddrache haust?« – »Nein, das wissen wir nicht«, sagten sie. »Aber wenn du zum Walddrachen gehst, dann haben wir eine große Bitte: Der Baum hier hat früher goldene Äpfel getragen, Äpfel, die ewige Jugend schenken. – Jetzt aber stirbt er ab, der Baum. Seine Äpfel sind wurmstichig und faulig. Frag doch den Walddrachen, was man dagegen tun kann. Der weiß alle Antworten auf alle Fragen.« – »Das kann ich gerne für euch machen«, sagte der Bursch und zog weiter auf seinem Weg tiefer und tiefer in den Wald hinein.

Nebelschwaden tauchten jetzt vor ihm auf. Bald darauf stand er am Ufer eines gewaltigen Flusses. Ja, es war ein Strom, der vor ihm dahinfloss. Wie sollte er da drüberkommen? Zum Schwimmen war die Strömung zu stark und das andere Ufer zu weit. Man sah kaum von dieser Seite auf die andere Seite des Wassers. Eine Brücke war genauso wenig zu sehen wie ein Boot, mit dem er hinüberfahren konnte.

Wie er nachdenklich dastand und hin und her überlegte, kam durch das Wasser ein großmächtiger Mann. Der marschierte mitten durch den Strom. »Was willst du denn hier?«, fragte ihn der.

»Auf die andere Seite möchte ich«, sagte der Bursch, »aber ich weiß nicht, wie!« – »Wenn es nur das ist, dann kann ich dir helfen«, meinte der Fremde. »Ich kann dich auf meinen Schultern hinübertragen. Dazu bin ich da.« – »Wenn du das wirklich für mich tun willst, dann bin ich dir sehr dankbar!«, sagte der Bursch. – »Komm, steig auf!«, lachte der Fremde und drehte ihm den Rücken zu.

So kam der Bursch buckelkraxen, also huckepack, auf die andere Seite des Stroms. Dort fragte ihn der Mann: »Und wo willst du jetzt hin?« – »Zum Walddrachen will ich«, meinte der Bursch, »weißt du, wo der haust?« – »Der Walddrache? Der haust droben im Gebirge. Nur ich warne dich: Einige sind schon hinaufgezogen zu ihm, aber noch keine und keiner ist jemals zurückgekommen.« – »Dann bin ich eben der Erste«, lachte der Bursch und machte sich auf, wieder loszuziehen. – »Warte!«, sagte da der Mann. »Eine Bitte hätte ich noch: Wenn du wirklich zum Walddrachen kommst, dann frag ihn doch, was ich tun kann, damit ich von meiner Arbeit erlöst werde. Ich habe das Hin- und Herschleppen von all den Menschen über das Wasser schon gründlich satt, aber ich weiß nicht, wie ich damit aufhören kann. Es ist wie verhext!« – »Auf eine Frage mehr oder weniger kommt es wohl nicht an«, meinte der Bursch. »Das will ich gerne für dich tun.«

Der Steig hinauf ins Gebirge war mühsam und anstrengend. Der Bursch aber stieg unverdrossen Schritt für Schritt höher und höher. Endlich kam er in die Felsen hinein. Da sah er weit, weit weg ein gewaltiges Leuchten. Auf das ging er zu. Und was war da zu sehen? Ein Schloss aus Kristall funkelte und glänzte im Licht der Sonne.

Entschlossen hielt der Bursche drauf zu und klopfte schließlich ans Tor. Eine anmutige Frau machte auf und fragte: »Was willst denn du hier?« – »Den Walddrachen suche ich, Frau«, sagte der Bursch, »weißt du wo der haust?« – »Natürlich weiß ich, wo der haust«, sagte die Frau. »Der ist ja mein Mann!« – »Dann bitte ich dich: Bring mich schnell hin zu ihm. Ich brauche von ihm drei Antworten auf drei Fragen und drei von seinen goldenen Federn brauche ich auch!« – »Wie stellst du dir das vor?«, lachte die Frau. »Du bist ein Mensch – und mein Mann ist ein Drache. Wenn dich der erwischt, dann zerreißt er dich und frisst dich mit Putz und Stängel.« – »Was soll ich denn tun?«, sagte der Bursch. »Ohne die drei goldenen Federn wird es nichts mit dem Glück von meiner Liebsten und mir!« Drauf erzählte er ihr, warum er sich denn auf den Weg gemacht hatte, und, dass er auch versprochen hatte, nach den drei Antworten zu fragen. Die Frau hörte sich das alles in Ruhe an. Dann meinte sie: »Hör zu: Wenn du ganz und gar unerschrocken bist und dich nicht fürchtest, dann kann ich dir wohl helfen.« – »Verlang von mir, was du willst«, sagte der Bursch. »Wenn es hilft, die drei goldenen Federn und die drei Antworten auf die drei Fragen zu bekommen, nehme ich es gerne auf mich.« – »Dann komm mit!«, sagte die Frau und führte ihn hinein ins funkelnde Schloss. Ein Saal war prächtiger als der andere. Schließlich kamen sie in eine Kammer. Da stand ein großmächtiges Ehebett. »Versteck dich hier unter unserem Bett«, sagte die Frau. »Aber wehe mein Mann nimmt dich wahr. Dann ist es um dich geschehen!«

Geschwind kroch der Bursche unter das Bett hinein und drückte sich in den letzten Winkel. Draußen ging langsam die Sonne unter. Da begann es zu rauschen. Mit mächtigen Flügelschlägen kam der Drache geflogen. Hell leuchteten seine Federn im letzten Licht der untergehenden Sonne auf.

Kaum, dass er durchs Tor gestürmt war, begann er zu schnuppern und zu schnofeln. »Frau!«, rief er. »Ich rieche einen Menschen!« – »Aber mein lieber Mann, wie sollte denn bei uns ein Mensch sein?«, besänftigte sie ihn. »Doch, doch!«, rief der Drache. »Ich habe den Geruch in der Nase. Da ist ein Mensch!« – »Bestimmt riechst du den, den du gestern gefressen hast«, beschwichtigte die Frau. »Das kann sein«, meinte der Drache. »Aber jetzt bring mir etwas zu essen. Ich habe Hunger!«

So brachte die Frau dem Drachen zu essen und zu trinken. Der Drache aß und trank allerdings nicht, nein, er fraß und soff! – Einen Kessel voll Suppe schleppte die Frau herein, dazu ein paar Laib Brot. Danach kamen Stück für Stück drei gebratene Ochsen auf den Tisch, dazu Knödel, Kraut und Bier. Zur Nachspeise schlang der Drache noch etliche Strudel hinunter und goss ein paar Krüge Wein hinterher.

»So, jetzt bin ich satt«, grunzte er in sich hinein, »Zeit zum Niederlegen und Schlafen.«

Behäbig schleppte sich der Drache ins Schlafzimmer. Dort ließ er sich auf das Bett fallen, dass es krachte. Der Bursch darunter glaubte, seine letzte Stunde hätte geschlagen. Der Drache aber nahm nichts mehr wahr. Er drehte sich zur Seite und begann gleich darauf zu schnarchen, dass die Wände zitterten.

Jetzt schlüpfte auch seine Frau zu ihm unter die Decke. Sie streichelte ihn sanft im Schlaf, griff bedächtig zu einer seiner goldenen Federn. Mit einem Ruck riss sie sie ihm aus.

Da fuhr der Drache jäh in die Höhe!

»Wer hat das Recht, mich zu rupfen?«, krächzte er. – »Verzeih, Mann«, besänftigte ihn die Frau. »Es ist mir im Traum passiert. Ich habe etwas ganz Eigenartiges geträumt.« – »Was denn?«, schimpfte der Drache. »Da ist ein Mann drunten im Wald. Der lebt mit seiner Tochter allein in einem kleinen Haus. Die Tochter aber ist sterbenskrank und kein Mensch weiß, was man tun kann, damit sie wieder gesund wird.« – »Der dumme Mann«, ächzte der Drache. »Er muss doch nur unter das Bett der Tochter greifen. Da sitzt in einem Nest eine Kröte. Die Kröte muss man herausholen und hinter dem Haus freilassen. Das Nest aber gehört im Feuer verbrannt. Dann wird die Tochter wieder gesund.« – »So einfach«, seufzte die Frau, »und der gute Mann kommt nicht drauf!«

Der Drache hatte sich inzwischen umgedreht und war wieder in den Schlaf versunken. Die Frau streichelte ihn und griff sachte wieder zu einer seiner goldenen Federn. Mit einem Ruck riss sie sie ihm aus.

Wieder fuhr der Drache jäh in die Höhe!

»Wer hat das Recht, mich zu rupfen?«, brüllte der Drache. »Niemand!« – »Verzeih, lieber Mann«, beschwichtigte ihn die Frau wieder. »Es war schon wieder ein eigenartiger Traum, der mich gequält hat. Dabei ist mir vor lauter Schreck das mit der Feder passiert.« – »Und? – Was hast du diesmal geträumt?«, krächzte der Drache. »Von einem Baum hab ich geträumt«, sagte die Frau. »Der steht mitten im Wald auf einer Lichtung. Früher hat er goldene Äpfel getragen, Äpfel, die ewige Jugend schenken. Jetzt aber ist er am Absterben, der Baum – und kein Mensch weiß, was man dagegen tun kann.« – »Dabei ist es so einfach«, ächzte der Drache. »Man muss nur den Wurm ausgraben, der dem Baum unter der Erde die

Wurzeln abbeißt. Tut man das und verbrennt den Wurm im Feuer, dann wird der Baum wieder gesund werden.« – »So einfach«, meinte die Frau, »und die Leute kommen nicht drauf!«

Der Drache aber war schon wieder in den Schlaf gesunken. Sachte streichelte die Frau über seine Schuppen. Dann ergriff sie bedächtig wieder eine seiner goldenen Federn. Mit einem Ruck riss sie ihm auch die Dritte aus.

Brüllend vor Wut fuhr der Drache wieder in die Höhe: »Was rupfst du mich schon wieder!?«, tobte er. »Wenn du das noch einmal machst, zerreiße ich dich und fresse dich!« – »Verzeih mir, mein lieber Mann«, beschwichtigte ihn seine Frau wieder. »Ich verspreche dir: Es wird nicht mehr vorkommen. Mich hat schon wieder ein Traum geplagt.« – »Traum! Traum!! – Was war es denn diesmal für einer?«, schimpfte der Drache. – »Diesmal hab ich von einem Mann geträumt. Der muss unten am Fluss die Leute hin und her tragen. Dabei ist er schon müde und erschöpft und will das eigentlich nicht mehr tun. Es bleibt ihm aber nichts anderes übrig. Es ist wie verhext!« – »Der Dummkopf muss doch nur den Nächsten, den er hin und her trägt, mitten im Fluss absetzen und sagen: ‚Trag du statt mir!' – Dann ist er erlöst und kann auf und davon gehen.« – »So einfach ists«, murmelte die Frau, »und der gute Mann kommt nicht drauf!« – »Jetzt lass mich aber in Ruhe«, brummte der Drache. »Ich brauche meinen Schlaf.« Den bekam er jetzt auch.

In der Früh erhob sich der Drache zeitig aus dem Bett. Als er fortflog, ging leuchtend die Sonne auf.

Die Frau vom Walddrachen winkte den Burschen unter dem Bett hervor. »Komm heraus«, sagte sie. »Hier hast du die drei goldenen Federn. Die drei Antworten auf deine Fragen hast du ja wohl gehört.« – »Ja, ja«, sagte der Bursch überglücklich. »Wie kann ich dir nur für all das, was du für mich gemacht hast, danken?« – »Ist schon gut«, lachte die Frau. »Schau, dass du weiterkommst!« Das brauchte sie dem Burschen nicht lange anzuschaffen. Flugs stürmte er den Berg hinunter. Als er zu dem großmächtigen Mann unten am Fluss kam, staunte der nicht schlecht. »Du bist der Erste, der vom Walddrachen je wieder zurückgekommen ist«, meinte er. »Warst du denn auch wirklich bei ihm?« – »Natürlich war ich bei ihm!«, lachte der Bursch. – »Dann weißt du auch, was ich tun muss, damit die Schinderei endlich ein Ende hat?« – »Das weiß ich wohl« – »Na dann, heraus damit!«, rief der Riese. – Und was sagte der Bursche da?

»Gemach, gemach«, meinte er. »Bring mich zuerst auf die andere Seite. Dort sage ich dir dann, was du tun musst.« – Das gefiel dem Mann gar nicht. Aber was blieb ihm anderes übrig? Widerwillig trug er den Burschen auf die andere Seite.

Dort angekommen, hielt er es vor lauter Neugier kaum mehr aus: »So, jetzt sprich! Was muss ich tun, um von dem Hin- und Herschleppen erlöst zu werden?« – »Ganz einfach«, sagte der Bursche. »Den Nächsten, den du auf die andere Seite trägst, musst du nur mitten im Wasser absetzen und sagen: ‚Trag du statt mir!' – Dann bist du erlöst von der Plage.« – »So einfach ist das also«, meinte der Mann nachdenklich. »Ich danke dir für den Rat. Du bist ein wahrer Kamerad. Weißt du was: Wenn du willst, trage ich dich gleich noch einmal hin und her!« – »Nein, nein«, sagte da der Bursch. »Ich danke dir für den guten Willen, aber ich muss weiter. Auf mich wartet meine Liebste!«

Schnell machte er sich wieder auf den Weg. Auf der großen Lichtung rief er die Leute unter dem Baum zusammen. Gemeinsam begannen sie zu graben. So war der Wurm schnell gefunden und im Feuer verbrannt. Kaum aber, dass das geschehen war, begann der Baum wieder zu treiben. Man sah, dass er bald wieder in voller Blüte stehen und Äpfel tragen würde. »Wir danken dir«, sagten die Leute. Zum Lohn gaben sie ihm auch noch ein Pferd und einen Sack voll Gold mit auf den Weg.

So kam er zu dem kleinen Haus im Wald. Der alte Mann war schon ganz und gar verzweifelt. Drinnen lag seine Tochter im Sterben. Sie war schon mehr drüben als herüben. Der Bursche aber lief hinein, griff unters Bett und holte das Nest mit der Kröte heraus. Die Kröte ließ er im Wald hinter der Hütte frei. Das Nest verbrannte er gleich darauf knisternd im Ofen.

Der Alte wunderte sich zuerst, was denn der Bursch da trieb. Der wiederum meinte lachend: »Das war alles, was zu tun war!« Und jetzt sah der Alte, dass die Tochter aus ihrer fiebrigen Ohnmacht erwachte. Offenbar ging es ihr besser. »Was für ein Glück!«, sagte der Alte bedächtig. »Du hast meiner Tochter das Leben wiedergegeben. Wir haben nicht viel, aber eine Kuh und ein paar Schafe will ich dir mitgeben.«

So kam der Bursch schließlich wieder zurück in das Dorf in den Bergen. Die Wirtstochter konnte ihr Glück kaum fassen: Ihr Liebster war wieder zurück, unversehrt und gesund! War das eine Freude! Gemeinsam gingen sie zu ihrem Vater. Der staunte nicht wenig. Da war dieser Bursche also wieder – heil und unversehrt. Dabei hatte er, der Wirt, gedacht, dass der Walddrache die Sache für ihn erledigen würde. »Jetzt sag einmal«, fragte der Wirt erstaunt, »warst du auch wirklich beim Walddrachen?« – »Ja, das war ich!«, sagte der Bursch stolz. – »Und wo ist der Beweis?«, fragte der Wirt misstrauisch. – »Hier, lieber Schwiegervater«, lachte der Bursch und hielt ihm die Drachenfedern unter die Nase. Im Licht der Sonne leuchteten sie in allen Farben des Regenbogens. Da staunte der Wirt nicht schlecht.

Dann aber regte sich seine alte Habgier. »Und wo hast du das Gold bekommen, das da aus dem Sack leuchtet? Und was ist mit dem Pferd, der Kuh und den Schafen?« – Jetzt schenkte der Bursche dem Wirten ausnahmsweise keinen reinen Wein ein: »Das schenkt der Drache einem jeden, der so tapfer ist und hinkommt zu ihm«, meinte er bedächtig. Da begannen die Augen vom Wirten zu leuchten. »Sei's drum: Du hast die Aufgabe bestanden«, sagte er zum Burschen. »Wenn ihr denn unbedingt wollt, dann heiratet und werdet glücklich! – Ich aber mache mich auf zum Walddrachen. Da gibt es offenbar viel zu holen.«

Die Wirtstochter und ihr Liebster hatten jetzt endlich ihr Glück gefunden. Bald darauf wurde Hochzeit gefeiert. Wer weiß, wie viele Kinder sie miteinander gehabt haben. Der Wirt aber – na, ihr könnt es euch denken – der trägt vielleicht heute noch die Leute über das Wasser hin und her!

Vom geraden Weg

P. Romuald Pramberger machte sich vor allem in der Steiermark als Sammler von Volksmärchen einen Namen. Von 1943 bis 1947 lebte er in Anif bei Salzburg. Zu dieser Zeit erzählte ihm der 80-jährige Joseph Hagenauer dieses im wahrsten Sinne des Wortes eigen- wie einzigartige Märchen:

Vor Zeiten lebte einmal ein junger Bursche. Den hatte von klein auf seine Großmutter aufgezogen. Jetzt aber wollte er wieder zurück zu seiner Mutter. Der Großmutter gefiel das gar nicht. Nein, sie wollte ihn nicht ziehen lassen. So redete sie ihm zu, doch noch zu bleiben. Aber irgendwann war es für den Burschen einfach genug. Er wollte zurück zu seiner Mutter. »So gehst halt!«, sagte die Großmutter. Sie gab ihm einen Apfel. Dann schnitt sie über den ganzen Brotlaib ein großes Brot ab und schmierte ihm ein doppeltes Butterbrot. Ihren Segen gab sie ihm auch noch und einen Rat: »Geh immer den geraden Weg und nie zur Seite! So wirst du sicher zu deiner Mutter finden.«
Versehen mit all dem, machte sich der Bursche auf den Weg. Kalt blies der Wind, sehr kalt! Aber das machte ihm nichts aus. Hauptsache, er konnte den geraden Weg gehen. So kam er zu einem Haus. Das stand quer über dem Weg und die Haustür war offen. Links oder rechts dran

vorbeizugehen, hätte bedeutet, abzuweichen. Das wollte er nicht. So ging er hinein.

Drinnen saßen beim großen Ofen drei steinalte Frauen. Die waren fleißig dabei, mit ihren Spinnrädern zu spinnen. Freundlich grüßte er sie. Sie grüßten zurück. Eine von den dreien meinte: »Mir ist so kalt, aber ich hab keine Zeit, dass ich einheize. Ich muss spinnen.«

Da überlegte der Bursche nicht lange. Er ging zum Ofen und heizte ein.

Drauf meinte die zweite: »Mich plagt der Durst, aber ich habe keine Zeit, dass ich Wasser hole. Ich muss spinnen.«

Da schnappte sich der Bursche ein Häferl, also eine große Tasse, ging zum Brunnen und holte für die alte Frau Wasser.

Ein wenig später seufzte die dritte: »Hab ich einen Hunger! – Aber ich habe keine Zeit, Essen zu holen: Ich muss spinnen.«

Da schnitt der Bursche das große Butterbrot in vier Teile und gab jeder von den Frauen ein Stück davon. So aßen sie alle miteinander, tranken das Wasser und das Feuer im Ofen prasselte lustig dazu.

Schließlich machte sich der Bursche wieder auf, um weiterzuziehen. Da legte jede von den drei Frauen einen Gegenstand auf den Tisch – einen Fingerhut, eine kleine Marmorkugel und einen Fingerring. »Such dir eines von den dreien aus«, sagte eine von den Alten. »Das ist unser Geschenk an dich«, meinte die zweite. »Und eines kannst du dir sicher sein: Es wird dir nützen!«, meinte die dritte. Der Bursche überlegte kurz. Dann nahm er den Ring. Den zierte ein Edelstein mit einem sonderbaren Licht. Das gefiel dem Burschen.

Er dankte den Alten und ging durch die Hintertür wieder hinaus auf den Weg. Auf einem Steig ging es hinauf durch einen lichten Wald. Weiter oberhalb stand direkt am Weg eine Kapelle.

Davor saß ein Bettler, und auch Spatzen waren da. Sie hüpften herum und bettelten um Brösel. So holte er das Brot-Tuch aus der Tasche. Da waren noch ein paar Brösel drinnen. Die bekamen die Spatzen. Dem Bettler aber gab er den Apfel. »Vergelt's Gott!«, sagte der zu ihm. »Ich weiß, du willst nach Hause. Geh immer nur den geraden Weg und weich nicht rechts und links davon ab. So kommst du auf den Berg. Dort wirst du ein Schwert finden. Das ist halb im Waldboden eingegraben. Zieh es heraus. Mit ihm kannst du dir dein Glück erkämpfen!«

Der Bursche dankte dem Bettler für den Rat. Weiter ging er dem Steig nach, schnurgerade hinauf. Mit der Zeit und durch die Anstrengung bekam er Hunger. Da tauchte nicht weit vom Weg ein großes Haus auf. Da könnte er um etwas zu essen bitten. Aber das Haus stand abseits vom Weg. So ging er hungrig weiter.

Bald darauf sah er neben dem Weg einen großen Garten. Hier blühten die schönsten Blumen. Die Bäume waren schwer beladen mit Obst. Das Wasser lief dem Burschen im Mund zusammen, als er die köstlichen Früchte sah. Aber um sie zu pflücken, hätte er in den Garten gehen und damit abweichen müssen vom geraden Weg. So zog er unbeirrt geradeaus weiter.

Langsam wurde es wieder kalt, sehr kalt. Etliche Steige führten hier weg vom Weg, nach links und nach rechts. Er achtete nur auf den geraden Weg und kam zu einem Fluss.

Eine Brücke oder ein Steg war da nicht zu sehen. Nur eine dünne Eisschicht zog sich über das Wasser. Wer weiß, ob mich das trägt, überlegte er. Da kamen die Spatzen geflogen. Sie landeten auf dem Eis und liefen drüber hin und her, als ob sie ihm einen Weg zeigen wollten. Umdrehen wollte er nicht. Nein, das kam nicht in Frage! Ausweichen ging auch nicht. So machte er dort, wo es ihm die Spatzen anzeigten, einen Schritt auf das Eis und noch einen und noch einen. Wie auf rohen Eiern schlich er über den Fluss.

Auf der anderen Seite wurde der Weg umso steiler. Dabei war der Untergrund so kahl und so glatt, dass er kaum Halt fand. Da tauchten wieder Vögel auf. Das waren jetzt Krähen. Die setzten sich auf den Weg und machten ein Häufchen und noch eines und noch eines.

Es ist, als ob sie mir die Schritte anzeigen möchten, sagte sich der Bursche. So machte er einen Schritt genau auf einen Vogelhaufen, und auf den Nächsten. Darauf klebte er ein wenig fest. Die Haufen gaben ihm Halt und er rutschte nicht weg.

Langsam ging die Sonne unter. Dafür leuchtete ihm jetzt das kleine Licht vom Edelstein im Ring. So konnte er auch in der Dunkelheit gerade genug sehen, um den Weg zu erkennen. Am Gipfel vom Berg ragte ein mächtiger Baumstrunk auf. Der Bursche war todmüde und hatte Hunger wie ein Wolf, als er dort ankam. Jetzt konnte er wenigstens rasten. Im Schatten vom Strunk legte er sich nieder. Rund um ihn saßen die Krähen. Sie bedeckten ihn mit ihren Flügeln und hielten ihm den Wind ab. So schlief er ein.

Im Morgengrauen erwachte der Bursche. Trotz der Müdigkeit und des Hungers vom Abend spürte er frische Kräfte. Mit einem Ruck zog er das Schwert aus dem Stamm. Langsam ging die Sonne auf. In ihrem Licht stieg er bedächtig den steilen Weg auf der anderen Seite vom Berg hinunter. Die kleinen Misthaufen der Krähen gaben ihm wieder Halt.

Weiter unten tat sich am Weg eine gewaltige Höhle auf. Am Eingang saß eine junge Frau und kämmte sich im Licht der Sonne ihre goldenen Haare. Die Frau war so schön und so lieblreizend, dass dem Burschen das Herz höher schlug. Gleich darauf hörte er aber aus der Höhle ein Brüllen und Toben. Ein gewaltiger Drache schoss heraus und geradewegs auf den Burschen zu. Der aber überlegte nicht lange: Ohne auch nur einen Schritt zurückzuweichen, wehrte er Angriff für Angriff tapfer mit dem Schwert ab. Das machte den Drachen umso wütender. Wild bäumte er sich auf, um dem Burschen mit einem Hieb seiner Pranken den Garaus zu machen. Da stach der Bursch zu. Er rammte dem Drachen das Schwert beherzt in den Leib. Röchelnd brach das Untier zusammen. Es war besiegt.

Die Jungfrau und der Bursche schauten sich an und wussten sofort: Sie hatten sich gefunden – und konnten nicht mehr voneinander lassen. Hand in Hand stiegen sie ab ins Tal. Hier war der Weg von Blumen gesäumt, dass es eine Freude war.

Im Tal war der Jubel groß. Die Prinzessin kam lebendig und gesund zurück und der Drache war besiegt. Der Bursche wurde als Held gefeiert – und weil sich die zwei so gut verstanden, gab es bald ein großes Hochzeitsfest. Ob bei dem Fest auch seine Mutter dabei war? Wer weiß? – Seine Großmutter ganz gewiss!

Dann haben sie noch lange und gut gelebt. Glücklich sind sie auch gewesen – und wenn sie nicht gestorben sind, dann leben sie wohl heute noch.

Vom Königsschloss
unter der Alm

*Eine alte Frau hat P. Romuald Pramberger dieses Volksmärchen
in den 30er-Jahren des vergangenen Jahrhunderts in der Krakau,
einer Gegend in der Obersteiermark, erzählt. Bemerkenswert ist,
dass es ein vergleichbares Märchen weit und breit nicht gibt.*

Es lebte einmal ein Bauer. Der war weitum der Reichste. Eine einzige Tochter hatte er, die Sali. Und weil sie die einzige war, darum sollte sie allein alles erben.

Unter den vielen Dienstboten, die auf seinem Hof arbeiteten, war auch ein bildsauberer und gescheiter Bursch, der Jörgl. Seine Mutter war eine arme Magd. Die hatte nicht viel. Kaum das Nötigste. Und so war auch er, der Jörgl, blutarm. Der Jörgl hatte sich aber in die reiche Bauerntochter verschaut. Zu seinem Glück gefiel er ihr auch. So fasste er sich schließlich ein Herz und hielt beim stolzen Vater um ihre Hand an.

Dem Großbauern kam der Antrag des Knechtes so dumm vor, dass er im ersten Moment gar nicht wusste, ob er vor Wut toben oder sich vor Lachen schütteln sollte. Schließlich meinte er höhnisch: »Du willst also meine Tochter heiraten!? – Hör zu: Wenn das Königsschloss unter der Alm wieder steht, dann kannst du fragen kommen. Ist es so weit, dann sage ich ‚Ja'. Aber früher nicht.«

Niedergeschlagen ging der Jörgl drauf zu der Bauerntochter und erzählte ihr, was ihr Vater gesagt hatte. Von einem Königsschloss unter der Alm hatten weder er noch sie je etwas gehört. Ein finsterer, wild-verwachsener Graben zog sich, über eine Tagwanderung weit, zwischen zwei Bergrücken hinein unter die Alm. Sie gehörte zum Besitz des Bauern. Im Graben war aber nur eine Wildnis, keine Spur von einem Schloss.

Die Bauerntochter, die Sali, tröstete ihn und meinte: »Wenn Gott will, dass wir zusammenkommen, dann wird wohl auch dort im Graben ein Schloss zum Vorschein kommen.« Dem Burschen war das kein Trost. Am Abend ging er zu seiner Großmutter. Die war schon steinalt und hauste unweit vom Bauernhof in einer armseligen Badstubenkeusche. Zusammen mit ihrem jüngeren Enkel, dem Hansl, lebte sie von Almosen. Ihr schilderte der Jörgl, was der Bauer gesagt hatte.

»Von einem Königsschloss unter der Alm hat er gesprochen, der Bauer?«, meinte die Alte nachdenklich. »Mir hat meine Großmutter davon erzählt. Die wiederum hat es von einem alten Mann erfahren. Der ist als junger Mensch dort angeblich noch aus und ein gegangen. Mir scheint, der Bauer kennt diese himmelalte Geschichte!«

Jetzt war der Jörgl neugierig geworden. »Es heißt, dass vor vielen, vielen Jahren dort unter der Alm wirklich ein königliches Schloss gestanden ist«, erzählte die Großmutter weiter. »Der König hatte nur eine Tochter – ein schönes Mädchen, das aber sehr stolz war. Eines Tages ist ein alter Ritter mit seinem Sohn zum Schloss gekommen. Der Ritter hat für seinen Sohn um die Hand der Prinzessin angehalten. Die Königstochter hat die zwei aber nur ausgelacht. Da ist der alte Ritter wütend geworden und hat das Schloss mitsamt der Gegend rundum verwunschen. Eine schier undurchdringliche Wildnis ist draus geworden, denn der Alte konnte zaubern wie nicht bald ein anderer. Aus der Dienerschaft wurden Nachtvögel. Der Ritter selbst bewachte den Eingang. Seinen Sohn verwandelte er in einen Wurm. Der hält die Prinzessin so lange gefangen, bis sie ‚Ja' sagt.

Der Zauber wird erst weichen, erzählte mir meine Großmutter, wenn ein unschuldiger Bursch hinfindet, die Prinzessin bei der Hand nimmt und mit ihr hinausgeht. Aber kein Mensch fand sich seither in der Wildnis zurecht. Niemand kennt den Weg zum verwunschenen Königsschloss. Und wer traut sich schon hinein in das finstere Wurmloch?« – »Trauen würd ich mich schon«, meinte der Jörgl, »aber ich kann den Dienst beim Bauern nicht einfach sein lassen.«

Der jüngere Bruder vom Jörgl, der schiefgewachsene Hansl, hatte vom Winkel aus die ganze Zeit aufmerksam zugehört.

Seine linke Hand war lahm und hing ihm herunter. Deshalb fand er keine Arbeit. Dumm war er nicht, der Hansl, aber wer wollte schon einen Knecht mit einer lahmen Hand? – So blieb ihm keine andere Arbeit, als im Herbst das Vieh auf der Weide zu hüten. Da konnte er wenigstens zeigen, wie gut er mit dem Vieh umgehen konnte.

Jetzt kam der Hansl aus dem Ofenwinkel hervor und meinte: »Wenn du schon keine Zeit hast, Jörgl, dann hab ich doch umso mehr davon. Ich will es versuchen. Gelingt es, dann ist es dein Glück. Gelingt es nicht, dann hat es halt nicht sein wollen, dass du die Sali heiratest.«

Der Vorschlag hatte was für sich. Da musste der Jörgl zustimmen. Auch wenn er sich nicht so recht vorstellen konnte, wie denn sein Bruder mit der lahmen Hand die Aufgabe schaffen sollte.

Am nächsten Tag hängte sich der Hansl den Buckelkorb um. Er wollte am Weg Beeren pflücken. Sollte er nicht hinfinden zum Schloss, dann wäre der Weg wenigstens nicht umsonst gewesen. Die Großmutter gab ihm ein großes Stück Brot mit. Vergnügt nahm der Hansl Abschied und marschierte auf den wild-verwachsenen Graben zu.

Mit einem Mal flog da ein Vogel vor ihm her. Der hüpfte am Boden herum, drehte und wendete sich: Zurck! Zurck!

Mag sein, dass der Vogel Hunger hat, dachte sich der Hansl und bröselte dem Vogel ein Stück von seinem Jausenbrot hin. Der Vogel pickte alles auf. Dann flog er fort.

Bald darauf kam der Hansl zu einer Wegscheide. Der eine Weg führte links hinauf auf die Berglehne. Der rechte blieb im Tal. Wohin sollte er gehen?

Da hüpfte der Vogel wieder vor ihm her. »Mein lieber Vogel«, lachte der Hansl. »Du weißt wohl ganz genau, welcher Weg der richtige ist.« Drauf flog der Vogel wieder weg. Zurück blieb der ratlose Hansl, der hin und her überlegte.

Da fiel ihm eine kleine Blume vor die Füße. Der Vogel hatte sie von einem Ast heruntergeworfen und zwitscherte vergnügt. Der Hansl schaute auf und ihm war, als ob der Vogel singen würde: »Stecks auf den Hut. Es leitet dich gut!«

»Wenn du meinst«, sagte der Hansl drauf, »dann steck ich es mir wirklich auf den Hut.« Kaum, dass er das getan hatte, wusste er, dass es besser war, im Tal zu bleiben. Frisch vergnügt ging er den Weg weiter.

Nach einer Weile hörte er ein eigenartiges Pfauchen und Murren. Neugierig schaute er sich um. Wo kam das denn her? Da entdeckte er im Gebüsch am Bach einen Dachs. Der hatte sich in einem Eisen gefangen. »Armes Viecherl«, sagte der Hansl, »wenn dich der Jäger erwischt, ist es aus mit dir! – Wart, ich werd dir helfen!«

Es war eine mühsame Arbeit, bis er mit der einen gesunden Hand das Eisen endlich aufbrachte. Aber schließlich war es geschafft. Der Dachs sprang auf und davon. Nach ein paar Sätzen blieb er aber stehen und murmelte: »Nimm von mir a Håar. – Es nützt dir går.« Und schon war er im Gestrüpp verschwunden.

Der Hansl streifte die Wolle, die am Fangeisen zurückgeblieben war, ab, und steckte sie in den Hosensack. Dann zog auch er weiter. Da und dort pflückte er Granten. Das sind Preiselbeeren. Der erste Raureif hatte sie

gesengt, also gefroren. Dadurch waren sie weich und schmeckten gut. Dazu ein paar Bissen vom Brot, das ihm die Großmutter mitgegeben hatte. Das war sein Mittagessen.

Bald darauf kam er zu einem hohen verwitterten Lärchenbaum. Um dessen Krone schwirrten aufgeregt zwei Krähen. »Was habt ihr denn?«, fragte der Hansl. Als er genauer schaute, sah er, dass ein Iltis das Krähennest plündern wollte. Gleich schoss der Hansl mit der gesunden Hand einen Stein hinauf. Der war zu weit rechts. Der zweite Stein traf sein Ziel – den Iltis. Verschreckt ließ der das Krähennest sein und suchte das Weite. Die Krähen aber flogen herab zum Hansl und ließen drei Federn fallen. Und dem Burschen war, als ob die Vögel krächzen würden: »Nimm die Federn aus unserm Kleid. Sie bewahren dich vor Not und Leid.« Dankbar hob er sie auf.

Der Tag verging. Langsam wurde es finster. Da kam der Hansl zu einem längst verlassenen Kohlwerk. Die Köhler-Hütte war verfallen. Die Tür stand sperrangelweit offen. Drinnen war die Pritsche vermorscht, aber sie hatte noch Stroh und Moos als Auflage. Müde ließ sich der Hansl niedersinken und war auch schon eingeschlafen. Er träumte vom Königsschloss unter der Alm, vom Wurm und von der Königstochter.

Beim Munterwerden in der Früh war es kalt – sehr kalt. Der Hansl überlegte nicht lange. Mit einem Satz war er auf den Beinen und machte sich gleich auf den Weg. Durch die Bewegung würde ihm schon wieder warm werden.

Ringsum glänzte der Raureif im Gras und auf den Bäumen. Vor ihm funkelte etwas. Ein Käfer lag da auf dem Boden – steif und starr gefroren. Der Hansl beugte sich nieder, hob das halberfrorene Tier vorsichtig auf und hauchte den Käfer an. Da kam wieder Leben in das kleine Tier. Der Käfer regte sich, spreizte seine Beinchen, begann zu kriechen und flog von der Hand zum nächsten Erlenbusch. Dem Hansl war, als ob eine feine Stimme singen würde: »Hansl, du erbarmst dich mein, drum will ich auch dein Helfer sein!«

Der Hansl lachte nur und ging weiter. Von einem Weg war jetzt nicht mehr viel zu sehen. Rosenhecken und dorniges Gestrüpp wuchsen über den Pfad. Langsam ging es höher hinauf. Dunkle Fichten und Lärchen ragten sturmzerzaust auf. Alles war wild ineinander verwachsen. Für den Hansl gab es kaum mehr ein Durchkommen. Von weit oben sah er im Schein der Vormittagssonne die Alm herunterleuchten.

Unverdrossen kämpfte sich der Hansl mit der einen gesunden Hand durch das Dickicht. Von Zeit zu Zeit verschnaufte er und nahm den Hut ab, um nachzuschauen, ob denn die kleine Blume noch oben sei. Eines wusste er mit Sicherheit: Alleine würde er den Weg wohl nie finden. »Die Hecken und Dornen können ja nicht ewig dauern!«, sagte er sich und mühte sich weiter.

So kam er in einen dunklen Wald. Der Boden hier war bald sumpfig, bald wieder steinig, dann ragten kerzengerade Felsen auf. Es ging schon gegen Nachmittag zu.

Da kam plötzlich etwas durch die Luft geflogen und wollte ihm den Hut vom Kopf schlagen. Schnell duckte er sich weg und sprang zur Seite. Ein Rudel wilder Vögel stürzte auf ihn herab. Alle waren sie wild und hässlich wie der Uhu des Jägers. Mit ihren Schnäbeln und Krallen gingen sie auf ihn los. Er wehrte sich mit der Hand. Die Raubvögel ließen aber nicht ab. Immer wieder flogen sie gegen ihn und stießen zu. Der Hansl kam mehr und mehr ins Schwitzen. Mit dem Schnäuztuch wollte er sich den Schweiß wegwischen. Wie er aber nach dem Tuch in die Tasche griff, spürte er die Krähenfedern. »Wenn mir die nur beistehen würden!«, dachte er sich. Da ließ das Schwirren der Vögel mit einem Mal nach. Krähen über Krähen flogen durch den Wald. Die gingen auf die Raubvögel los, sodass die vom Hansl abließen.

Erschöpft schnaufte der Hansl zweimal durch. Wie gut, dass er noch einmal ungeschoren davongekommen war. Im Wald ging es jetzt schneller vorwärts.

Da tauchten dunkle Mauern vor ihm auf.

Beim Anblick der Ruine hätte der Hansl am liebsten gejubelt. Hier hatte offenbar einst eine Burg gestanden. Das sagten ihm die Mauern.

Aber es blieb ihm nicht viel Zeit, darüber nachzudenken:

Beim halbverfallenen Burgtor stand plötzlich ein großmächtiger Mann. Der drohte ihm von weitem mit einem Prügel.

Wie sollte er mit dem fertig werden? Er hatte doch selber nur eine gesunde Hand und nicht einmal einen Prügel. In seiner Not schnappte sich der Hansl den erstbesten Ast, der vor ihm auf dem Boden lag. Damit konnte er sich zur Not verteidigen. An Schnelligkeit würde er es mit dem unbeholfenen grauhaarigen Lotter allemal aufnehmen können.

Bedächtig schlich er auf ihn zu und ließ ihn nicht aus den Augen. Kaum, dass der Hansl in Reichweite kam, schlug der grobe Kerl wütend auf ihn los. Der Hansl wich aus und sprang zurück. So schnell würde ihn der finstere Geselle nicht erwischen. Aber wie sollte er da je durchkommen? – Da fiel ihm der Dachs ein. Geschwind zog er aus dem Hosensack die Dachswolle. »Dachserl, was ist's?«, murmelte er. »Jetzt kann ich deine Hilfe brauchen!« – Aber nichts war zu sehen vom Dachs. »Na, dann heißt's das Glück alleine versuchen«, sagte sich der Hansl und sprang wieder vor. Der Lotter holte aus – und fuhr zusammen. Ein Dachs hatte sich in seine Wade verbissen. Mit einem Satz schlüpfte der Hansl durch das Tor. Mit dem Stecken wichste er dem Kerl noch eins auf den Rücken. Da stand der Lotter da wie aus Stein und rührte sich nicht mehr. Der Dachs aber trollte sich munter von dannen.

Der Hansl hatte jetzt den wildverwachsenen Burghof vor sich. Wieder einmal nahm er den Hut ab und schaute nach, ob das Leit-mi-guat-Blümerl noch oben sei. Gottlob, die Blume war noch da! Gleich zwängte er sich weiter durch das Dickicht. Bald ragte eine zweite Mauer vor ihm auf. Eine kleine Tür führte in das Innere:

Da bewegte sich etwas! Gebückt schlüpfte der Hansl hinein. In der Finsternis leuchteten die glühenden Augen. Das waren wohl die des Wurmes. Im trüben Licht war hinten im Winkel die Prinzessin zu erkennen. Sie saß auf einem Sessel. Der Wurm hatte sich um sie herum zusammengeringelt. Es war, als ob er etwas fürchten würde. Und doch schauderte es den Hansl: Der Wurm war wohl dreimal so lang wie die Großbauernstube im Dorf. Was, wenn das Vieh unverhofft zustoßen würde? Wenn ihn das Ungeheuer mit seinen Pratzen packen würde und zubeißen? – Wild und bösartig leuchteten die Augen des Wurms. Aber das Untier wich zurück. Mehr und mehr wand es sich dabei um die Prinzessin.

Verzweifelt überlegte der Hansl hin und her: Wie sollte er je vorbei an dem Ungeheuer zur Prinzessin kommen? »Ach, wenn mir doch eines von den Tieren helfen könnte!«, sagte er sich.

Ein Brummen war da zu hören. Der Käfer, den er in seiner Hand aufgewärmt hatte, flog in die Kammer und geradewegs auf den Wurm zu. Er summte ihm um den Schädel. Der Wurm tappte mit seinen Pratzen dahin und dorthin. Er erwischte ihn nicht, den Käfer. Plötzlich aber flog der Käfer dem Wurm ins Auge. Da schlug das Untier zu. In diesem Moment sprang der Hans am Wurm vorbei zur Prinzessin und wichste dem Ungeheuer einen Hieb über den Buckel. Da erstarrte der Wurm.

Ein Donnern und Grollen ging da durch die Mauern. Es war, als ob eine Lawine niedergehen würde. Mit einem Mal wurde alles hell und licht. Strahlend schön stand die Prinzessin neben dem Hansl.

Die Prinzessin und das Schloss unter der Alm waren von dem bösen Zauber erlöst. Statt Felsen und Ruinen war ein prächtiger Bau zu sehen. Dort, wo gerade noch die undurchdringliche Wildnis gewesen war, lagen Gärten. In ihnen blühten die schönsten Blumen und Wasser rieselten.

Die Prinzessin und der Hansl schauten sich an und das Herz lachte ihnen. So fand eins zum anderen. Bald darauf fuhr ein königlicher Kobelwagen, eine Festkutsche, durch die Gärten hinaus ins Tal.

Voller Freude brachte der Hansl seinem Bruder die Nachricht, dass das Königsschloss unter der Alm erlöst und damit wiedererstanden war. Seiner Großmutter stellte er die Prinzessin als seine liebe Braut vor.

Bald darauf wurde festliche Hochzeit gefeiert. Der Hansl heiratete die Prinzessin und der Jörgl die Sali. Danach lebten sie noch lange glücklich und vergnügt – und wenn sie nicht gestorben sind, dann leben sie wohl heute noch.

Von den Hutzapfen

Aufgrund der drastischen originalen Schilderung ist diese Geschichte
zum Vorlesen oder Erzählen für kleine Kinder nicht geeignet!

*Diese schaurige Dummerling-Geschichte erzählte der Bauer Johann
Großhammer dem Volkskundler Romuald Pramberger in Eberdorf bei
Weißkirchen in der Steiermark. Großhammer hatte das Märchen seinerseits
in seiner Jugend von einem Handwerksburschen gehört.
Hutzapfen sind nicht nur in der Steiermark eine besondere Zier am Hut.
Die Größe, Machart und Beschaffenheit der Hutzapfen sagt über den
Hutträger Wesentliches aus. An ihnen ist der mehr oder weniger große
Wohlstand ihres Besitzers ablesbar.*

Es lebte einmal ein armer Keuschler. Ein Keuschler ist einer, der nicht mehr hat als einen kleinen, meist halb verfallenen Hof. Und dieser Mann war so einer. Zusammen mit seiner Frau hatte er also nicht viel, wohl aber drei Söhne – den Jackl, den Matthias und den Hansl. Der Hansl war nicht nur der Jüngste, sondern auch der Ungeschickteste und der Einfältigste von den dreien. Nichts, aber auch gar nichts konnte er den Brüdern recht machen.
Als die Söhne groß genug waren, um ihr Erbe anzutreten, sagte der Vater zu den dreien: »Hört zu: Ihr Älteren seid geschickt genug, um in die Welt hinauszuziehen und anderswo euer Glück zu finden. Ihr bekommt euer Erbe in Geld ausbezahlt. Der Hansl aber soll die Keusche übernehmen.«
Da begehrten der Jackl und der Matthias aber gleich auf: »Vater, was fällt dir ein!? – Du kannst unseren Hof doch nicht dem Dummkopf über-

lassen. Nie und nimmer schauen wir dabei zu, wie er alles herunterwirtschaftet.«

»Gut«, sagte der Vater, »dann soll die Tüchtigkeit entscheiden. Zieht hinaus in die Welt! Wer heute übers Jahr die schönsten Hutzapfen heimbringt, der soll die Keuschen kriegen.«

Darauf sind die drei Brüder losgezogen. Die zwei Älteren sind gleich vorausmarschiert. Der Hansl ist hinten nachgezockelt. Bei der ersten Wegkreuzung drehten sich die Älteren höhnisch zu ihm um: »Es ist nicht gut, wenn wir alle den gleichen Weg gehen«, sagten sie. »Geh du den Weg hinein in den Wald. Wir ziehen auf der Straße weiter.«

Und so zogen sie auf dem bequemen Weg hinein in die Stadt. Der gutmütige Hansl ging den steinigen Bauernweg durch den Wald. Zuerst sah er noch die Vögel, wie sie munter in den Ästen saßen und zwitscherten. Da und dort sprangen Rehe. Dem Hansl lachte das Herz im Leib.

Dann aber ging die Sonne unter. Und mit einem Mal wurde ihm einsam und klamm ums Herz. In der Finsternis war kein Weg mehr zu sehen. Der Hansl irrte im Wald herum, stolperte über Wurzeln und verfing sich da und dort in Dornenranken. Plötzlich ragte ein Schloss vor ihm auf. Das lag so versteckt im dichten Wald, dass die Äste der Bäume die dunklen Mauern streiften. Öd und grau stand es da, als ob es verlassen wäre. Der Hansl tappte die Mauern entlang, um zu sehen, ob nicht irgendwo ein Licht oder sonst ein Lebenszeichen zu finden wäre. Lange suchte er herum.

Bei einem der letzten Fenster entdeckte er eine schwarze Frau. »Gute Frau!«, schrie er zu ihr hinauf, »ich bitte Euch: Darf ich bei Euch im Schloss übernachten? – Es ist gar so unheimlich heraußen im Wald.« – »Freilich«, sagte die Frau, »komm nur herein.« Drauf sperrte sie ihm das Tor auf, ließ ihn hinein und brachte ihn in eine Kammer. »Wenn du Hunger hast, brauchst du nur den Tisch von der Wand herunterzuklappen. Alles, was du dir wünschst, wird dann vor dir am Tisch stehen!«, sagte sie. Das ließ sich der Hansl nicht zweimal sagen. Bald bog sich der Tisch unter dem Essen und unter dem Trinken. Nach Herzenslust langte er zu.

Nach dem Essen fragte sie ihn: »Willst du nicht bei mir bleiben und mein Diener werden?« – »Warum nicht!?«, sagte der Hansl. »Was gibt es denn zu tun?« – »Die Arbeit ist einfach, aber du musst sie gewissenhaft ausführen!«, sagte die Frau. »Jeden Tag heißt es für dich vor Sonnenaufgang aufstehen und draußen vor dem Schloss bei den Haselnuss-Stauden Ruten schneiden. Nach Sonnenuntergang musst du drin in der Kammer die Katze, die dort liegt, mit den frisch geschnittenen Hasel-Ruten durchwichsen. Das ist die ganze Arbeit. Sonst gibt es nichts zu tun. Aber weh dir, wenn du diese Arbeit nicht gewissenhaft machst.«

Dem Hansl kam das Ganze recht sonderbar vor. Trotzdem beschloss er, im Schloss zu bleiben. Wenn er genau überlegte, gefiel ihm das alles gar nicht so schlecht. Tag für Tag machte er gewissenhaft seine Arbeit. Der Klapptisch sorgte für Essen und Trinken. Im Waldschloss hatte er seine Ruhe – und so fehlte es ihm an nichts.

Als das Jahr um war, kam die schwarze Frau wieder in die Kammer. Jetzt war sie nur mehr vom Kopf bis zu den Knien schwarz. »Du hast deine Arbeit gewissenhaft erledigt«, sagte sie. »Sag, was willst du dafür als Lohn?« – »Nichts«, sagte der Hansl, »es war ja keine schwere Arbeit!« – »Doch, doch«, sagte die Frau, »sag nur, was du dir wünschst.« – »Schöne Hutzapfen könnte ich gut brauchen – für den Vater«, meinte der Hansl. »Na dann komm mit, da kann dir leicht geholfen werden!«, sagte die schwarze Frau, nahm ihn bei der Hand und brachte ihn in eine Kammer. Dort stand ein Kasten mit drei Schubladen. Die oberste zog sie heraus – und was lag da vor ihnen: Hutzapfen über Hutzapfen, geschmückt mit den schönsten Bändern. Die leuchteten dem Hansl in bunten Farben entgegen. Der Hansl wusste gar nicht, welche er nehmen sollte. Schließlich entschied er sich für goldene Hutzapfen. Sie hingen an einem purpurroten Band. Das war mit goldenen Fäden durchwirkt. »Darf ich mir die nehmen?«, fragte er die schwarze Frau. »Nimm dir nur!«, sagte sie. »Es ist ja genug da! – Und wenn du wieder Arbeit brauchst, dann komm zu mir.« Glückselig dankte er ihr. Dann machte er sich auf den Heimweg.

Daheim warteten schon die Brüder. Sie saßen in der Stube beim Tisch und waren gespannt, was er denn bringen würde: »Da kommt er ja, unser Bruder, der Hansl!«, lachten sie: »Na, Hansl, hast du welche?« – »Wer?« – »Wer, fragte er! – Du, du Depp!« – »Ich? – Was?« – »Ob du Zapfen hast, du Dummkopf!« – »Ach so, die Zapfen!«, sagte der Hansl, holte sie mühsam aus der Tasche und legte sie auf den Tisch. Neben den seinen schauten die Hutzapfen der Brüder wie Bettelschnüre aus.

»Also, ihr seht es ja selbst«, sagte der Vater, »der Hansl hat die schönsten Hutzapfen. Er kriegt die Keuschen!« – »Nein!«, riefen da die Brüder. »Der kriegt die Keuschen nicht! – Wieso soll sie gerade der größte Depp bekommen?«

»Nun gut«, sagte da der Vater. »Dann geht noch einmal auf Wanderschaft. Wer mir binnen einem Jahr den schönsten Ring heimbringt, der bekommt die Keuschen.«

Das war den Brüdern nur recht. Schnell machten sich die zwei Älteren auf den Weg. Bei der Wegkreuzung im Wald wandten sie sich wieder um zum Hansl. Der zottelte langsam hinterdrein. »Wir gehen wieder in die Stadt! Du aber geh nur wieder den Weg in den Wald hinein. Wer weiß, vielleicht findest du dort auch einen Ring, du Schwafler mit der gestohlenen Hutschnur!«

Stolz marschierten die Brüder geradewegs in die Stadt. Der Hansl aber machte sich wieder auf zum Schloss. Als er es erreichte, vergoldete die Sonne gerade noch den letzten Giebel des Schlosses. Es schien ihm, als ob der Wald rund um das Schloss nicht mehr gar so wild verwachsen wäre. Mit Freuden nahm ihn die schwarze Frau wieder auf. »Du kennst ja schon den

Hausbrauch und weißt, was zu tun ist«, lachte sie. »Ja«, sagte der Hansl, »da hast du recht.« So verbrachte er wieder ein Jahr im Schloss.

Kaum, dass die Zeit um war, stand die schwarze Frau wieder vor ihm. Jetzt war sie schon bis zum Bauch weiß. Darüber aber war sie noch schwarz. »Mein lieber Bub, was willst du denn diesmal zum Lohn?«, fragte sie ihn. »Nichts!« – »Doch, doch, du bist wieder fleißig gewesen. Sag, was wünschst du dir?«, setzte sie nach. – »Wenn ich für den Vater einen schönen Ring bekommen würde, wäre ich schon recht froh!«, meinte der Hansl. Da brachte ihn die Frau wieder in die Kammer mit dem Schubladkasten und machte die zweite Schublade auf. Ringe über Ringe lagen haufenweise darin. Der Hansl suchte sich einen aus. Der war aus Gold und mit einem Diamanten besetzt. »Darf ich mir den nehmen?«, fragte er die jetzt schon schwarz-weiße Frau. »Nimm dir nur! Es ist ja genug da!«, sagte sie, »Und wenn du Arbeit suchst, dann komm nur wieder zu mir.« – »Vergelt's Gott!«, dankte er ihr und machte sich wieder auf den Heimweg.

Zu Hause warteten schon die Brüder. »Da kommt er ja, der Hansl, der Depp!«, spotteten sie, als sie ihn sahen. »Nun, Hansl, hast du einen!?« – »Was?« – »Einen Ring! Ob du einen Ring hast?« – »Wer?« – »Du, du Depp, ob du einen Ring hast!?«, lachten sie. – »Ah, den Ring!«, sagte er und holte ihn umständlich aus der Tasche. »Da habt ihr den Tand!«, und er schupfte den Ring auf den Tisch. Die Sonne schickte gerade ihre Strahlen durchs Fenster herein. Da begann der Diamant zu glänzen und zu leuchten, dass es in der ganzen Stube hell wurde. Die silbernen Ringe, die die zwei älteren Brüder nach Hause gebracht hatten, schauten daneben armselig aus.

»Es ist, wie es ist«, sagte da der Vater, »der Hansl bekommt das Haus.« – »Nein!«, riefen da die älteren zwei wie in einem Chor. »Du wirst doch dem Dummkopf nicht den Besitz übertragen!« – »Gut«, sagte der Vater schließlich, »dann zieht ein allerletztes Mal los – und der, der die schönste Braut heimbringt, bekommt die Keusche!« – »Jetzt wird es recht!«, lachten die Älteren. »Welche Frau will schon von einem wie dem Hansl etwas wissen? Wir aber sind fesche Burschen! Uns laufen die Mädchen nach!«

Gleich machten sie sich auf den Weg. Der Hansl zuckelte wieder hinterdrein. Bei der Wegkreuzung riefen sie ihm diesmal zu »Renn nur wieder hinein in den Wald! Vielleicht hängt ja auch eine Frau droben am Baum! Wer weiß, wo du die Hutzapfen und den Ring gestohlen hast!« Vergnügt gingen sie weiter in die Stadt. Der Hansl aber schlug wieder den Weg zum Schloss ein.

Das war jetzt eine schöne breite Straße. Drauf kam ihm ein Kobelwagen entgegen. Der schaute aus wie ein Planwagen, war aber mit feinem Tuch überzogen. Vorgespannt waren schwarze Rösser. Genau vor ihm blieb der Wagen stehen. »Ei, wenn ihr mich schon abholt, dann steig ich freilich ein!«, meinte der Hansl. Im munteren Trab brachten ihn die Rösser zum Schloss. Das lag jetzt mitten in einem sonnigen Park. Rehe und Hasen sprangen darin herum. In seiner Mitte plätscherte ein Springbrunnen. Darin tummelten sich Gold- und Silberfische.

Die Frau lachte vergnügt, als sie ihn sah. »Das freut mich, dass du wieder den Weg hierher gefunden hast«, meinte sie. »Was zu tun ist, weißt du ja. – In den letzten drei Nächten wird dir aber eine schwere Aufgabe bevorstehen. Da brauchst du die Ruten nicht mehr zu schneiden, um die Katze damit zu wichsen.«

Der Hansl verbrachte jetzt wieder eine zufriedene Zeit im Schloss. In der Früh ging er vor Sonnenaufgang hinaus, um die Haselruten zu schneiden. Tagsüber schaute er den Rehen und Hasen im Park zu, badete im frischen Wasser oder legte sich in die Wiese. Am Abend ging er dann hinein zur Katze. Essen und Trinken bekam er reichlich vom Klapptisch an der Wand. So verging das Jahr.

Einmal wachte er in der Früh auf und sah, dass die Sonne schon beim Fenster hereinlachte. Voller Schrecken sprang er auf. Da kam aber schon die Frau bei der Tür herein. »Hab keine Angst«, sagte sie. »Die Zeit, die Ruten zu schneiden, ist um. Jetzt musst du aber die drei Nächte überstehen. Das wird schwer genug für dich.« Miteinander verbrachten sie den Tag mit Essen, Trinken, Spazierengehen und Kegelscheiben. Am Abend sagte sie zu ihm: »Ich werde dich jetzt verlassen. Von jetzt an musst du schweigen bis in der Früh. Sag kein Wort, ganz gleich was kommt, dann wird alles gut ausgehen.«

Der Hansl blieb also alleine zurück in der Kammer. Als er sich zum Schlafengehen richtete, klopfte es an der Tür. »Herein!«, wollte er sagen. Da fiel ihm ein, was er der Frau versprochen hatte. Noch einmal klopfte es. Dann wurde die Tür aufgerissen: Ein scheußlicher schwarzer Lotter trat ein. Ein Lotter ist ein Unhold, ein hässlicher, wilder Mann. Und so schaute der auch aus. Er stellte sich vor den Hansl hin und fragte: »Wo ist die Rute? Wo ist die Katze? Hast du sie heute durchgewichst?« Der Hansl deutete mit Händen und Füßen, aber er sagte kein Wort. »Rede!«, brüllte der Lotter, »oder ich bringe dich zum Reden!« Wieder gestikulierte der Hansl so gut er nur konnte. Der Unhold verlor jetzt aber die Geduld. Aus seinem Rock holte er einen Stecken hervor und verprügelte den Hansl nach Strich und Faden. Grün und blau schlug er ihn. Der arme Bub sagte kein Wort. Ohnmächtig sank er schließlich nieder. Da packte ihn der Unhold und warf ihn auf die Pritsche. Das war eine einfache Liege, die da im Winkel stand. Der Hansl fiel hin und blieb drauf liegen wie ein Sack Stroh. Kurz darauf schlug es zwölf. Jetzt verschwand der Lotter. Kaum aber, dass er draußen war, huschte die Frau in die Kammer und salbte den ohnmächtigen Hansl von Kopf bis Fuß ein. Dabei sagte sie kein Wort.

Als der Hansl am anderen Tag munter wurde, spürte er nichts mehr von den Schlägen, die er am Abend bekommen hatte. Er war gesund und frisch. Es fehlte ihm nichts.

Bald darauf kam die Frau zur Tür herein. Der Hansl sah, dass sie über Nacht ganz und gar weiß geworden war. Sie verbrachten den Tag miteinander. Am Abend sagte sie zu ihm: »Du weißt, was du zu tun hast. Sag kein Wort, nicht muh und nicht mäh, dann wird schon alles gut werden.«
Drauf verschwand sie. Während sich der Hansl zum Schlafengehen richtete, klopfte es wieder an der Tür. Kein Wort kam über seine Lippen. Da wurde die Tür auch schon aufgerissen. Ein borstiger Lotter schlüpfte gebückt bei der Tür herein. In seiner rechten Hand trug er einen Stock, der war mit Dornen bespickt. »Wo ist die Rute? Wo ist die Katze? Hast du sie gewichst?«, brüllte er den Hansl an. Der deutete mit Händen und Füßen, nicht ein Wort kam über seine Lippen. Der garstige Lotter gab aber keine Ruhe. Er versuchte alles, um den Hansl zum Reden zu bringen. Was er aber auch machte, dem Hansl war nichts zu entlocken.
Da wurde der Unhold rasend vor Wut: Er packte den Hansl und schlug ihn mit dem Dornenstock, dass die Fetzen nur so flogen. Endlich schlug es zwölf. Da warf er den ohnmächtigen Burschen auf das Bett und verschwand durch die Tür. Gleich darauf erschien wieder die Frau. Sie salbte den blutüberströmten Hansl von Kopf bis Fuß. Dann verschwand auch sie. In der Früh spürte der Bub von dem, was er am Abend mitgemacht hatte, nichts, rein gar nichts mehr. Wieder war er frisch und munter. Mit der Frau verbrachte er einen glücklichen Tag.
Am Abend warnte sie ihn diesmal besonders eindringlich: »Mein lieber Bub, eine Nacht musst du noch überstehen! Ich bitte dich: Ganz gleich, was geschieht, sag kein Wort.« Das versprach er ihr, der Hansl, auch wenn es ihm nicht leichtfiel.
Beim Schlafengehen klopfte es wieder an der Tür. Der Hansl sagte kein Wort. Mit einem Kracher flog die Tür drauf auf: Ein Lotter kroch herein. Der war noch viel größer als der am Vortag. Kriechen musste er, weil er sonst nicht Platz gehabt hätte, in der Kammer. Wenn er sich rührte, rauchte

und pfauchte er. Feuerglut und Rauch stiegen aus den Falten seines schwarzen Gewandes. Mit donnernder Stimme brüllte ihn der Schwarze an: »Wo ist die Rute? Wo ist die Katze? Hast du sie gewichst?«

Der Hansl nickte und wackelte mit dem Kopf, ließ Hände und Füße sprechen, Wort aber kam keines über seine Lippen. Da holte der Unhold einen eisernen Stecken aus seinem Gewand. Der Stecken war so heiß, dass er vor lauter Hitze rot glühte. Damit schlug er unbarmherzig auf den Hansl ein. So hart er aber auch zuschlug: Der Hansl sagte kein Wort. Schließlich packte der Unhold den ohnmächtigen Burschen und warf ihn auf die Pritsche, dass dem armen Hansl alle Knochen klankelten. Gleich darauf schlug es zwölf und der Schwarze verschwand so schnell, wie er gekommen war.

Gleich darauf erschien wieder die Frau. Wie sie den Hansl jetzt sah, verschlug es ihr schier den Atem. Verprügelt, verbrannt und halb zerhackt lag er in seiner Ohnmacht da wie tot. Sie salbte ihn ein, so gut sie nur konnte. Dann nahm sie das armselige Keuschler-Bubengewand und legte stattdessen ein königliches Gewand auf den Sessel neben dem Bett. Und schon war sie wieder verschwunden. Im Schloss aber begann es dumpf zu rollen und zu knirschen. Stundenlang knisterte es in allen Fugen.

Als der Hansl in der Früh munter wurde, wusste er gar nicht, wie ihm geschah. Wieder war er frisch und munter. Seine Kleidung konnte er aber nicht mehr finden. Stattdessen lag da ein königliches Gewand. Was blieb ihm anderes übrig, als das jetzt anzuziehen. Neugierig und verwundert ging er dann hinaus aus der Kammer.

Da kam ihm auch schon die Frau entgegen. Jetzt war sie wie eine Königin gekleidet. »Du hast die Aufgaben bestanden, mein lieber Bub«, sagte sie. »Jetzt sind wir alle von dem bitteren Zauber befreit. Lange genug war ich, die Königin, als schwarze Frau verflucht. Komm mit und schau, was aus der Katze geworden ist.«

Daraufhin nahm sie ihn bei der Hand und brachte ihn in die Kammer, in der die Katze gelegen war. Jetzt aber stand da ein seidenes Bett und drin lag eine wunderschöne Prinzessin. »Schau her, Hansl«, sagte die Königin. »Das ist meine Tochter. Sie war als Katze verwunschen.« Drauf erzählte die Königin ihrer Tochter haarklein, was der Hansl für sie alles durchgemacht hatte. Da sprang die Prinzessin auf, lief dem Hansl entgegen, umarmte ihn und gab ihm ein saftiges Busserl. »Du gefällst mir!«, sagte sie dann zu ihm. »Du hast das geschafft, an dem so viele zerbrochen sind. Wenn du willst, dann will ich die Deine werden.« Was hätte sich der Hansl mehr wünschen können? Glückselig nickte er ihr zu und die Königin gab dazu ihren Segen.

Seinen Vater hatte der Hansl deswegen aber nicht vergessen. »Ich muss noch nach Hause und meinem Vater meine liebe Braut vorstellen!«, sagte er zu der Königin. Da ließ ihm die eine Staatskarosse richten. Derweil zog er wieder seine alten Fetzen und Lumpen an. Mit der Prinzessin machte er sich nun auf den Weg zum Haus seines Vaters. Ein Stück davor ließ er anhalten und stieg aus. Die Prinzessin fuhr alleine weiter bis zur Keusche. Als er die Kutsche und die Prinzessin sah, kam der Vater neugierig heraus und fragte, ob er denn helfen könne. »Ich suche einen Platz für die Nacht«, sagte die Prinzessin. »Ich bitte Euch: Lasst mich in Eurem Haus übernachten.« – »Nein, das ist nichts für Euch«, sagte der Keuschler, »schaut Euch doch um, Frau! – Ihr seid eine hohe Frau und wir hausen in einer armseligen Keusche. Bei uns ist alles viel zu dreckig für eine Frau, wie Ihr es seid.«

»Aber ich wüsste nicht, wo ich heute Nacht sonst bleiben sollte«, meinte die Prinzessin. »Gebt mir nur einen Platz. Mir ist alles recht.« – »Die Dachkammer wäre noch frei. Dort haust sonst unser Jüngster, der Hansl. Aber der ist weiß Gott wo.« – »Dann ist die Kammer gerade recht für mich«, sagte die Prinzessin. »Glaubt mir, es wird sich lohnen für Euch, wenn Ihr mich aufnehmt.« Was sollte der Keuschler da noch dagegen sagen!? – Er willigte ein und die Prinzessin ließ die Koffer hinaufbringen in die Kammer. In der Stube aber saßen schon die zwei Frauen, die der Jackl und der Matthias heimgebracht hatten. Die steckten die Köpfe zusammen, als sie die Prinzessin sahen, und lästerten über sie voller Neid. Die zwei Frauen waren wohl auch schön. So schön wie die Prinzessin waren sie aber bei weitem nicht. Endlich trudelte auch der Hansl zu Hause ein.

»Ach, da kommt er ja!«, lachten die Brüder. »Der Hansl, der Depp! – Nun, Hansl, wo hast du sie denn!?«

»Wen?«, fragte der Hansl. – »Na, deine Braut?« – »Wer?« – »Du, du Depp! Wo ist sie denn, deine Braut? Du hast wohl keine gefunden!«

»Doch«, sagte der Hansl, »ist sie denn nicht oben?«

Da schauten die Brüder dumm drein. Droben wartete die Prinzessin schon auf ihn. Sie zog ihm die Fetzen und Lumpen aus und legte ihm die königlichen Gewänder an. Jetzt standen den Brüdern die Augen und auch die Münder offen vor Staunen. Konnte es wirklich sein, dass die Schöne die Braut von ihrem Hansl war?

»Mein lieber Vater«, sagte der Hansl daraufhin, «darf ich dir meine liebe Braut vorstellen und um deinen Segen bitten?«

Der Vater lachte nur: »Ich habe es euch immer gesagt: Der Hansl, der kriegt die Keuschen.« So geschah es. Den Brüdern zahlte er ihren Erbteil aus.

Bald darauf aber wurde Hochzeit gefeiert. Das war ein Fest! Bei Musik und Tanz ging es groß her, Juhui!

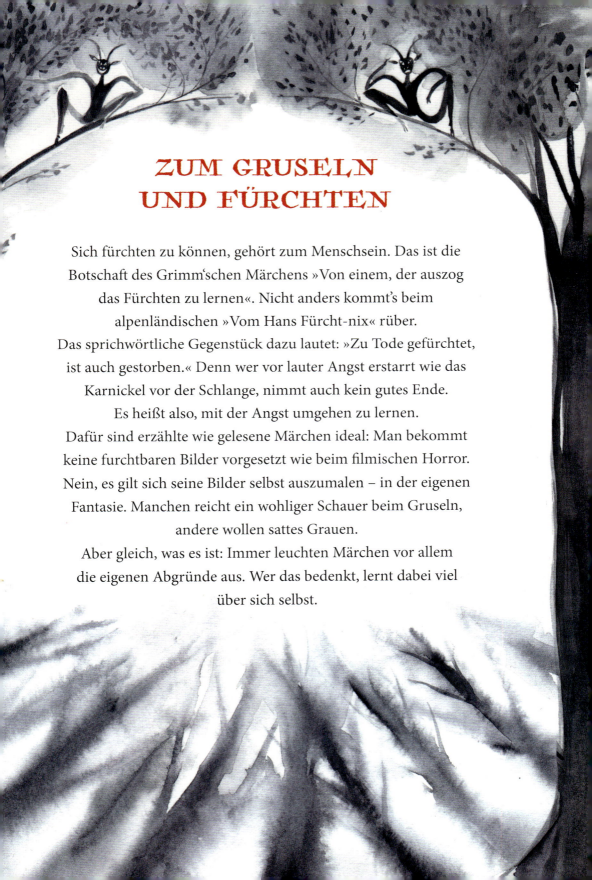

ZUM GRUSELN UND FÜRCHTEN

Sich fürchten zu können, gehört zum Menschsein. Das ist die Botschaft des Grimm'schen Märchens »Von einem, der auszog das Fürchten zu lernen«. Nicht anders kommt's beim alpenländischen »Vom Hans Fürcht-nix« rüber.
Das sprichwörtliche Gegenstück dazu lautet: »Zu Tode gefürchtet, ist auch gestorben.« Denn wer vor lauter Angst erstarrt wie das Karnickel vor der Schlange, nimmt auch kein gutes Ende.
Es heißt also, mit der Angst umgehen zu lernen.
Dafür sind erzählte wie gelesene Märchen ideal: Man bekommt keine furchtbaren Bilder vorgesetzt wie beim filmischen Horror. Nein, es gilt sich seine Bilder selbst auszumalen – in der eigenen Fantasie. Manchen reicht ein wohliger Schauer beim Gruseln, andere wollen sattes Grauen.
Aber gleich, was es ist: Immer leuchten Märchen vor allem die eigenen Abgründe aus. Wer das bedenkt, lernt dabei viel über sich selbst.

Vom Hans Fürcht-nix

*Dieses Märchen taucht in so gut wie allen Gegenden Österreichs
in den unterschiedlichsten Spielarten auf.
Der burgenländische Maurer Kruzler hörte die Geschichte in jungen
Jahren im niederösterreichischen Aspang. Eine oberösterreichische
Spielform zeichnete Siegfried Troll in Steinbach am Attersee auf.
Im Burgenland wurde dem Volkskundler Adolf Bünker vom
Straßenkehrer Tobias Kern das sehr ähnliche Märchen »Da Jüngl, wos
si nit gfiacht hot« erzählt. In Tirol ist es als »Furchtlerna« bekannt
und in Vorarlberg in der Sammlung von Franz Joseph Vonbun als
»Der mutige Bäckergesell«. Ähnlich in der Steiermark: Da überlieferte
ein Korbflechter in Pöls es als »Der furchtlose Bauernbursch«. Im
obersteirischen Ennstal erzählte es der Zimmermann Franz Leitner
als »Hans Fürcht-nix« – und so ist es hier zu lesen:*

Vor langer, langer Zeit, wars gestern oder wars heut, da lebte einmal ein junger Bursch. Hans hat er geheißen, und vor nichts und niemand hat sich der gefürchtet. Drum haben ihn alle nur »Hans Fürcht-nix« genannt. Das hat dem Hans schon gefallen.

Einmal aber ist er gegen Abend mit einer lustigen Gesellschaft in einem Wirtshaus am Rand eines tiefen Waldes zusammengesessen. Da meinte einer: »So groß die Gaudi auch ist – ich muss jetzt aufbrechen. Es wird schon dumpa. Mein Weg führt mich durch den Wald. Wenn es mir da gar zu finster wird, dann fürchte ich mich.«

Aus einer Laune heraus wollte es der Hans jetzt aber genau wissen: »Was ist denn das überhaupt – das Fürchten?«, fragte er in die Runde. »Sei froh, dass du das nicht kennst!«, meinten die. Dem Hans aber ließ es jetzt keine Ruhe mehr. Unbedingt wollte er das Fürchten einmal am eigenen Leib erfahren. Kurz entschlossen machte er sich also auf und zog hinaus in die Welt, um das Fürchten kennenzulernen.

Auf seinem Weg durch den Wald hörte er wilde Tiere brüllen und schreien. Zum Fürchten aber war das nicht. So kam er in eine große Stadt. »Kann ich hier wo das Fürchten lernen?«, fragte er die Wächter beim Stadttor. »Vielleicht droben am Berg«, meinten die Wächter. »Da steht ein Schloss. Darin geht es unheimlich zu. Der König hat dem, der das Schloss erlöst, einen reichen Lohn versprochen. Ja, der darf sogar die schöne Prinzessin heiraten, wenn sie ihn denn auch mag.«

Das gefiel dem Hans. Gleich machte er sich auf zum König. »Majestät«, sagte er zu ihm, »wenn ihr wollt, dann mache ich dem Spuk dort oben ein Ende.« – »Das haben schon viele versucht«, meinte der König, »und noch keiner hat es geschafft. Überleg es dir gut, ob du das wirklich wagen willst.« – »Und ob ich das wage, Herr!«, lachte der Hans. »Vielleicht kann ich bei euch endlich das Fürchten lernen! Gebt mir nur etwas Mehl, Knödelbrot, Salz und Pfeffer mit, damit ich mir etwas zu essen kochen kann.« Das tat der König gerne. Ihm gefiel, wie der Bursche redete. Und so stieg der Hans bald darauf schwer bepackt durch den Wald hinauf zum verwunschenen Schloss.

Rundum war alles dicht verwachsen. Nur mühsam kam er durch das Dickicht. Endlich stand er vor dem Schlosstor. Hier war alles mucksmäuschenstill. Kein Zwitschern war zu hören und kein Windhauch raschelte in den Bäumen – nur Totenstille!

Unverdrossen ging der Hans beim Tor hinein. Durch etliche Kammern kam er in eine große Küche. Alles wirkte, als ob gerade noch jemand dagewesen wäre. Es war aber keine Menschenseele zu sehen.

Unter dem großen Kamin war ein nicht weniger großer offener Herd. Der Hans entzündete darin das Feuer. Bald züngelte es und loderte in den Kamin hinauf. Jetzt war es an der Zeit, den Topf mit frischem Knödelwasser aufzustellen. Danach machte er sich daran, die Knödel zuzubereiten. Gerade wollte der Hans den ersten Knödel in das kochende Wasser geben, da hörte er aus dem Kamin eine laute Stimme: »Fall ich? Oder fall ich nicht?« – »Na, dann fall!«, rief der Hans. »Aber fall mir nicht in das Knödelwasser hinein!«

Da rumpelte und pumperte es im Kamin und ein Fuß fiel herunter auf die Ofenplatte. Schnell schnappte der Hans den Fuß und legte ihn auf die Seite. Gleich darauf wollte er den zweiten Knödel ins Wasser geben. Da kam wieder die Stimme: »Fall ich? Oder fall ich nicht?« – »Na, so fall halt!«, rief der Hans wieder. »Aber pass auf aufs Knödelwasser!«

Da kam der zweite Hax herunter. Der Hans legte auch den zur Seite. Beim dritten Knödel kam eine Hand, beim vierten Knödel die zweite Hand, beim fünften Knödel der Leib und beim sechsten Knödel – wie könnte es anders sein! – der Kopf. Der Hans legte eins nach dem anderen zur Seite. Wie dann auch der Kopf herunten war, begannen sich Haxen, Leib, Hände und Kopf zu bewegen, sie fügten sich zusammen – und plötzlich stand ein übermannsgroßer Unhold vor dem Hans. Der Mann hatte einen wildverfilzten Bart, wirre Haare und lange Nägel an Fingern und Zehen. Wild schaute er den Hans aus seinen glühenden Augen an.

»Du bist noch zu früh«, meinte der Hans. »Die Knödel sind noch nicht fertig! – Aber so wie du ausschaust, kannst du dich nicht zu Tisch setzen. Zuerst mach ich einen Menschen aus dir!« Drauf schob der Hans dem Unhold einen Sessel hin und deutete, dass der sich setzen sollte.

Das tat er auch. Dann nahm der Hans eine Reibbürste aus der Küche und bürstete dem Geist zuerst die Haare und dann den Bart. Als das geschehen war, wurden mit der Küchenschere die Finger- und Zehennägel geschnitten.

»So«, meinte der Hans dann, »jetzt können wir miteinander essen.« Drauf bekam der Geist drei Knödel und der Hans drei Knödel. Die ließen sie sich schmecken.

Nach dem Essen meinte der Geist: »Du hast dich nicht schrecken lassen und etwas für mich getan. Jetzt werde ich etwas für dich tun: Dort hinten geht's hinunter in ein Gewölbe. Darin sind prächtige Schätze zu finden. Hier ist der Schlüssel dazu. Geh hin, Hans, und sperr auf.« – »Nein«, lachte da der Hans. »Ich sperr da nicht auf: Der, der zugesperrt hat, der soll auch aufsperren!«

Da ging der Geist hin und sperrte das Gewölbe auf. Darin waren drei große Kisten zu sehen. Die waren fest verschlossen.

»Hör zu, Hans«, meinte da der Geist, »der Schatz ist in den Kisten zu finden. Ich habe hier die Schlüssel dazu. Geh hin und sperr sie auf!« – »Nein«, lachte da der Hans wieder. »Ich sperr die Kisten nicht auf. Der, der sie zugesperrt hat, der soll sie auch aufsperren!«

Da ging der Geist hin und sperrte die Kisten auf. Als er die Deckel hob, leuchteten ihnen Golddukaten über Golddukaten entgegen.

»Das alles gehört jetzt dir«, meinte der Geist. »Du musst dazu allerdings das Gold Dukaten für Dukaten herauszählen und in die drei leeren Fässer dort geben. In jedem Fass muss genau so viel Gold sein wie in den anderen. Machst du das nicht, dann ist das Gold weg, eh du dich versiehst.« – »Ich zähl da nichts heraus«, meinte der Hans wieder. »Der, der das Gold hinein gezählt hat, soll es auch heraus zählen!«

Da zählte der Geist Dukaten für Dukaten heraus und füllte die drei Fässer nach und nach an. Zu guter Letzt blieb ihm ein einziger Dukaten übrig.

»Was machen wir jetzt damit, Hans?«, fragte ihn der Geist. »Ganz einfach«, gab ihm der Hans zurück. »Du schlägst mit dem Schwert, das dort an der Wand hängt, zweimal auf den Golddukaten. Dann hast du drei Stücke – für jedes Fass eines, und alles ist so, wie es sein soll!«

Das machte der Geist und sagte drauf zu Hans: »Mein lieber Hans, du hast alles richtig gemacht und damit hast du mich erlöst!« Im nächsten Moment wurde der Unhold immer lichter und lichter und war gleich darauf verschwunden. Der Hans aber spendete ein Fass, um Messen für die armen Seelen zu lesen, das Gold aus dem zweiten Fass verteilte er unter den Armen im Land, das dritte Fass aber behielt er für sich.

So hatte er das Schloss erlöst und kehrte als reicher Mann zum König zurück. Der Prinzessin aber hatte er auch schon vorher gefallen. Für den König gab es nun auch nichts mehr einzuwenden. So wurde bald darauf fröhliche Hochzeit gefeiert. Das Fürchten aber hatte der Hans nicht gelernt, und das stimmte ihn immer wieder sehr nachdenklich.

Einmal meinte die Prinzessin zu ihrer Schwester: »Ich bin wirklich glücklich mit meinem lieben Mann. Es fehlt an nichts. Nur eines ist schade: Oft ist er bedrückt, weil er sich einfach nicht fürchten kann. Dabei hätte er das so gerne gelernt.« – »Aber das ist doch ganz einfach!«, sagte die Schwester und beschrieb ihr genau, was man da machen könne.

So stand die Prinzessin an einem bitterkalten Wintertag zeitig in der Früh auf. Der Hans, ihr Mann, schlief immer noch tief und fest im warmen Bett. Sie lief flugs hinunter zum Brunnen im Schlosshof. Beim Brunnen schöpfte sie einen Kübel voll vom eiskalten Wasser und eilte damit wieder hinauf in die Schlafkammer. Dort zog sie vorsichtig die Tuchent zur Seite und öffnete ihrem Mann das Nachthemd, sodass die Brust frei zum Vorschein kam. Dann packte sie den Kübel und leerte das frische Eiswasser auf seine bloße Brust.

Jäh fuhr der Hans da aus dem Schlaf in die Höhe. »Uaaaaahhh!«, brüllte er und zitterte vor Schrecken und Angst am ganzen Körper. Es dauerte eine ganze Zeit, bis er wieder ein paar gerade Sätze hervorbrachte. »Was für ein Schrecken!«, meinte er dann. «Jetzt weiß ich auch, wie es ist, wenn man vor lauter Angst und Entsetzen nicht mehr aus und ein weiß!«

Endlich war er zufrieden, hatte er doch mit Hilfe seiner Frau das Fürchten gelernt. So lebten die zwei noch lange und gut. Wer weiß, wie viele Kinder sie miteinander gehabt haben. Glücklich sind sie auch gewesen, und wenn sie nicht gestorben sind, dann leben sie wohl heute noch.

Von der hüpfenden Schlafhaube

Drei Söhne. Zwei gescheit und tüchtig. Der Jüngste dumm und einfältig. Das klingt vertraut. Und doch tut sich mit einem Mal Ungeahntes.
Ein alter Jäger hat dieses Märchen Theodor Vernaleken um 1890 in Prein bei Reichenau an der Rax erzählt.

Es war einmal ein König, der hatte drei Söhne und regierte über drei gewaltige Reiche.
Einmal kam ein Kaufmann an den königlichen Hof und zeigte ihm feinste Tücher. »Herr«, sagte der Kaufmann, »betrachtet dieses Halstuch. Ein schöneres habt Ihr gewiss noch nie gesehen. Und Ihr werdet auch nie ein schöneres bekommen. Darauf verwette ich meinen Kopf.«
»Gut«, sagte der König, »du setzt viel ein. Drum will ich auch etwas von Gewicht in die Waagschale werfen. Sollte ich wirklich kein schöneres Halstuch finden, dann bekommst du eines meiner Reiche.«
Da lachte der Kaufmann. Er war sich sicher, dass er die Wette so gut wie gewonnen hatte.
Der König rief seine drei Söhne zusammen und erzählte ihnen von der Wette: »Zieht also los und schaut zu, dass ihr ein schöneres Halstuch bekommt«, sagte er, »sonst wird euer Erbteil um ein Reich geschmälert. Der aber, der ein schöneres Halstuch bringt, soll das verwettete Reich bekommen.«

So machten sich die drei unverzüglich auf den Weg. Die zwei älteren Brüder konnten den Jüngsten aber nicht leiden. Als er bei einer Rast einschlief, ließen sie ihn im dichten Wald zurück.

Der Jüngste wurde bald darauf munter. Von den Brüdern war nichts mehr zu sehen. Auch sein Rufen war umsonst. Niemand hörte ihn. In seiner Not begann er bitterlich zu weinen.

Da rührte sich etwas. Ja, da kam zwischen den Bäumen etwas dahergehüpft. Er schaute auf: Es war eine weiße Schlafhaube. Die sprang munter auf ihren Bändern herum. »Was hast du denn?«, fragte sie ihn. »Warum weinst du?« – Haarklein erzählte er ihr die ganze Geschichte. »Sei unverzagt«, sagte da die Schlafhaube. »Komm mit mir. Ich werde dir helfen.« Sie sprang voraus, und er zottelte hinter ihr drein. Bei einem großen Baum machte sie halt. Sie tupfte mit den Bändern gegen den Stamm – und statt dem Baum stand ein prächtiges Schloss da. Die Schlafhaube ging hinein, und der Königssohn ihr nach.

Drinnen war alles wie ausgestorben. Viele Statuen standen herum. Die sahen aus, als ob sie lebendige Menschen wären. Dabei waren sie doch kalt und aus Stein.

Die Schlafhaube führte ihn in einen großen Saal. Feine Teppiche und kostbare Tücher lagen da zuhauf. »Nimm dir, was du willst!«, sagte die Schlafhaube. – Ein Tuch war schöner als das andere. Wie sollte er sich da entscheiden? Schließlich fand er eines, das ihm ganz besonders gut gefiel. »Darf ich das nehmen?«, fragte er. »Nimm nur!« Und schon hüpfte die Schlafhaube wieder voraus, hinaus aus dem Schloss, und er ging ihr nach. Draußen tupfte sie gegen das Tor – und statt dem Schloss stand wieder der Baum da. Sie begleitete den Königssohn bis zum Waldrand. Dort bedankte er sich noch einmal. Dann ging er alleine zurück ins königliche Schloss.

Dort waren alle Großen des Reiches um den königlichen Thron versammelt. Sie sollten die Zeugen des Wettstreits sein. Bald darauf kamen auch die zwei anderen Brüder zurück. Jetzt wurde der Kaufmann geholt, damit die Wette entschieden werden konnte.

Auf die rechte Seite des Thrones legte der König Krone und Zepter des Reiches als Zeichen für seinen Einsatz. Auf der linken Seite standen der Block und das Beil des Henkers als Zeichen für den Einsatz des Kaufmanns.

Zuerst wurde das Tuch des ältesten Bruders hergezeigt. Neben dem Tuch des Kaufmanns sah es aber aus wie ein Abreibfetzen. Ja, wie ein gebrauchter Putzlappen. Da lachte der Kaufmann listig.

Als Zweiter zeigte der Mittlere sein Tuch. Das war aber nicht viel besser als das des Älteren. Jetzt hüpfte der Kaufmann vor Freude: »Bald werde ich König sein und ein reicher Mann!«, sang er. »Warte!«, sagte der König bedächtig, »noch ist einer da!« – »Macht nichts!«, lachte der Kaufmann, »der hat sicher auch nichts Gescheites!«

Da legte der Jüngste sein Tuch vor: Das war so schön, dass noch niemand je etwas Schöneres gesehen hatte. »Auweh!«, schrie der Kaufmann, als er das Tuch sah, und fiel in Ohnmacht.

Jetzt gehörte das verwettete Reich dem Jüngsten und der Kopf des Kaufmanns war in seiner Hand. Gnädig ließ ihm der Jüngste das Leben. Es setzte einige Hiebe auf die Fußsohlen, um ihm den Leichtsinn und die Angeberei auszutreiben. Dann durfte der Kaufmann weiterziehen.

Bald darauf kam wieder ein Kaufmann an den königlichen Hof. Der zeigte dem König die feinsten Geschmeide und einen Ring, der ganz besonders kostbar war. »Einen feiner und besser gearbeiteten Ring habt Ihr gewiss noch nie gesehen«, meinte der Kaufmann. »Da verwette ich meinen Kopf am Galgen.« – »Die Wette gilt«, sagte der König und setzte wieder ein Reich dagegen.

So machten sich die drei Königssöhne ein zweites Mal auf. Diesmal um einen schöneren Ring zu finden. Die älteren zwei waren froh, dass der Jüngste im Wald wieder seinen eigenen Weg ging. Wohin? – Zur Schlafhaube.

die zwei anderen Brüder zurück. Jetzt wurde der Kaufmann geholt, damit die Wette entschieden werden konnte.

Auf die rechte Seite des Thrones legte der König Krone und Zepter des Reiches als Zeichen für seinen Einsatz. Auf der linken Seite standen der Block und das Beil des Henkers als Zeichen für den Einsatz des Kaufmanns.

Zuerst wurde das Tuch des ältesten Bruders hergezeigt. Neben dem Tuch des Kaufmanns sah es aber aus wie ein Abreibfetzen. Ja, wie ein gebrauchter Putzlappen. Da lachte der Kaufmann listig.

Als Zweiter zeigte der Mittlere sein Tuch. Das war aber nicht viel besser als das des Älteren. Jetzt hüpfte der Kaufmann vor Freude: »Bald werde ich König sein und ein reicher Mann!«, sang er. »Warte!«, sagte der König bedächtig, »noch ist einer da!« – »Macht nichts!«, lachte der Kaufmann, »der hat sicher auch nichts Gescheites!«

Da legte der Jüngste sein Tuch vor: Das war so schön, dass noch niemand je etwas Schöneres gesehen hatte. »Auweh!«, schrie der Kaufmann, als er das Tuch sah, und fiel in Ohnmacht.

Jetzt gehörte das verwettete Reich dem Jüngsten und der Kopf des Kaufmanns war in seiner Hand. Gnädig ließ ihm der Jüngste das Leben. Es setzte einige Hiebe auf die Fußsohlen, um ihm den Leichtsinn und die Angeberei auszutreiben. Dann durfte der Kaufmann weiterziehen.

Bald darauf kam wieder ein Kaufmann an den königlichen Hof. Der zeigte dem König die feinsten Geschmeide und einen Ring, der ganz besonders kostbar war. »Einen feiner und besser gearbeiteten Ring habt Ihr gewiss noch nie gesehen«, meinte der Kaufmann. »Da verwette ich meinen Kopf am Galgen.« – »Die Wette gilt«, sagte der König und setzte wieder ein Reich dagegen.

So machten sich die drei Königssöhne ein zweites Mal auf. Diesmal um einen schöneren Ring zu finden. Die älteren zwei waren froh, dass der Jüngste im Wald wieder seinen eigenen Weg ging. Wohin? – Zur Schlafhaube.

»Sie hat mir einmal geholfen«, sagte er sich, »vielleicht hilft sie mir auch ein zweites Mal.« Und wirklich – da hüpfte sie ihm auch schon zwischen den Bäumen entgegen. »Ach, liebe Schlafhaube, ich bitte dich, hilf mir noch einmal«, bat er sie. Sein Zutrauen freute die Schlafhaube. »Wann immer du in Not bist: Komm nur zu mir«, sagte sie – und hüpfte durch den Wald voraus. Beim großen Baum tupfte sie wieder gegen den Stamm – und schon stand das Schloss da. Drinnen zeigte sie ihm eine Kiste. Die war voll mit den prächtigsten Ringen. Einen, der ganz besonders funkelte, suchte er sich aus. »Nimm ihn dir nur«, lachte die Schlafhaube und begleitete ihn wieder bis zum Waldrand.

Im königlichen Schloss warteten alle auf ihn. Seine Brüder waren schon da. Sie zeigten ihre Ringe zuerst her. Die waren schön, aber im Vergleich zum Ring des Kaufmanns waren sie nichts. Übermütig hüpfte der von einem Bein auf das andere. »Bald bin ich König!«, jubelte er. – Als nun der Jüngste seinen Ring auspackte, funkelte der, dass die ganze Kammer erstrahlte. Da packte den Kaufmann der Jammer und er bat um sein Leben. Der Jüngste zeigte sich wieder gnädig. Immerhin bekam er jetzt auch noch das zweite Königreich.

Den zwei älteren Brüdern gefiel das gar nicht. Der Neid fraß sie auf. »Die Dummen haben eben das Glück«, sagten sie zum Vater. »Gib uns eine Aufgabe, damit wir auch ein Reich erringen können.« – »Gut!«, sagte der König, »ich will euch alle glücklich sehen. – Zieht noch einmal hinaus in die Welt. Wer binnen Jahr und Tag die schönste Braut heimbringt, bekommt mein drittes Königreich.« – Damit waren die älteren Brüder zufrieden. »Bei den Frauen haben sicher wir das bessere Ende«, sagten sie sich und zogen in fremde Königreiche, um den Schönen weitum ihre Aufwartung zu machen.

Der Jüngste sagte sich: »Zieht ihr nur durch die Welt, ich suche wieder meine Schlafhaube auf« – und ging in den Wald. Da kam sie ihm auch schon zwischen den Bäumen entgegen. Gleich schilderte er ihr sein Anliegen und bat sie um Rat und Hilfe. Es freute sie, dass er mit allem zu ihr kam: »Komm nur mit!«, sagte sie, »drinnen im Schloss werde ich dir sagen, was zu tun ist.«

Ein Tupfer – und statt dem Baum stand wieder das Schloss da. »Geh jetzt in die Küche«, befahl ihm die Schlafhaube. »Dort steht ein großer Kessel. Den musst du mit Wasser aus dem Brunnen im Hof anfüllen. Warte, bis das Wasser siedet, aber sag bis dahin um keinen Preis ein Wort. Wenn du redest, sind wir alle zwei verloren!«

So ging der Königssohn in die Küche und holte den Kessel. Als er aber durch die Tür in den Hof wollte, stand da ein fürchterlicher Kerl. Der packte ihn am Kragen, setzte ihm das Schwert an und schrie ihm ins Gesicht: »Wer bist du?« Der Königssohn war schreckensbleich. Aber kein Wort kam über seine Lippen. Da fuchtelte der Riese mit dem Schwert herum: »Wer bist du?« – Wieder keine Antwort. Jetzt riss er den Königssohn hin und her: »Rede! – Wer bist du?« – Wieder nichts. – Da schleuderte ihn der Riese in den Hof, dass der Königssohn beim Brunnen liegenblieb. Gleich rappelte er sich aber wieder auf und wollte Wasser aus dem Brunnen in den Kessel schöpfen. Da tauchte aus dem Brunnen ein gräßliches altes Weib auf. Sie packte ihn und fragte: »Was machst du hier?« – Keine Antwort. Jetzt zog sie ihn mit dem Kopf unter Wasser. »Was machst du hier!«, schrie sie und ließ ihn kurz Luft holen. – Er japste nach Luft, aber kein Wort kam über seine Lippen. Sie schlug ihm Wasser ins Gesicht und tauchte ihn wieder unter. »Rede! Was willst du hier?« – Kein Wort. – Noch einen Guss Wasser musste er schlucken, dann war die Alte verschwunden.

Seelenruhig füllte er den Kessel voll, trug ihn in die Küche. Dort stellte er ihn auf das Feuer und wartete, bis es siedete.

Da hüpfte die Schlafhaube zur Tür herein. »Jetzt kannst du wieder reden«, sagte sie. »Und höre genau zu, was ich dir sage: Zerhack mich jetzt in kleine

Stücke. Die wirfst du in den Kessel mit dem siedenden Wasser. Aber ganz gleich, was geschieht: Du darfst den Kessel erst nach einer Stunde aufmachen!« – »Was?«, rief da der Königssohn, »dich soll ich zerhacken!? – Nein, nie und nimmer werde ich das tun. Eher springe ich selber in den Kessel!« – »Oft genug hast du mich gebeten, dir zu helfen, und ich habe es getan. Jetzt bitte ich dich um Hilfe«, flehte ihn die Schlafhaube an. »Tu, was ich dir sage. Es ist zu deinem und zu meinem Besten.« So sehr sie ihn auch beschwor: Sie musste ihm noch lange zureden, bis er einwilligte.

So legte er die Schlafhaube schließlich auf den Hackstock und zerhackte sie in lauter kleine Stücke. Die warf er in den brodelnden Kessel und gab den Deckel drauf.

Kaum, dass das geschehen war, hörte er aus dem Kessel ein Schreien. »Mach auf! Mach auf und lass mich heraus!« Das war die Stimme der Schlafhaube! – Er streckte schon die Hand aus, um den Deckel zu heben. Da fiel ihm ihr Verbot ein – und er zog sie zurück. Aber das Jammern und Klagen wurde immer lauter: »Lass mich raus! – Ich bitte dich: Hilf mir! Es ist so heiß! Ach, warum holst du mich denn nicht raus – nach all dem, was ich für dich getan habe!«

Das Klagen ging ihm durch und durch. Für den Königssohn war es kaum mehr auszuhalten. In seiner Verzweiflung hielt er sich die Ohren zu. Die Zeit kroch dahin.

Endlich war die Stunde um. Ein fürchterlicher Knall – und der Deckel flog in den Winkel. Das ganze Schloss bebte. – Verdutzt rieb sich der Königssohn die Augen: Eine wunderschöne Prinzessin stieg aus dem Kessel. »Ich danke dir«, sagte sie. »Ich war in die Gestalt einer Schlafhaube gebannt. Die Hexe und der Riese waren meine Bewacher. Du aber hast mich und mein Schloss erlöst.«

Im ganzen Schloss war jetzt ein geschäftiges Treiben zu hören. Aus den steinernen Statuen waren wieder lebendige Menschen geworden. Der

Wald aber war ein gewaltiges Reich, über das die Prinzessin regierte. Die Prinzessin und der Königssohn aber hatten sich auf den ersten Blick liebgewonnen. So fuhr der Königssohn mit seiner Braut zu seinem Vater. Und ihr könnt euch denken, wer die schönste Braut nach Hause brachte.

Die Brüder gingen aber nicht leer aus. Jedem von ihnen schenkte der Jüngste ein Reich. Er selbst heiratete die Prinzessin und lebte zusammen mit ihr noch lange Jahre als König und Königin glücklich und zufrieden.

Von den sieben Rehen

Theodor Vernaleken war Westfale und wurde wegen seiner Leistungen als Schulreformer um die Mitte des 19. Jahrhunderts aus der Schweiz nach Wien berufen. Hier sammelte und schrieb er Mythen, Sagen und Volksmärchen auf. Durch seine Schüler kam er auch an viele Überlieferungen aus Böhmen und Mähren. Die folgende Erzählung wurde ihm um 1860 aus dem niederösterreichischen Obersulz zugetragen.

Es lebte einmal ein junger Graf. Der hatte einen gewaltigen Besitz mit weiten Waldungen. Auch seine Dienerschaft war groß. Im Krieg hatte er schon manchen Sieg erfochten. Im Frieden aber war es sein größtes Vergnügen, durch die Waldungen zu reiten und dem Wild nachzujagen. Oft blieb sein Gefolge dabei weit hinter ihm zurück.

Einmal, als er wieder auf der Jagd war, sah er ein weißes Reh. Blitzschnell rannte es über eine Waldwiese. »Das muss ich haben!«, rief er und setzte ihm nach. In wilder Jagd ging es tiefer und tiefer hinein in den Wald. Keiner aus seinem Gefolge konnte da mithalten. Bald hatten sie ihn aus den Augen verloren. Aber das kümmerte niemanden von seinen Leuten. Oft genug schon war der Graf auf der Jagd irgendwo im Wald verschwunden – und schließlich mit reicher Beute wieder zurückgekommen.

Der Graf selber aber spürte, dass diesmal etwas ganz anders war. So entschlossen er hinter dem Reh auch hinterherritt – er konnte es nicht einholen. Bald merkte er, dass er sich im Wald verirrt hatte. So blies er in sein Jagdhorn. Weitum hallte es durch die Waldungen. Keine Antwort kam zurück, und kein Mensch war zu sehen. So folgte er weiter der Spur vom Reh. Die führte ihn auf eine große Wiese.

Endlich: Da stand es, das weiße Reh, und sechs andere dazu. Alle waren sie weiß. Eines jedoch war größer und hatte einen goldenen Ring um den Hals. Gleich legte der Graf an und drückte ab. So gut er aber auch gezielt hatte: Der Schuss ging daneben. Gleich drückte er noch einmal ab. Auch der – daneben! Erschreckt sprangen die Rehe auf und davon. Weiter ging die wilde Jagd – durch dichte Waldungen über Wiesen und Berge. Schließlich kamen sie zu einem großen Schloss. Es sah aus, als ob darin niemand wohnen würde. An jeder Seite vom Schlosstor hielten zwei riesige Löwen Wache. Die Rehe sprengten geradewegs darauf zu. Da ging das Tor wie von selber auf und schon waren sie durch. Unerschrocken ritt der Graf hinterdrein. Jetzt war er in einem großen viereckigen Hof. Hinter ihm ging das Tor wieder zu. Dafür ging auf der gegenüberliegenden Seite des Hofes ein großes Tor auf. Durch dieses Tor stoben die Rehe wieder hinaus. Hinter ihnen schloss sich das Tor sogleich. Zurück blieb der Graf – eingeschlossen im Hof. Hinaus konnte er nicht mehr. Also stieg er vom Pferd und erkundete neugierig den sonderbaren Bau.

In den oberen Stockwerken kam er in prächtige Zimmer und Säle. Alle hatten sie goldene Wände. Goldene Betten und goldene Tische standen darin. In einer kleinen Kammer hing ein großer Spiegel mit einem breiten goldenen Rahmen. Der war reich verziert. Dahinter steckte eine Rolle aus Pergament. Der Graf zog sie heraus, rollte sie auf und las: »Wer die verbannte Königstochter befreit, soll das ganze Königreich haben. Doch muss er ein ungeheures Gespenst bezwingen. Jede Nacht kommt es unter lautem Gepolter ins Schloss. Es tobt bis ein Uhr herum, isst und trinkt von den Speisen, die auf den goldenen Tischen angerichtet sind. Dann verschwindet es wieder.«
Als der Graf das gelesen hatte, schauderte ihn ein wenig. Trotzdem beschloss er, es mit dem Ungeheuer aufzunehmen. Er war gut bewaffnet. Bären und Eber hatte er schon erlegt, warum sollte er nicht auch ein Ungeheuer bezwingen!?
Der lange Ritt hatte ihn müde, hungrig und durstig gemacht. So aß er von den Speisen, die bereitstanden. Danach ruhte er sich in einem der goldenen Betten aus. Griffbereit legte er sein Schwert und zwei geladene Pistolen neben sich.
Er hatte nicht lange geschlafen, da hörte er ein lautes Rasseln wie von Ketten. Mit einem Satz war der Graf aus dem Bett, steckte die Pistolen in den Gürtel und zückte das Schwert. Vorsichtig machte er die Kammertüre auf. Was musste er da sehen:
Ein schwarzer Mann kam durch das finstere Stiegenhaus herauf. Der hatte mitten auf der Stirn ein riesengroßes Auge. Das leuchtete so stark, dass davon das ganze Stiegenhaus erhellt war. Über und über war der Mann mit Haaren bewachsen. Um seinen Rücken waren Ketten geschlungen. Als der wilde Mann den Grafen sah, brüllte er, dass das Schloss bebte. Dann ging er mit erhobenen Pranken auf ihn los. Der Graf aber fasste sich ein Herz, sprang auf das Ungeheuer zu, holte mit seinem Schwert aus und schlug ihm mit einem Hieb den Kopf auseinander.

Da sank der Unhold langsam nieder. Er flüsterte dem Grafen aber noch zu, dass er dem Reh mit dem goldenen Halsband einen Kuss geben sollte. Dann war es um den Unhold geschehen.
Der Graf legte sich drauf wieder nieder und schlief bis in der Früh.
Als er am anderen Tag in den Hof ging, standen dort die sieben Rehe. Diesmal waren sie aber ganz und gar nicht scheu. Als er auf sie zuging, kamen sie ihm sogar zutraulich entgegen. Freundlich streichelte er sie. Das größte der Rehe aber umarmte er und gab ihm einen Kuss auf die Schnauze.
Und schau da: Mit einem Mal standen sieben weiß gekleidete junge Frauen rund um ihn herum. Die Schönste von ihnen hatte ein goldenes Halsband. »Ich danke dir für die Erlösung«, sagte sie. »Der wilde Mann hat uns alle in Rehe verwandelt. So lange mussten wir in Tiergestalt herumirren, bis sich einer finden würde, der nicht nur das Ungeheuer überwinden, sondern auch mir einen Kuss geben würde. Viele waren schon hinter uns her und sind ins Schloss gekommen. Aber keiner konnte den wilden Mann besiegen. Du hast es geschafft – und dafür danken wir dir.«
Die zwei schauten sich an. Das Herz lachte ihnen – ihm wie ihr. Bald darauf wurde Hochzeit gefeiert. Dann haben sie noch lange und gut gelebt – und wenn sie nicht gestorben sind, dann leben sie wohl heute noch.

Vom Barbiermandl

Paul Zaunert veröffentlichte 1926 im Verlag Eugen Diederichs in Jena die Sammlung »Deutsche Märchen aus dem Donaulande«. Vom Volkskundler Siegfried Troll bekam er diese Überlieferung zugeschickt. Troll hatte sie 1915 in Breitenröth in der Atterseegegend vom Michelmann, einem Bauern, gehört. Es ist eines der wenigen Geistermärchen, die in Österreich überliefert sind.

Es lebte einmal ein reicher und angesehener Mann. Der residierte in einem prächtigen Schloss. Er hatte sogar einen eigenen Barbier, also einen Bartschneider. So war das früher bei wohlhabenden Leuten eben üblich. Jeden Mittwoch und Samstag musste der Barbier zu seinem Herrn ins Schloss hinaufgehen, um ihn zu rasieren.
Einmal stürmte und schneite es im Winter so wild, dass man keinen Hund vor die Tür gejagt hätte. Es war Mittwoch. Eigentlich hätte der Barbier hinaufgehen müssen ins Schloss. »Es wird wohl nicht so schlimm sein, wenn

ich bei dem Sauwetter einmal nicht komme«, sagte er sich und blieb zu Hause. Erst am Samstag ging er wieder hinauf ins Schloss.

Als er dort die Tür öffnete, kam ihm der Schlossherr schon entgegen. Der war zornig, weil der Barbier am Mittwoch nicht gekommen war. Vor lauter Wut riss er die Tür weit auf – der Barbier bekam einen Schlag, verlor das Gleichgewicht, stürzte Hals über Kopf nach hinten über die steinerne Treppe – und war auf der Stelle tot.

Die Wut des Schlossherrn wich dem Schrecken. Umbringen hatte er den Barbier nicht wollen. Was sollte er jetzt tun?

Vor allem hatte er Angst! Angst, dass es aufkommen würde, was er getan hatte. Schnell riss er in einer Kammer ein paar von den Fußbodenbrettern heraus. Darunter hatte ein ganzer Mensch Platz. Da legte er den Toten hinein und machte alles wieder zu. Niemand sollte je erfahren, was geschehen war.

Mittwoch und Samstag kam jetzt ein anderer Bartschneider. Kein Mensch fragte, wohin der alte Barbier verschwunden war.

Von dieser Stunde an aber war keine Ruhe mehr im Schloss. Kaum, dass es zwölf Uhr Mitternacht schlug, hörte es sich an, als ob jemand über die Treppe heraufsteigen würde. Türen schnalzten, als ob sie auf- und zugeschlagen würden. Dann rumpelte es auf der Stiege, gerade so, als ob jemand hinunterstürzen würde.

Den Leuten im Schloss war das nicht geheuer. Ein Diener nach dem anderen lief davon. Schließlich hielt selbst der Schlossherr den Lärm bei Nacht nicht mehr aus. Er beschloss fortzuziehen.

Wie gern hätte er das Schloss verkauft! Aber niemand wollte es. Weitum erzählten die Leute, dass es im Schloss nicht geheuer sei. »Da geht es um bei der Nacht!«, sagten sie.

Unterhalb vom Schloss lag ein Gasthaus. »Vielleicht findet sich ja doch noch ein Käufer!«, sagte der Schlossherr zum Wirt und gab ihm die

Schlüssel. Der Wirt durfte die Leute sogar im Schloss übernachten lassen – probeweise. Wer es aber auch wagte: Länger als eine Nacht hielt es niemand aus.

Einmal kam ein Soldat ins Dorf und fragte um ein Nachtquartier. Als er in der Wirtsstube saß, sah er durch das Fenster das verlassene Schloss und fragte: »Was ist denn mit dem Bau da oben? Der schaut so leer aus!?« – »Kein Mensch wohnt mehr dort droben«, sagte der Wirt. »Alle reden davon, dass es um Mitternacht umgeht im Schloss!« Und er erzählte, dass sogar der Schlossherr ausgezogen war. Er, der Wirt, habe deshalb die Schlüssel. Aber alle, die es gewagt hätten, droben zu nächtigen, seien entnervt auf und davon.

Der Soldat wollte die Geschichte nicht so recht glauben. »Gebt mir die Schlüssel zum Schloss, Herr Wirt«, sagte er. »Dann werden wir schon sehen, was es mit dem Umgehen auf sich hat!«

Und so stieg der Soldat zum Schloss hinauf. Oben angekommen machte er es sich bequem. Die Nacht kam. Um Viertel nach elf war über die Treppe herauf ein Stapfen zu hören. Jemand klopfte an die Tür. Sie ging auf. Ein zorniges Geschrei, dann ein »Rumps«: Etwas Schweres fiel über die Stiege hinab. Danach war es wieder still.

Der Soldat hatte das alles mit angespanntem Atem gehört. Am liebsten wäre er jetzt hinuntergelaufen ins Gasthaus. In der Finsternis getraute er sich aber nicht hinaus. Bang wartete er ab.

Vom Turm her schlug es Mitternacht. Da war an der Kammertür ein Klopfen zu hören. Der Soldat überlegte: Was sollte er tun? – Plötzlich ging die Tür wie von selber auf. Ein altes Mandl kam herein. Über der Achsel trug es ein Barbierzeug, also Messer, Abziehriemen, Seife, ein Handtuch und noch ein paar Kleinigkeiten. Beim Tisch angekommen, legte es das Zeug auseinander, strich das Messer, bis es so scharf war, wie Rasiermesser eben sein müssen. Dann deutete es dem Soldaten, er solle sich zum Tisch setzen.

Mit schlotternden Knien tat der das auch. Er wusste: Jetzt ging es ihm ans Leben.

Das sonderbare Mandl seifte ihn in aller Ruhe ein, griff zum frisch geschärften Messer und rasierte ihn. Das geschah mit aller Sorgfalt. Dem Mandl kam dabei kein Wort über die Lippen.

Als der Soldat sah und spürte, dass ihm nichts geschah, war ihm ein wenig leichter. Jetzt überlegte er hin und her: Sollte er dem Mandl etwas bezahlen oder nicht. Schließlich nahm er einen alten Silberzwanziger und legte ihn in Gottes Namen auf den Tisch. Das Mandl schnappte die Münze und warf sie gegen die Wand. Dort war ein großer Stein eingemauert. Der brach durch den Münzwurf los und fiel herab. Hinter ihm rieselten Gold und Silber nach. »Dieses Geld gehört dir!«, sagte das Mandl. »Du hast es ehrlich verdient! – Es ist der Dank dafür, dass du dein Leben gewagt hast. Jetzt bin ich erlöst!« Dann erzählte es dem Soldaten, wie sich die ganze Geschichte zugetragen hatte. »Das Schloss kannst du nun unbesorgt kaufen«, sagte es noch. »Ich verspreche dir, dass fortan Ruhe ist.« Darauf war es verschwunden, als ob es der Erdboden verschluckt hätte. Keine und keiner hat es mehr gesehen.

Der Soldat kehrte am nächsten Morgen vergnügt zurück zum Wirt. Der hatte sich schon große Sorgen gemacht. Als er jetzt den Soldaten sah, und dann auch noch die ganze Geschichte hörte, war die Freude groß. Der Soldat aber kaufte das Schloss, hauste dort vergnügt und ohne Sorgen – und wenn er nicht gestorben ist, dann lebt er wohl heute noch.

Von der Prinzessin, die mit dem Teufel tanzte

In den 20er-Jahren des vergangenen Jahrhunderts kam Walter Kainz als »Bezirksaushilfslehrer« viel herum in der Weststeiermark. Er nutzte die vielen Ortswechsel und fragte da und dort nach Sagen und Märchen. Kolleginnen und Kollegen halfen ihm dabei, eine Fülle von Überlieferungen zusammenzutragen. Das nachfolgende Märchen stammt aus dem weststeirischen Unterwald.
Walter Kainz veröffentlichte es 1936 in der Sammlung »Volksdichtung aus dem Kainachtal«.

Vor langer, langer Zeit, wars gestern oder wars heut, da lebte einmal eine Königstochter. Die ging jede Nacht aus. Aber keiner wusste, wohin. Und eines war sonderbar: Wenn sie in der Früh heimkam, waren ihre Schuhe ganz und gar zerrissen. Mit der Zeit wurde der König neugierig. Zu gerne wollte er wissen, wo denn seine Tochter die Nacht verbrachte. Aber alles Fragen half nichts. Wo sie hinging? Nein, das verriet sie nicht.

Am Hof lebte ein junger Ritter. Der hieß Josef. Er war der Prinzessin schon lange zugetan und drum wollte er umso mehr herausfinden, wo denn die Prinzessin die Nacht verbrachte. Sobald es finster geworden war, schlich er ihr nach. Da sah er, dass die Prinzessin vor dem Schloss in eine prächtige Kutsche stieg und auf und davon fuhr. In der nächsten Nacht versteckte sich Josef beim Tor. Kaum, dass die Prinzessin wieder in die Kutsche eingestiegen war und losfuhr, sprang er hinten auf. Kein Mensch hat ihn dabei gesehen oder bemerkt. Zuerst ging es durch eine weite Landschaft. Dann hinauf auf einen steilen Berg. Der junge Ritter staunte nicht schlecht: Der Berg war wundersamerweise ganz und gar aus Gold. Ja, da wuchsen sogar goldene Bäume mit goldenen Blättern. Flink griff Josef nach einem goldenen Blatt, riss es ab und steckte es ein.

Bald darauf kamen sie zu einem silbernen Berg. Hier wuchsen silberne Bäume mit silbernen Blättern. Wieder überlegte Ritter Josef nicht lange: Er riss ein silbernes Blatt ab und steckte es ein. Schließlich ging es noch über einen gläsernen Berg mit Bäumen aus Glas. Auch da riss der Ritter Josef ein Blatt ab und steckte es ein.

Auf der anderen Seite des Berges wartete schon einer auf die Prinzessin. Und das war einer, der nicht furchtbarer und scheußlicher hätte sein können – der Teufel!

Er empfing die Prinzessin in allen Ehren, machte ihr die Aufwartung und dann tanzte er mit ihr so wild und so leidenschaftlich, wie nur der Teufel tanzen kann.

Die ganze Nacht hindurch tobten sich die zwei aus. Kein Wunder, dass in der Früh die Schuhe der Prinzessin zerfetzt waren. Sie machte sich nichts draus, stieg wieder in die Kutsche und zurück gings ins königliche Schloss. Dort berichtete der Ritter Josef dem König, was er gesehen hatte: »Herr, Ihr werdet es nicht glauben, aber Eure Tochter verbringt ihre Nächte mit dem Teufel.« Der König wollte das nicht glauben. Nach und nach erzählte ihm der Ritter Josef die ganze Geschichte und legte zum Beweis das goldene, das silberne und das gläserne Blatt auf den Tisch.

Unverzüglich ließ der König seine Tochter rufen. »Kennst du diese Blätter?«, fragte er sie: »Und stimmt es, dass du jede Nacht mit dem Teufel tanzt!?«
Was sollte die Prinzessin darauf sagen?
Sie sah die Blätter. Leugnen half da nicht viel. Umso größer war ihr Ärger. Vor lauter Wut begann sie innerlich zu kochen. Sie wurde rot und schließlich schwarz. Dann fiel sie tot um. Der König war entsetzt. Was sollte er jetzt tun?
Er ließ die Prinzessin in der Kirche aufbahren. Soldaten mussten Tag und Nacht als Ehrengarde an ihrem Sarg Wache halten. Den ganzen Tag kamen Leute, um von der Prinzessin Abschied zu nehmen und einen letzten Blick auf sie zu werfen. Am Abend wurde es ruhig. Schließlich war da in der Kirche nur mehr im dämmrigen Schein der Kerzen die Prinzessin im Sarg und die Wachen davor.
Gegen Mitternacht aber sprang der Sargdeckel auf. Die Königstochter kam heraus – scheußlich wie ein Teufel – und erschlug alle Soldaten.
In der Früh sahen die Leute mit Schrecken, was geschehen war. So befahl der König, dass in der darauffolgenden Nacht noch mehr Soldaten Wache halten sollten. Aber denen erging es nicht anders.
»Was hast du uns mit deiner Neugier nur eingebrockt!«, sagte der König zum Ritter Josef: »Hätte ich doch nie erfahren, wo meine Tochter ihre Nächte verbringt. Es wäre uns viel erspart geblieben.«
»Seid unbesorgt, Herr«, erwiderte der Ritter Josef. »Heute Nacht will ich bei Eurer Tochter die Totenwache halten.«
Gegen Abend machte er sich auf in die Kirche. Wohl war ihm nicht dabei zumute. Gedankenverloren stellte er sich neben den Sarg. Da hörte er eine Stimme: »Josef, mach dich auf und geh hinauf zur höchsten Turmspitze!«
Das tat er. Schritt für Schritt stieg er die steilen Stufen hinauf. Kaum, dass er oben war, schlug die Turmuhr zwölf. Im gleichen Moment kam die Prinzessin wieder aus dem Sarg – scheußlich wie ein Teufel.

Was muss sie da sehen! Nirgends ein Soldat! – Sie suchte die ganze Kirche ab. Zuletzt fiel ihr noch der Turm ein. Geschwind brauste sie hinauf. Endlich! Da sah sie den Ritter Josef! Brüllend stürzte sie sich auf ihn und packte ihn bei den Füßen. Da schlug es ein Uhr früh.

Und aus war es wieder mit ihrer Macht. Wie tot lag sie da. Der Ritter Josef packte sie, schleppte sie hinunter und legte sie zurück in den Sarg. So lag sie wieder darin, als ob nichts gewesen wäre.

In der nächsten Nacht musste der Ritter Josef wieder Totenwache halten beim Sarg. Diesmal rief eine Stimme: »Ritter Josef, steig auf den Altar und versteck dich dort hinter der Heiligenstatue!« Das tat er.

Um Mitternacht erwachte die Prinzessin im Sarg wieder zum Leben. Die ganze Kirche suchte sie ab. Nirgends war der Josef zu finden. Wo kann er nur sein? Sie tobte vor Wut und suchte das Halbdunkel fest entschlossen mit ihren Blicken ab. Da! Sie sah ihn hinter dem Heiligenbild hervorlugen! Gleich stürmte sie hin und wollte ihn packen! Da schlug es eins.

Aus war es wieder mit ihrer Macht! Leblos sank sie in sich zusammen und der Ritter Josef brachte sie wieder zurück in den Sarg.

Wohl war dem Ritter Josef jetzt ganz und gar nicht mehr in seiner Haut. Aber der König befahl: »Du hast das Ganze angerichtet. Jetzt schau zu, dass du die Sache zu einem guten Ende bringst.« So hielt der Josef zum dritten Mal Wache am Sarg der Prinzessin. Diesmal befahl ihm die Stimme, sich dicht neben den Sarg zu legen. Das tat der Josef denn auch. Um Mitternacht sprang die Prinzessin so voller Wut und Kraft aus dem Sarg, dass der Sargdeckel zur Seite auf den Boden krachte – genau auf den Ritter Josef. Er deckte ihn ab wie ein Sturz.

Die ganze Kirche suchte die Prinzessin wieder ab. Finden konnte sie den Ritter Josef nicht. Kein Wunder, unter dem Sargdeckel war er gut versteckt. Eine Stimme flüsterte ihm aber zu: »Kriech heraus und leg dich in den Sarg.« Der Ritter Josef zögerte. »Tu's! Es ist zu deinem Besten«, befahl ihm die Stimme. So schlüpfte der Josef vorsichtig unter dem Sargdeckel hervor und kroch in den Sarg hinein.

Gleich darauf schlug es eins, und die Prinzessin wollte zurück in den Sarg. Aber was sah sie da?

Da lag der Ritter Josef drin. Vor lauter Wut fing sie wieder zu toben an, dass es in der ganzen Kirche krachte und polterte. Am liebsten hätte sich der Josef die Ohren zugehalten, um das alles nicht anhören zu müssen. Endlich wurde es wieder still:

Vorsichtig schaute der Ritter auf. Welcher Zauber würde ihn denn jetzt wohl erwarten? – Da stand die Prinzessin vor ihm. Schneeweiß, kein bisschen war von dem Schwarz zurückgeblieben. Und sie war auch nicht mehr wild und wütend, sondern umarmte ihn und drückte ihm einen Kuss auf die Lippen. Jetzt war sie erlöst und die Freude groß. Bald darauf feierten sie ein großes Hochzeitsfest. Ob der Ritter Josef dabei getanzt hat wie der Teufel, und ob die Prinzessin jemals wieder schwarz geworden ist vor Wut!? Wer weiß?

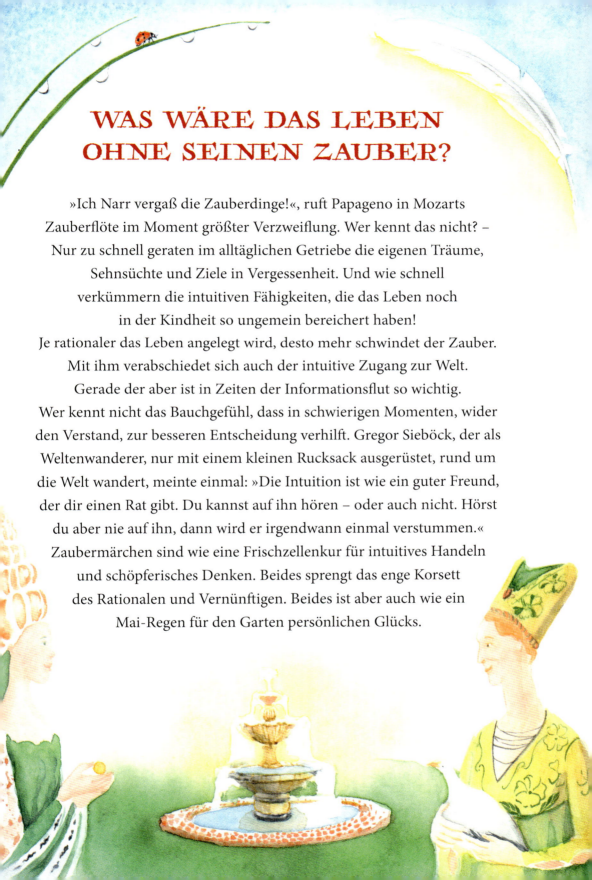

WAS WÄRE DAS LEBEN OHNE SEINEN ZAUBER?

»Ich Narr vergaß die Zauberdinge!«, ruft Papageno in Mozarts Zauberflöte im Moment größter Verzweiflung. Wer kennt das nicht? – Nur zu schnell geraten im alltäglichen Getriebe die eigenen Träume, Sehnsüchte und Ziele in Vergessenheit. Und wie schnell verkümmern die intuitiven Fähigkeiten, die das Leben noch in der Kindheit so ungemein bereichert haben!
Je rationaler das Leben angelegt wird, desto mehr schwindet der Zauber. Mit ihm verabschiedet sich auch der intuitive Zugang zur Welt. Gerade der aber ist in Zeiten der Informationsflut so wichtig.
Wer kennt nicht das Bauchgefühl, dass in schwierigen Momenten, wider den Verstand, zur besseren Entscheidung verhilft. Gregor Sieböck, der als Weltenwanderer, nur mit einem kleinen Rucksack ausgerüstet, rund um die Welt wandert, meinte einmal: »Die Intuition ist wie ein guter Freund, der dir einen Rat gibt. Du kannst auf ihn hören – oder auch nicht. Hörst du aber nie auf ihn, dann wird er irgendwann einmal verstummen.«
Zaubermärchen sind wie eine Frischzellenkur für intuitives Handeln und schöpferisches Denken. Beides sprengt das enge Korsett des Rationalen und Vernünftigen. Beides ist aber auch wie ein Mai-Regen für den Garten persönlichen Glücks.

Vom redenden Vogel, vom singenden Baum und vom goldenen Wasser

*Dieses Zaubermärchen geht in weiten Zügen auf die
Fassung zurück, die Karl Haiding 1953 von Josef Friedl im
burgenländischen Oberschützen aufgezeichnet hat. Im steirischen
Ennstal taucht das gleiche Motiv im Volksmärchen »Vom singenden
Baum und dem Vogel der Wahrheit« auf, in Tirol als »Der Vogel
Phoenix, das Wasser des Lebens und die Wunderblume«, aber auch
als westfälisches Märchen »De drei Vögelkens« in den deutschen
Sammlungen der Gebrüder Grimm und sogar in den Sammlungen
von 1001 Nacht als »Geschichte der beiden Schwestern, die ihre
jüngste Schwester beneideten«.
Diese burgenländische Fassung hat – wenn auch in leicht
veränderter Form – ihren ganz besonderen Reiz.*

Ein König verirrte sich auf der Jagd einmal so sehr im dichten Wald, dass er nicht mehr ein und aus wusste. Als die Sonne unterging, war er ganz und gar verloren im dunklen Tann. Da sah er mit einem Mal ein Licht. In seiner Not ritt er darauf zu und kam zu einer armseligen Hütte. Neugierig schaute er durchs Fenster, wer denn da hauste. Drinnen saßen drei Schwestern beim Nachtmahl und redeten darüber, wie schön das Leben sein könnte.

Die Älteste meinte gerade: »Also für mich wäre es das größte Glück, wenn ich den Gärtner vom König heiraten könnte. Mit ihm verstehe ich mich gut. Der gefällt mir besser als jeder andere.«

»Mir wäre der Bäcker vom König gerade recht«, sagte die mittlere Schwester. »Bestimmt hätten wir miteinander ein gutes Leben und es würde uns an nichts fehlen.«

Die Jüngste aber sagte nichts. Sie saß einfach ruhig da.

»Jetzt sag du!«, stießen sie die anderen an. »Wen möchtest du zum Mann?« – »Ach, lasst mich doch in Ruhe mit euren Wünschen. Den, der mir der Liebste wäre, den bekomme ich ja doch nicht. Was hilft da das ganze Reden? – Besser, man behält es für sich. So hat man wenigstens seine Ruhe.«

»Jetzt rede schon!«, setzten die anderen nach. »Lass dich doch nicht so bitten! – Wir haben dir auch gesagt, was wir uns denken! Also heraus mit der Sprache: Vielleicht fügt es sich doch zum Guten – wer weiß!?«

»Wenn ihr es denn unbedingt wissen wollt: Der König ist es, der mir am liebsten wäre. – Er gefällt mir. Mit ihm hätte ich gewiss ein glückliches Leben.«

Die älteren zwei lachten. Der König aber hatte genug gehört. Jetzt klopfte er an die Tür und bat um ein Nachtquartier. Die drei hielten ihn für einen herrschaftlichen Jäger, der sich verirrt hatte. So richteten sie ihm ein Nachtmahl und ließen ihn auf der Ofenbank schlafen. Je mehr der König aber die Jüngste von den dreien beobachtete, desto besser gefiel sie ihm.

Am anderen Tag zeigten sie ihm den Weg hinaus aus dem Wald. Kaum, dass der König zurück war im Schloss, schickte er auch schon seinen Leibdiener mit der königlichen Kutsche in den Wald, um die drei Schwestern zu holen. Zuerst wollten die gar nicht mit: »Was sollen wir beim König!?«, sagten sie. »Nein, wir kommen nicht mit Euch. Bestimmt will sich da einer auf unsere Kosten einen Scherz erlauben!«

Der Diener aber erklärte ihnen lang und breit, dass das Ganze ganz und gar kein Scherz wäre. So brachte er sie schließlich doch so weit, dass sie mitkamen. Bald darauf standen sie auch schon vor dem König.

»Sagt mir, was ihr euch gestern Abend gewünscht habt«, verlangte er von ihnen. »Aber sagt die Wahrheit, denn ich habe alles gehört!«

Da erzählte die Älteste, dass sie gerne den königlichen Gärtner heiraten würde. »Gut«, sagte der König daraufhin, »wenn ihr euch so gut versteht, dann soll das so geschehen!«

Die Zweite stotterte heraus, dass der königliche Bäcker für sie wohl der Richtige wäre. – »Gut, dann soll er der deine werden!«, bestimmte der König.

Die Jüngste aber blieb still.

»Rede!«, sagte der König, »Es hilft dir ja doch nichts! Heraus mit der Sprache!« – »Ach, Herr«, sagte sie, »Ihr werdet bestimmt nur wütend werden. Lasst es lieber ungesagt bleiben. Ihr erspart Euch und mir nur eine Peinlichkeit und wohl auch Ärger.«

Der König aber beharrte darauf: »Rede!«, sagte er. »Sonst lernst du meinen Ärger schon jetzt kennen!« Was blieb ihr da anderes übrig? – »Wenn Ihr es denn unbedingt hören wollt: Ihr seid der, der mir gefällt. Was könnte ich mir mehr wünschen, als zusammen mit Euch ein glückliches Leben zu führen!?« – »Na gut«, lachte der König, »dann soll auch das geschehen!« Und so wurde bald darauf Hochzeit gefeiert. Die eine heiratete den Bäcker, die andere den Gärtner und die Jüngste gar den König.

Bald aber waren ihre Schwestern neidisch auf sie. Frau des königlichen Gärtners – gut. Frau des königlichen Bäckers – auch gut. Aber Frau des Königs und damit Königin zu sein, das war doch etwas ganz Besonderes.

Die Zeit verging. Schnell erzählt man, aber langsam erlebt man. Der Neid der Schwestern auf die Jüngste aber wurde nicht kleiner. Im Gegenteil: Als die Königin auch noch schwanger wurde, fraß er ihre älteren Schwestern schier auf.

Gerade zur Zeit der Niederkunft aber musste der König fort auf eine weite Reise. So machte sich die älteste Schwester an die junge Königin heran, tat freundlich und redete ihr zu: »Hab keine Angst, wenn dein Mann fort ist, werde ich für dich sorgen und dir beim Entbinden helfen, damit alles gut geht.« Wirklich half ihr die älteste Schwester, als es so weit war. Die Königin aber fiel gleich nach der Geburt vor lauter Erschöpfung in eine tiefe Ohnmacht. Da nahm die Schwester das neugeborene Kind, einen Buben, steckte ihn in ein Fass, verschloss das mit einem Deckel und warf es in die Donau. Statt dem Kind legte sie einen kleinen Hund in die Wiege.

Als die junge Königin wieder zu sich kam und den Hund sah, war sie hellauf verzweifelt. Und erst recht der König: Ihm erzählten ihre Schwestern gleich frisch von der Leber weg, was für ein Unglück geschehen sei und dass ihm seine Frau einen Hund in die Welt gesetzt hätte!

»Wie konnte das nur geschehen!?«, fragte er sie. »Frau, wie konntest du nur einem Hund das Leben schenken!?« – »Ich weiß es nicht!«, meinte sie. »Ich bin in eine tiefe Ohnmacht gefallen. Aber meine Schwester war bei der Geburt dabei. Vielleicht hat sie ein Unheil angerichtet.« Zuerst war der König wütend und verstört. Dann aber überlegten die zwei sich das Ganze und meinten, es würde alles schon noch gut werden.

Das Fass mit dem Kind trieb derweil die Donau hinab. Weiter unten hatte am anderen Ufer ein Fischer seine Netze ausgeworfen. Dort verhängte es sich. Neugierig zog der Fischer das Fass an Land. Er konnte es kaum glauben, als er darin ein Kind schreien hörte. Gleich machte er das Fass auf und sah den kleinen Buben. Auf den ersten Blick hatte er ihn liebgewonnen und eilte mit ihm nach Hause. »Schau her, was ich dir heute für einen Fang bringe!«, sagte er zu seiner Frau. »Den Buben hat der Strom in einem Fass angeschwemmt. Wer weiß, was das bedeutet!? Er ist ein lieber Kerl. Was hältst du davon, wenn wir ihn als unseren eigenen Sohn annehmen?« Die

Frau war damit einverstanden. Sie hatten sich immer schon ein Kind gewünscht. Jetzt hatte ihnen also der Strom diesen Wunsch erfüllt. So wurde der Königssohn zum Sohn der Fischersfrau und des Fischers.

Ein Jahr verging und die Königin wurde wieder schwanger. Auch diesmal war der König zur Zeit der Geburt weit weg. So machte sich die mittlere Schwester an die Königin heran. Wieder war die Entbindung nicht leicht. So gab die Schwester der Königin einen Schlaftrunk. Dann nahm sie das Kind – es war wieder ein Bub – und setzte auch ihn in einem Fass auf der Donau aus. Statt dem Kind legte sie eine Katze in die Wiege.

Das Fass aber trieb die Donau hinab und verfing sich justament wieder in den Netzen des alten Fischers. Der konnte es kaum fassen: Da hatte ihm also der Strom noch einen Buben angeschwemmt! Seine Frau war diesmal aber nicht glücklich: »Wie sollen wir denn auch noch ein zweites Kind durchfüttern?«, klagte sie. »Wir haben ja selber kaum genug zum Beißen!« – »Sei unbesorgt«, beruhigte sie der Fischer, »schickt der Herrgott das Haserl, so schickt er auch das Graserl. Irgendwie werden wir einen zweiten Buben auch noch durchbringen.«

Der König aber konnte den Schrecken kaum fassen, als er zurückkam. Jetzt lag eine kleine Katze drin in der Wiege! – »Wie konnte das nur geschehen?« »Ich weiß es nicht!«, klagte seine Frau. »Ich weiß nur, dass ich gleich nach der Geburt tief und fest eingeschlafen bin. – Wer weiß, ob nicht meine Schwester etwas angerichtet hat!«

Zuerst war der König fuchsteufelswild. Als er aber die Verzweiflung, zugleich aber auch die Anmut und die Herzensgüte seiner Frau sah, sagte er: »Gleich, wie es ist: Gewiss wird alles gut werden. Gott wird uns schon noch ein Kindlein schenken, das nach uns einmal den Thron übernehmen kann.«

Die Zeit verging. Über das Ganze wuchs Gras. Nur die Königin grämte sich. Sie konnte das, was geschehen war, einfach nicht fassen.

Schließlich wurde sie aber wieder schwanger. Und einmal mehr musste der König fort in einen Krieg.

Diesmal kamen alle zwei Schwestern ins Schloss. Sie taten recht freundlich und redeten der Königin gut zu. So dachte sich die nichts Böses, als sie ihr wieder bei der Geburt halfen. Die war einmal mehr schwer. Die Schwestern aber brauten einen starken Schlaftrunk für die Königin. Dann nahmen sie das neugeborene Kind, ein Mädchen, und setzten es wieder in einem Fass auf der Donau aus. Diesmal legten sie statt dem Kind ein Holzscheit in die Wiege.

Endlich kehrte der König zurück aus dem Krieg. Der Feind war siegreich verjagt, die Freude riesengroß.

Gleich erzählten ihm die zwei älteren Schwestern, dass seine Frau ein Holzscheit in die Welt gesetzt hätte. Da war für den König jeder Jubel verflogen. Wutentbrannt stürmte er in die Schlafkammer. Dort lag sie, die junge Königin, und wusste in ihrer Seelennot nicht aus und ein. Eine Hexe schimpfte er sie, der König. Und als sie nichts darauf sagte, sondern nur bitterlich weinte, da ließ er sie dem Gericht übergeben.

Zur Strafe und um ihr Leben zu schonen wurde sie schließlich wie ein Tier in einen Käfig gesperrt. Der stand nahe bei einer Straße. Alle, die dort vorbeikamen, mussten vor ihr ausspucken. Wohl wurde ihr dort zu essen und zu trinken hingestellt. Auch ein Dach hatte sie über dem Kopf. Was aber blieb, war die Schande. Wie eine Übeltäterin wurde sie gefangen gehalten. Die Königin selbst kümmerte das recht wenig. Viel größer war ihre Verzweiflung über das, was geschehen war – und was sie sich ja nicht erklären konnte.

Die Donau schwemmte auch das Mädchen beim alten Fischer an. Seine Frau war inzwischen gestorben. So zog er es alleine zusammen mit den zwei Buben groß.

Jahre vergingen. Das Mädchen sorgte für das Haus, während ihre Brüder in den Wald auf die Jagd gingen.

Dort begegnete ihnen einmal der König: »Was macht ihr denn hier?«, fragte er sie. »Wir gehen für unseren Vater auf die Jagd«, sagten sie. »Er ist schon zu alt, um zu arbeiten.« – »Ihr gefällt mir«, meinte der König nachdenklich. »So schöne Kinder hätte ich auch gerne.«

Bald darauf starb der alte Fischer. Seine Zöglinge setzten ihn in allen Ehren bei.

Einmal, als die Brüder wieder auf der Jagd waren, kam ein alter Mann zum Haus. Er bat das Mädchen um Essen und Trinken. Sie gab es ihm reichlich. »Ihr habt es gut hier«, sagte der Alte, als er mit der Mahlzeit fertig war: »Das Einzige, was euch fehlt, sind der redende Vogel, der singende Baum und das goldene Wasser, das in die Höhe schießt.« – »Wo ist das alles zu finden?«, fragte das Mädchen. »Weit über den Berg«, meinte er. »Aber es ist nicht leicht hinzukommen. Viele sind auf dem Weg schon zu Stein geworden.« – »Und was müssen wir machen, wenn wir es doch wagen?« – »Ihr habt drei Rösser im Stall«, sagte der Alte. »Reitet so weit, bis ihr zum Rand des Waldes kommt. Der Mann, der dort steht, kann euch den Weg weisen.«

Der Alte zog daraufhin weiter. Als die Brüder heimkamen, erzählte ihnen das Mädchen sogleich, was er gesagt hatte. »Wenn das so ist, dann wollen wir keine Zeit verlieren«, meinte der Ältere, sattelte den Braunen und ritt bis an das Ende des Waldes.

Dort stand ein steinalter Greis. »Wo willst du denn hin?«, fragte er den Burschen. »Ich suche den redenden Vogel, den singenden Baum und das goldene Wasser. Weißt du, wo sie zu finden sind?« – »Den Weg kenne ich wohl, aber ich warne dich: Da sind schon viele hingeritten, und alle sind sie zu Stein geworden.«

»Ich will es trotzdem versuchen«, antwortete der Bursch. »Sag mir, was ich tun soll.« – »Gut«, meinte der Alte, »wenn du es nicht anders willst, dann sollst du es erfahren: Ich werde diese Kugel werfen. Sie wird vor dir her rollen, und du brauchst ihr nur nachzureiten. So kommst du zu einem Berg. Auf den musst du hinauf. Dort wird es gewaltig blitzen und donnern. Davon darfst du dich aber nicht beirren lassen. Weh dir, wenn du dich umdrehst! Dann wirst du auf der Stelle zu Stein.«

Drauf packte der Alte die Kugel und schob sie mit einem mächtigen Schwung in die Weite. Wie eine Kanonenkugel sauste sie dahin, und der Bursch auf seinem Pferd hinter ihr her.

Als er zum Berg kam, ging dort ein furchtbares Unwetter nieder. Es blitzte und krachte, dass ihm schier Hören und Sehen verging. Unbeirrt ritt er bergauf. Da zuckte neben ihm ein Blitz nieder. Vor Schreck fuhr er zusammen. Geblendet wandte er sich ab und drehte sich dabei um. In diesem Moment wurde er mitsamt seinem Ross auf der Stelle zu Stein.

Zu Hause warteten sie ein paar Tage. Dann machte sich der jüngere Bruder auf. Auch er ließ sich vom steinalten Mann nicht abschrecken. Entschlossen ritt er hinter der Kugel her und kam in das Unwetter. Unbeirrt trieb er sein Ross an, so wild das Wetter auch tobte. Der Gipfel war schon in Sichtweite. Da krachte der Donner, dass es von den Felsen widerhallte. Entsetzt bäumte sich sein Ross auf. Der junge Mann suchte Halt, drehte sich dabei um, schaute zurück – und wurde zu Stein.

Zwei, drei Tage vergingen. Am vierten Tag machte sich die Schwester auf. Sie schwang sich auf den Schimmel und ritt zu dem Alten.

»Großvater, weißt du, wo ich den redenden Vogel, den singenden Baum und das goldene Wasser finde?«, fragte sie ihn. »Und weißt du auch, wo meine Brüder sind?«

»Ach, Dirndl«, seufzte der Alte, »wie willst du das vollbringen, was sie nicht vollbracht haben? Sie sind zu Stein geworden, wie so viele.«

»Ich will es aber versuchen!«, sagte sie. »Vielleicht kann ich ihnen doch helfen.«

»Na gut«, meinte er drauf. »Ich lasse die Kugel vor dir her rollen. Reite ihr nach. Aber lass dich nicht schrecken, bis du am Gipfel vom Berg bist.« – »Und was soll ich dort tun?« – »Fang dort den redenden Vogel und frag ihn. Der weiß, was zu geschehen hat!«

Entschlossen jagte drauf das Mädchen auf dem Schimmel hinter der Kugel her. Bald kam auch sie in das Unwetter. So wild es aber auch stürmte, tobte und wetterte: Sie ließ sich nicht beirren. Bald hatte sie die Hälfte vom Berg hinter sich. Jetzt ließ sie den Schimmel verschnaufen – sah aber nicht zurück. Dann sprengten sie in wilder Jagd weiter. Blitze zuckten und der Donner krachte rundum, als ob die Welt unterginge. Neben ihr schlug es ein, Felsen zerbarsten. Der Schimmel richtete sich im Schrecken auf. Aber sie hielt ihn im Zaum und trieb ihn weiter an. Unterhalb vom Gipfel ließ sie das erschöpfte Tier noch einmal rasten. Dann noch ein paar mächtige Sätze – und sie waren oben. Jetzt flaute das Unwetter ab.

Nicht weit von ihr sah sie auf der Kuppe einen mächtigen Baum. Droben saß der Vogel. Frohgemut ritt sie auf ihn zu. Der Vogel aber flog ihr entgegen und landete auf der ausgestreckten Hand. »Weißt du, was ich jetzt tun soll?«, fragte sie ihn. »Brich vom Baum eine Gerte ab«, sang der Vogel. »Und hol dir das goldene Wasser aus der Quelle, die dort zwischen den Wurzeln hervorsprudelt.«

Sie machte alles genau so, wie er es ihr angeschafft hatte. Brach einen Zweig ab und füllte das Wasser in eine Flasche. Die hatte sie extra dafür mitgebracht. »Und wie kann ich jetzt meine Brüder erlösen?«, fragte sie den Vogel.

»Geh den Berg hinunter«, sagte er, »und gib allen, die da versteinert liegen, mit dem Zweig vom singenden Baum einen Schlag. So werden sie wieder lebendig werden, und unter all den anderen wirst du auch deine Brüder finden.«

Da machte sie sich gleich wieder auf den Rückweg. Beim Hinuntergehen schlug sie auf einen Felsen nach dem anderen. Menschen über Menschen waren es, die so wieder lebendig wurden. Natürlich waren auch ihre Brüder darunter. Jubelnd hoben sie sie auf ihre Schultern und feierten ihre Retterin. Im Tal trafen sie den Steinalten, der die Kugel geschoben hatte. Auch er war jetzt erlöst. Schließlich gingen alle wieder ihrer Wege. Die drei Geschwister machten sich auf, zurück zum Fischerhaus im Wald.

Dort angekommen, sagte der Vogel: »Setzt die Rute im Hof ein. Davor grabt ihr eine Grube und gießt das goldene Wasser hinein!«

Das machten sie, und kaum, dass das geschehen war, trieb die Rute aus und wurde zum Baum. Der wiegte sich sanft und sang, dass es weitum klang. Das goldene Wasser sprudelte wie ein Springbrunnen in die Höhe und fiel doch wieder in sein Becken zurück.

»Jetzt ladet den König zum Essen ein«, sagte der Vogel, »und kocht ihm eine Suppe aus Tollkirschen.« – »Eine Suppe aus Tollkirschen?«, fragte das Mädchen entsetzt. »Ja!«, sagte der Vogel bestimmt. »Macht alles genauso, wie ich es euch sage, und lasst nur mich reden. Es wird zu eurem Besten sein!«

Der König freute sich sehr, als ihm die Brüder die Einladung überbrachten. Er folgte ihr nur zu gerne.

Die Burschen waren ihm nicht mehr aus dem Sinn gegangen. Neugierig wollte er sehen, wo sie denn wohnten. Erst recht war er erfreut, als er beim Fischerhaus den klingenden Baum hörte und das goldene Wasser munter hüpfen sah. Als alle rund um den Tisch saßen, trug die Schwester die Suppe auf. Der Anblick des Mädchens machte das Herz des Königs froh. Als er aber die Suppe sah, traute er seinen Augen nicht: Groß und schwarz schwammen darin Tollkirschen!

»Was fällt euch ein!?«, rief er aus. »Wie könnt ihr es wagen, mir Tollkirschen vorzusetzen!? – Wollt ihr mich vergiften? Ich lasse euch ins Gefängnis werfen. Eine Suppe aus Tollkirschen kann doch kein Mensch essen.« – »Genauso wenig, wie ein Mensch einen Hund, eine Katze oder ein Holzscheit in die Welt setzen kann«, sang da der Vogel. »Majestät: Vor Euch stehen Eure Kinder!«

Da war die Verblüffung groß. Haarklein erzählte der Vogel, wie sich die Geschichte wirklich zugetragen hatte.

»Kommt, meine lieben Kinder«, sagte der König drauf. »Setzt euch in die Kutsche! Wir fahren zurück ins Schloss.« So geschah es. Sofort wurde die Königin klammheimlich aus dem Käfig befreit. Der König bat sie unter Tränen um Verzeihung. Die Königin war so glücklich, ihre Kinder zu sehen, dass sie ihrem Ehemann vergab. Die Kinder waren es auch, die ihre Mutter in einer versteckten Kammer im Schloss wieder gesund pflegten, bis sie so kräftig und schön war wie früher.

Erst dann setzte der König ein großes Fest an. Zur Tafel waren auch die Schwestern der Königin geladen. Die erkannten sie nicht wieder.

Nach dem Essen bat der König: »Erzählt doch aus eurem Leben. Es unterhält mich, zuzuhören.« Da tischten die Schwestern die alten Lügen auf.

Schließlich reichte es dem König: »Vogel, jetzt red du!«, sagte er. Da begann der Vogel die Geschichte zu erzählen, so, wie sie sich wirklich zugetragen hatte. »Hier sitzen sie nun, die Kinder!«, sagte er dann. »Sehen sie vielleicht aus wie ein Hund? Oder wie eine Katze? Oder gar wie ein Scheit? – Nein, das waren sie nur in der Bösartigkeit dieser Frauen. Und hier sitzt die Königin, die wegen dieser Bösartigkeit viel zu erdulden hatte.«

Auf der Stelle wurden die Schwestern dem Gericht übergeben und verurteilt. Die Königin aber lebte mit ihrem Mann und den Kindern noch viele glückliche Jahre – und wenn sie nicht gestorben sind, dann leben sie wohl heute noch.

Von der Prinzessin mit dem Wasserschädel

Wasserkopf, auch: Wasserschädel – wer würde solche Ausdrücke in einem Zaubermärchen vermuten. Und doch trägt die Geschichte in der Sammlung »Schwänke, Sagen und Märchen in heanzischer Mundart« den drastischen Titel »Ti Prinzessin mit'n Wòssakoupf«. Der Volkskundler Johann Reinhard Bünker hat sie nach den Erzählungen des Ödenburger Straßenkehrers Tobias Kern im Dialekt der Heanzen aufgeschrieben und 1906 veröffentlicht.

Es lebte einmal eine Bäuerin. Der starb, kaum, dass sie geheiratet hatte, der Mann. Kein Wunder, dass ihre Verzweiflung groß war.
Bekümmert ging sie hinaus auf das Feld zur Arbeit. Die Hitze war an diesem Tag groß, und so ging sie zu einem Brunnen, um zu trinken. Das Bründl lag versteckt im Schatten von Weidenstauden. Durstig beugte sie sich nieder. Kaum aber, dass sie die Hand eingetaucht hatte, begann es im Brunnen zu gurgeln und zu blubbern. Eine Wasserblase tauchte aus der Tiefe auf, stieg hoch und ging vor den Augen der staunenden Bäuerin auf: Vor der Bäuerin stand eine Wasserfee. Der reichte das Wasser bis zum Bauch. Die Fee hatte grüne Haare und grüne Augen. Auch ihr Kleid war grün und mit Perlen und Muscheln verziert.
Die Bäuerin wusste nicht so recht, wie ihr geschah. Die Fee aber sagte: »Hab keine Angst, Bäuerin! Ich weiß, wie du dran bist. Der Mann ist dir

gestorben und du wirst bald ein Kind in die Welt setzen. Es wird ein Bub sein. Sepp sollst du ihn taufen und ich möchte seine Godn, also seine Taufpatin, sein. Damit dir und dem Sepp nichts fehlt, gebe ich dir hier einen Sack voll Gold. Nimm dazu diesen goldenen Bisamapfel. Den gibst du dem Sepp aber erst, wenn er zwanzig Jahre alt ist. Er soll damit hierherkommen und den Apfel in den Brunnen werfen. Dann werde ich ihm zu seinem Glück verhelfen.«

Die Bäuerin dankte der Fee. Irgendwie konnte sie das alles immer noch nicht so recht fassen. Der Bisamapfel war ein zierlicher, kleiner, kugelförmiger Behälter. Er duftete fein, nach Ambra und Moschus. Die Fee war im nächsten Moment verschwunden. Die Bäuerin aber machte sich wieder an die Arbeit. Jetzt war ihr leichter.

Bald darauf setzte sie wirklich einen Buben in die Welt. Dem gab sie den Namen Sepp.

Der Sepp wuchs heran wie ein Baum im Wald. Durch das Gold der Wasserfee fehlte es ihm und seiner Mutter an nichts. Zu seinem zwanzigsten Geburtstag gab ihm die Bäuerin den goldenen Bisamapfel. Sie trug ihm auf, damit hinauszugehen zum Brunnen am Feld und die duftende Kugel dort hineinzuwerfen. Das tat der Sepp auch.

Golden glitzerte es herauf, als der Bisamapfel im Wasser versank. Gleich darauf begann es im Brunnen wieder zu sausen und zu brausen. Die Wasserfee tauchte auf.

»Godn, da bin ich«, sagte der Sepp. »So ist es recht, mein lieber Sepp«, meinte die Fee. »Gut, dass du gekommen bist. Achte auf das, was ich dir zu sagen habe, und du bist am besten Weg zu deinem Glück.«

Neugierig hörte ihr der Sepp zu. »Nimm diesen Sack voll Gold!«, fuhr sie fort. »Geh damit ins Dorf und kauf eine Kutsche, dazu starke Rösser, drei Säcke Getreide, drei Laib Brot und drei Fässer Wein. Lade das alles in die Kutsche, spann die Rösser vor und fahr in die und die Richtung. Nach ein paar Tagen wirst du in ein liebliches Tal kommen. Dort steht ein Schloss mit goldenen Zinnen. Davor ist eine gläserne Brücke. Auf der Brücke sitzt eine Prinzessin. Schreck dich nicht: Sie hat einen riesengroßen Wasserschädel. Sei freundlich zu ihr und tu, was sie dir sagt, dann wirst du dein Glück finden.«

Der Sepp dankte der Wasserfee, ging ins Dorf, kaufte alles genau so, wie sie es ihm aufgetragen hatte. Dann fuhr er in die bestimmte Richtung.

Es war ein heißer Tag. Der Sepp kam auf dem Kutschbock gehörig ins Schwitzen. Von weitem sah er einen Mann auf sich zukommen. Das war ein mächtiger Riese. Auch er schwitzte nicht wenig. »Sepp«, rief er, »ich bin am Verschmachten! – Hast du nichts zum Trinken für mich?« – »Meinen Wein kannst du haben!«, sagte der Sepp und zog beim ersten Fass den Stoppel heraus. Der Riese packte das Fass daraufhin, hob es in die Höhe und soff es in einem Zug leer. Genauso machte er es mit dem zweiten und dem dritten Fass. »Ich danke dir«, sagte er dann. »Du hast mir geholfen, ich werde dir auch helfen. Denk einfach an mich, wenn du in Not bist, und ich komme und helfe dir.« Der Sepp dankte und fuhr weiter.

Am zweiten Tag kam dem Sepp ein Schwarm Tauben entgegengeflogen. »Sepp, wir leiden furchtbaren Hunger!«, gurrten sie. »Hast du vielleicht etwas zu fressen für uns?« – »Das Getreide könnt ihr haben, wenn ihr wollt!«, sagte der Sepp und schnitt die Säcke auf. Mit vollen Händen warf er die Körner unter die Tauben. Schnell war auch der dritte Sack leer. Korn für Korn pickten die Tauben ratzeputz alles zusammen. »Wir danken dir, Sepp!«, gurrten sie dann. »Du hast uns geholfen, wir werden dir auch helfen. Denk an uns, wenn du in Not bist, und wir kommen und helfen dir.« Der Sepp dankte ihnen und fuhr weiter.

Am dritten Tag kam ihm ein Rudel Raben entgegengeflogen. »Ein furchtbarer Hunger plagt uns, Sepp!«, krächzten sie. »Sag, hast du vielleicht etwas zu fressen für uns?« – »Brot ist noch übrig«, sagte der Sepp. »Das könnt

ihr haben, wenn ihr wollt.« Drauf bröselte er ihnen das Brot auf. Im Handumdrehen hatten sie die drei Laibe verschlungen. »Wir danken dir, Sepp«, krächzten sie dann. »Du hast uns geholfen, wir werden dir auch helfen. Denk einfach an uns, wenn du in Not bist, und wir kommen und helfen dir.« Wieder dankte der Sepp und fuhr weiter auf seinem Weg.
Am vierten Tag kam er in aller Herrgottsfrühe in ein prächtiges Tal. In der Wiese glitzerten und funkelten die Tautropfen im Licht der aufgehenden Sonne. Weit vor ihm sah der Sepp ein Blitzen und Leuchten. Ein Schloss stand da mit goldenen Zinnen.
Beim Näherkommen sah er die gläserne Brücke. Auf ihr saß eine Gestalt. Es war die Prinzessin. Wirklich hatte sie einen großmächtigen Wasserkopf. Bei ihrem Anblick graute dem Sepp. Er traute sich nicht so recht hinzufahren. Als sie ihm aber mit dem Finger winkte, gab er sich einen Ruck, fuhr zu der Brücke hin, saß ab und grüßte sie freundlich.
Die Prinzessin kam gleich zur Sache:
»Wie freue ich mich, dass du hierher gefunden hast, mein lieber Sepp«, sagte sie. »Drei Aufgaben gilt es zu bewältigen, wenn du mich und das Schloss erlösen willst.« – »Ich will tun, was ich kann«, meinte der Sepp. »Na gut!«, lacht die Prinzessin. Drauf packte sie ihn und trug ihn buckelkraxen, also huckepack, über die Brücke hinüber.
Im Schloss zeigte sie ihm ein Zimmer. »Hier kannst du wohnen«, sagte sie dann. »Als Erstes musst du heute Abend auf den Getreideboden gehen. Dort liegen viele tausend Metzen Weizen. Die musst du alle auf einen einzigen Haufen zusammenrechen. Das darf aber nur zwischen elf und zwölf Uhr nachts geschehen.«
Ein einziger Metzen war im Burgenland früher rund 61 Liter Getreide. Man kann sich vorstellen, welche Mengen an Getreide sich da türmten.
Gegen elf ging der Sepp auf den Getreideboden. Haufenweise lag da der Weizen herum, Körner über Körner. Und die soll er jetzt auf einen einzigen

Haufen zusammenrechen!? – Gleich machte er sich an die Arbeit. Aber so viel er auch zusammenrechte und schaufelte – das Getreide rutschte immer wieder auseinander! – Bald schlug es halb zwölf und er war bei weitem noch nicht fertig. Was sollte er tun? – »Ach, wenn mir doch nur die Tauben helfen könnten!«, rief der Sepp in seiner Not – und da kamen sie auch schon geflogen. »Was ist mit dir, Sepp!?«, gurrten sie. »Brauchst du Hilfe?« – »Ja«, rief er, »ich schaffe es einfach nicht, das Getreide auf einen Haufen zusammenzubekommen.« – »Leg dich nieder und schlafe«, meinten die Tauben. »Das machen wir schon für dich.«

Der Sepp legte sich nieder. Die Tauben aber nahmen Korn für Korn in den Schnabel und trugen die Körner geschwind auf einen Haufen zusammen. Um zwölf waren sie fertig.

Kurz danach klopfte es an der Tür zur Kammer vom Sepp. Er wachte auf: »Herein!«, rief er halbverschlafen. – Die Prinzessin wars – und ihr Kopf war schon ein schönes Stück kleiner. »Die erste Aufgabe ist bestanden«, sagte sie. »Hier bringe ich dir den Schlüssel zu dem Wandkästchen dort. Drin findest du die feinsten Speisen und den köstlichsten Wein. Iss und trink, damit du Kraft bekommst. Morgen wartet wieder eine schwere Aufgabe. Zwischen elf und zwölf musst du im großen Saal alle Lichter auslöschen.«

Am nächsten Tag sperrte der Sepp um elf den großen Thronsaal auf. Darin brannten tausende und abertausende Kerzen. Gleich blies er ein paar davon aus, dann die nächsten. Bald merkte er, dass hinter ihm Kerzen, die er schon gelöscht hatte, wieder aufflackerten. Voller Wut nahm er einen Prügel, schlug auf die Leuchter los und warf sie um. Was er aber auch machte: Immer noch brannten Kerzen über Kerzen – und es blieb nicht mehr viel Zeit. Er verschnaufte, betrachtete das Gefunkel rund um ihn herum. »Ach, wenn mir doch nur die Raben helfen würden«, seufzte er.

Da kamen sie schon geflogen. »Was ist, Sepp?«, krächzten sie, »brauchst du unsere Hilfe?« – »Ja«, sagte er. »Ich schaff es einfach nicht, bis zwölf alle

Kerzen auszublasen« – »Dann leg dich nieder und schlaf. Das machen wir schon für dich.«

Der Sepp legte sich nieder. Die Raben aber begannen mit den Flügeln zu wacheln. Bald waren alle Kerzen gelöscht.

Gleich nach zwölf klopfte es wieder an der Tür zum Sepp seiner Kammer. »Herein!«, rief er. – Wieder war es die Prinzessin. Und wieder war der Kopf ein schönes Stück kleiner. Jetzt war er gerade noch so groß wie ein Fünf-Eimer-Fass.

»Auch die zweite Aufgabe ist bestanden«, sagte sie. »Iss und trink, damit du Kraft bekommst. Morgen gilt es die letzte Aufgabe zu bestehen! – Du musst den Kieselstein drunten im Hof ausschlagen, dass er hohl wird wie ein Trog – ja, wie ein Wassergrander. Auch das muss zwischen elf und zwölf Uhr nachts geschehen.«

Am anderen Tag machte sich der Sepp an die Arbeit. Aber er hatte nur einen Krampen mit faustdicker Schneide und einen Meißel mit faustdicker Spitze. Damit ließ sich nichts ausrichten. So viel er auch werkte: Der Stein bekam nicht einmal einen Kratzer.

Erschöpft ließ er die Hände sinken. »Jetzt, wenn mir der Riese helfen würde«, seufzte er.

Da kam der Riese schon mit mächtigen Schritten über die Berge. »Was ist, Sepp! Kann ich dir helfen?« – »Ja, ich soll den Kieselstein ausschlagen, sodass er innen hohl ist wie ein Trog.« – »Leg dich nieder und schlaf nur«, lachte der Riese. »Das mach ich schon für dich.« Und schon machte er sich an die Arbeit, während der Sepp tief und fest schlief.

Punkt zwölf war der Riese fertig. Da ging ein Krachen und Knirschen durch das Schloss. Aus der gläsernen Brücke wurde eine silberne Brücke, und die Prinzessin lief ins Haus.

In der Früh wurde der Sepp munter. Es klopfte an der Tür. »Herein!«, rief der Sepp. Die Prinzessin war es. Vom Wasserschädel war jetzt aber nichts mehr zu sehen. Eine strahlend schöne Königin stand vor ihm. »Ich danke dir, Sepp«, sagte sie. »Du hast mich und das Schloss erlöst. Schau dich um: Das alles soll jetzt dir gehören. Und wenn du mich willst, dann will ich gern die Deine werden.« – »Für dich habe ich alles auf mich genommen. Wegen dir habe ich mir die Aufgaben angetan. So sollst du auch die Meine werden«, sagte der Sepp.

Mit einem Mal war jetzt Leben im Schloss. Diener brachten ihm königliche Gewänder.

Hand in Hand gingen die Prinzessin und er durchs Schloss. Sie zeigte ihm die Schatzkammer. Da waren mehr Schätze und Kostbarkeiten darin, als er sein Lebtag gebraucht hätte. Draußen vor dem Schloss war ein großer Garten mit wilden Kastanien, Eichen und anderen Bäumen zu sehen. Hirsche, Rehe und Hasen sprangen darin herum, dass es eine Freude war.

Gleich schickte der Sepp eine Kutsche los, die seine Mutter holte. Dann hielten sie ein fröhliches Mahl und feierten Hochzeit, wer weiß, wie viele Kinder sie miteinander gehabt haben – und wenn sie nicht gestorben sind, dann leben sie wohl heute noch.

Vom Hansl Gwagg-Gwagg

*Schon 1852 veröffentlichten die Brüder Ignaz und
Joseph Zingerle eine erste Sammlung mit »Kinder- und
Hausmärchen aus Tirol«. 1854 erschien der zweite Band.
Darin ist dieses klassische Volksmärchen zu finden.
Es stammt aus Absam bei Innsbruck.*

Vor langer, langer Zeit, wars gestern oder wars heut, da lebte einmal eine Bäuerin. Die hatte drei Söhne. Der jüngste von ihnen hieß Hans.
Die älteren zwei waren geschickt und tüchtig. Der Hans aber, der war ein Tollpatsch wie er im Buche steht und – wie man so sagt – ein rechter Lapp.
Die Jahre vergingen. Da überlegte die Mutter: Welchem von den drei Söhnen sollte sie den Hof einmal übergeben? Um das Anwesen aufzuteilen, dazu war der Hof zu klein. Also: Wer von den dreien sollte den ganzen Hof bekommen?
Schließlich fiel ihr die Lösung ein:
Sie gab jedem von den drei Söhnen ein Büschel Flachs.
»Nehmt den Flachs«, sagte sie drauf, »und bringt ihn euren Mädchen. Die sollen Garn draus spinnen. Der, der mir dann das schönste Garn zurückbringt, darf den Hof nach mir übernehmen!«
»Ist schon recht, Mutter«, meinten die älteren zwei, »aber dem Hansl, dem brauchst du keinen Flachs geben. Der hat ja sowieso kein Mädchen, das ihm den Flachs verspinnt.«

»Doch, doch!«, sagte die Mutter, »auch der Hansl kriegt seinen Flachs!«
Drauf machten sich die drei auf den Weg. Die älteren zwei voraus. Der Hansl zottelte hinterdrein.

Am Weg überlegte der Hansl die ganze Zeit: Was sollte er machen mit dem Flachsbündel. Er hatte ja tatsächlich keine Liebste. Wem soll er den Flachs denn geben zum Verspinnen?

Auf seinem Weg kam er durch einen Wald und in ein Moor.

Da hörte er eine Stimme:

»Hansl, wo gehst du denn hin? Gwagg-gwagg!

Hansl, wo gehst du denn hin? Gwagg-gwagg!«

Er schaute sich um. Wer redete denn da?

Da sah er vor sich am Weg eine großmächtige Kröte. Die schaute ihn mit großen Augen an.

»Jetzt sag einmal«, meinte der Hansl, »hast denn gar du mit mir gesprochen!?«

»Ja, Hansl«, sagte die Kröte, »wo gehst du denn hin? Gwagg-gwagg! Hansl, wo gehst du denn hin? Gwagg-gwagg!«

Da erzählte er der Kröte die ganze Geschichte. Die Mutter habe ihm den Flachs gegeben. Er hätte aber keine Liebste, die ihm den Flachs verspinnen könnte.

»Hansl, gib den Flachs mir! Gwagg-gwagg!«, meinte die Kröte drauf,

»Hansl, gib den Flachs mir! Gwagg-gwagg!«

»Und was willst du damit machen?«, fragte der Hansl.

»Hansl, den werde ich verspinnen. Gwagg-gwagg!

Hansl, den werde ich verspinnen. Gwagg-gwagg!«

»Den willst du wirklich verspinnen?«

»Ja, Hansl, dafür musst du mich dann aber auch heiraten. Gwagg-gwagg!

Hansl, dann musst du mich aber auch heiraten. Gwagg-gwagg!«

»Also, wenn du den Flachs wirklich aufs Schönste verspinnst, dann heirate ich dich auch«, lachte der Hansl und warf der Kröte das Büschel Flachs hin.

Drauf zog der Hansl wieder heimwärts.

Am Weg ging ihm das Ganze aber noch einmal durch den Sinn: »Was war das nur wieder für eine Dummheit!«, sagte er sich. »Was soll denn eine Kröte mit dem Flachs anfangen? Bestimmt macht sie ihn nur dreckig. Da werden die Brüder wieder über mich lachen.«

Tags darauf überlegte der Hansl: Sollte er überhaupt hinausgehen und nachschauen? Was konnte die Kröte schon viel gemacht haben mit dem Flachs?

Schließlich machte sich der Hansl dann doch auf. Zeitig in der Früh ging er hinaus in den Wald. Und was sah er da im Moor?

Ein feines Gespinst leuchtete ihm entgegen. In den ersten Strahlen der Sonne funkelte es wie lauteres Gold!

Und da hörte er auch schon eine Stimme:

»Hansl, gefällts dir? Gwagg-gwagg?

Hansl, gefällts dir? Gwagg-gwagg?«

Die Kröte kam dahergehüpft.

»Ja«, sagte der Hansl, »das Garn könnte nicht schöner sein!«

Drauf setzte sich die Kröte vor ihn hin, sah ihn wieder mit großen Augen an und meinte bedächtig: »Hansl, jetzt musst du mich aber auch heiraten. Gwagg-gwagg! Hansl, jetzt musst du mich aber auch heiraten. Gwagg-gwagg!«

»Na gut«, sagte der Hansl drauf, »was versprochen ist, gilt.«

»Hör zu«, sagte da die Kröte: »Lass in der Kirche alles für die Hochzeit richten. In die Sakristei, also in den Raum neben der Kirche, legst du für mich ein schönes weißes Brautkleid. – Und wundere dich nicht, wenn ich später komme zur Hochzeitsmesse.«

Drauf zog der Hansl mit dem feinen Garn heimwärts. Dort zeigte jeder von den Brüdern sein Garn her. Und wer hatte das schönste? – Der Hansl!

»Ihr seht es ja selbst«, meinte die Mutter, »der Hansl hat eindeutig das schönste Garn – also kriegt er den Hof.«

Das gefiel den zwei anderen aber gar nicht. Verärgert schimpften sie, dass da wohl etwas nicht mit rechten Dingen zugehen würde. Neugierig fragten sie nach: »Hansl, wo ist denn deine Braut? Na, wo hast du denn die, die das Garn so fein gesponnen hat?«

»Ach, die!?«, meinte der Hansl, »die ist draußen im Sumpf!«

»Im Sumpf?«, riefen die Brüder: »Was macht denn eine Frau im Sumpf?«

»Sie ist ja auch keine Frau.« –

»Was!?«, fragten seine Brüder, »deine Braut ist keine Frau? Was ist sie denn dann?«

»Eine Kröte ist sie halt.«

»Eine Kröte!? – Ja gibt's denn sowas!«, lachten die Brüder. »Hansl, du bist ein Depp und du bleibst ein Depp! Wie kann man denn eine Kröte heiraten!?«

Die Brüder konnten das einfach nicht fassen.

Der Hansl aber ließ sich nichts dreinreden. Er ging zum Pfarrer, um alles für die Hochzeit vorzubereiten.

Auch der fragte ihn: »Hansl, du willst heiraten, aber wo ist denn deine Braut?«

»Die ist draußen im Sumpf!«

»Was macht denn deine Liebste draußen im Sumpf?«

»Sie lebt dort.«

»Was? Die lebt im Sumpf?«

»Ja, sie lebt im Sumpf!«

»Warum das denn?«

»Weil sie halt eine Kröte ist!«

»Was, Hansl?«, meinte der Pfarrer entsetzt: »Eine Kröte? – Du willst eine Kröte heiraten – und noch dazu kirchlich?«

Der Hansl aber bestand darauf: »Versprochen ist versprochen – und ich heirate sie.«

Was hätte der Pfarrer da noch sagen sollen. So wurde alles für die Hochzeit vorbereitet. Nicht zu vergessen – auch das weiße Brautkleid. Das ließ der Hansl in die Sakristei legen.

Am Hochzeitstag kamen die Gäste zusammen. Ihre Neugier war groß. Alle wollten sie sehen, wie der dumme Hansl eine Kröte heiratete.

Schließlich waren alle versammelt, aber jemand fehlte – die Braut! Die Messe begann. Die Braut fehlte immer noch!

Es kam zur Wandlung. Wer fehlte?

Die Braut!

Die Messe ging langsam zu Ende. Wer fehlte?

Die Braut!

Schließlich tuschelten die Hochzeitsgäste untereinander: Das wird wohl nichts mit einer Kröte und auch nicht mit einer Braut! Der Hansl hat sich wohl nur eine Gaudi gemacht mit uns. – Welche Frau will schon einen solchen Deppen heiraten?

Da ging langsam die Kirchentür auf – und wer kam herein?

Die Kröte! – Bedächtig tappte sie in die Kirche. Bei jedem Tapper blieb eine kleine dreckige Pfütze zurück. »Um Himmels willen«, murmelten die Hochzeitsgäste, »will er wirklich das garstige Vieh heiraten?«

Langsam kam die Kröte nach vorne. Dort setzte sie sich hin und schaute den Hansl freundlich an.

Drauf zog sie weiter – in die Sakristei.

Dort lag das weiße Brautkleid. Kaum, dass die Kröte das sah, machte sie einen Satz und sprang mitten in das Brautkleid hinein.

Im nächsten Moment stand statt der Kröte eine wunderschöne Jungfrau in der Sakristei. Die lief geschwind hinaus in die Kirche und kniete sich neben dem Hansl hin. Der Hansl war schlicht baff. Was für eine liebreizende Braut! Er hatte nur mehr Augen für sie – und sie für ihn. Auch die Hochzeitsgäste waren verblüfft: Da heiratet den Hansl doch glatt die Schönste von allen!

Die zwei aber gaben sich vor allen das Ja-Wort. Nach der Hochzeit ging die Gesellschaft ins Wirtshaus.

War das ein Fest! – Die Tische bogen sich unter dem Essen und unter dem Trinken. In der Pfanne am Ofen brutzelten die Krapfen. Ich war da auch dabei. Ein paar von den Krapfen wollte ich mir nehmen. Das sah die schwarze Köchin. Geschwind griff sie zur Ofengabel und wollte mir die hineinstechen. Ich aber war schneller. Ich schnappte die Krapfen und war auf und davon – und so bin ich jetzt hier!

Vom
schwarzbraunen Michl

*Ein markantes Beispiel dafür, dass Märchen nicht immer das
hohe Lied der frommen Moral singen. Johann Reinhard Bünker
fand diese eigenwillige Überlieferung im Kärntner Liesertal.
Paul Zaunert veröffentlichte sie 1926 in der Sammlung
»Deutsche Märchen aus dem Donauland«.*

Es lebte einmal ein armer Keuschler. Ein Keuschler ist einer, der nur eine Keusche, also ein halbverfallenes Haus, hat. Und hat einer nur ein halbverfallenes Haus, dann hat er nicht viel. Aber eines hatte der Mann – zusammen mit seiner Frau: Viele Kinder! Er selbst war schon alt und schwach und konnte nicht mehr genug arbeiten, um sie gut durch das Leben zu bringen. Alle miteinander mussten sie deshalb Hunger und Not leiden.
Das Elend konnte der Keuschler schließlich nicht mehr mitanschauen. Auf der einen Seite die himmelschreiende Not, auf der anderen kein Ausweg. In seiner Verzweiflung nahm er deshalb einen Strick und ging hinaus in den Wald, um seinem Leben ein Ende zu machen.
Zwischen den Bäumen kam ihm ein Jäger entgegen. Der war grün angezogen und hatte ein paar mächtige krumme Federn am Hut. Er selbst kam auch ein wenig krumm daher. »Was suchst denn du da herinnen im Wald?«, fragte er den Keuschler. – »Ach, frag mich nicht«, sagte der. »Ich suche einen Baum zum Aufhängen.« – »Warum um alles in der Welt willst du dich denn

aufhängen?« – »Meine Familie ist groß. Dabei fehlt es uns hinten und vorn am Nötigsten. Verdienen kann ich nicht genug. Also was soll ich tun? Das Elend noch weiter mitanschauen? – Nein, es reicht mir!« – »Aber deswegen brauchst du dich doch nicht gleich aufzuhängen! Wenn du mir das gibst, von dem du nichts weißt, dann bekommst du von mir einen Haufen Geld!« – »Wie soll ich denn das hergeben, von dem ich selber nichts weiß?« – »Das gibst du noch viel leichter her als alles andere! Wenn du vorher nichts davon weißt, dann geht es dir nachher auch nicht ab!«

Das leuchtete dem Keuschler ein. »Na gut!«, sagte er. »Und wie besiegeln wir den Handel?« – »Feder und Papier habe ich bei mir«, sagte der grüne Jäger, »Tinte habe ich aber keine. Es bleibt wohl nichts anderes übrig, als dass du dich in den Finger schneidest und mit deinem eigenen Blut unterschreibst.« Dem Mann kam das ein wenig sonderbar vor. Andererseits war ihm alles recht, wenn nur die bittere Armut endlich ein Ende haben würde. So ging er darauf ein und unterschrieb mit seinem eigenen Blut, ganz wie es der Grüne wollte.

Der verschwand gleich darauf, um bald mit einem großen Sack wiederzukommen. Der war voller Geld. Es war so viel, dass es der Keuschler nicht auf einmal heimtragen konnte. Selbst auf zweimal wäre es ihm zu viel geworden. Dreimal hatte er schwer zu schleppen.

Seine Frau wunderte sich, als er mit der dritten Ladung heimkam. »Was schleppst denn du heute so schwer?«, fragte sie ihn. – »Ich habe einen guten Handel gemacht«, schnaufte der Keuschler. »Im Wald ist mir ein Jäger untergekommen. Der hat mir viel Geld gegeben. Dafür muss ich ihm nur das überlassen, von dem ich nichts weiß. Den Handel habe ich sogar mit meinem eigenen Blut unterschrieben. Gleich wie es ist: Jetzt hat unsere Not ein Ende!« – Die Keuschlerin musste sich vor Schreck niedersetzen. »Um Himmels willen, was stellst du denn an!?«, sagte sie entsetzt: »Jetzt verkaufst du deine eigenen Kinder schon im Mutterleib!« – »Wieso?«, sagte der Keuschler. »Ich bin mir keiner Schuld bewusst!? – Bekommen wir schon wieder ein Kind? – Ich bin doch schon lange nicht mehr bei dir gelegen.« – »Ja, so seid ihr, ihr Männer«, schnaufte die Keuschlerin. »Neulich bist du rauschig, angetrunken, nach Hause gekommen. Im Suff hast du mir keine Ruhe gelassen, und dabei ist es eben geschehen.«

Jetzt erschrak auch der Keuschler. Aber was sollte er tun? Was passiert war, konnte er nicht mehr ungeschehen machen.

Die Zeit verging und die Keuschlerin setzte einen Buben in die Welt. Der wuchs heran und ging in die Schule. Durch das viele Geld, das sie vom grünen Jäger bekommen hatten, fehlte es ihnen jetzt an nichts. Aber immer, wenn die Mutter ihrem Jüngsten ein Brot abschnitt, kamen ihr die Tränen. Der Bub merkte das mit der Zeit und wunderte sich. Schließlich fragte er die Mutter: »Jetzt sag einmal, Mutter, warum weinst du denn immer, wenn du mir ein Brot gibst? Bin ich denn nicht dein Kind? Oder hast du mich nicht so gern wie die anderen? Ist dir leid um das Brot?« – »Ach, mein lieber Bub«, sagte da die Mutter, »ganz im Gegenteil: Du bist mir das Liebste unter unseren Kindern!« – »Aber warum weinst du dann immer?« – »Weil dich dein Vater schon im Mutterleib an den Teufel verkauft hat. Mit seinem eigenen Blut hat er den Handel unterschrieben!«

Das ist auch dem Buben zu Herzen gegangen. Schließlich meinte er: »Meine liebe Mutter, sorg dich nicht. Ich will tüchtig lernen. Wenn ich aus der Schule bin, bin ich wohl gescheiter. Vielleicht komme ich dann doch noch los vom Teufel.«

Die Jahre vergingen. Der Bub kam aus der Schule. Nicht allzu weit weg lebte tief drinnen in einem Wald ein Einsiedler. Der war so fromm, dass ihm die Engel jeden Tag das Essen vom Himmel herunterbrachten. Ihn suchte der Bub jetzt auf, erzählte ihm vom Handel mit dem Teufel und fragte ihn, ob er ihm denn nicht helfen könnte. »Das ist schwer«, sagte der alte Mann: »Die Unterschrift ist unten in der Hölle. Ich will dir gerne helfen, so viel ich kann und mag. Geh am besten zum schwarzbraunen Michl. Der ist mein Bruder. Schreck dich nicht, er ist ein gefürchteter Räuber und zauberkundig ist er obendrein. Aber er ist auch mit dem Luzifer verwandt. Das kann dir helfen. Der Luzifer ist sogar der Pate der Kinder vom schwarzbraunen Michl. Die Kinder sind von einem furchtbaren Aussatz befallen. Wenn du sie heilst, dann ist dir der schwarzbraune Michl sicher dankbar und auch der Luzifer gibt dich vielleicht wieder frei.« – »Aber was soll ich gegen den Aussatz tun?«, fragte der Bub. »Ich bin doch kein Wunderdoktor!« – »Nimm diese Salbe«, sagte der Einsiedler. »Mit der musst du die Kinder vom schwarzbraunen Michl einreiben. Du wirst sehen, in drei bis vier Tagen ist der Aussatz weg und die Kinder sind wieder gesund.«

Dankbar nahm der Bub die Salbe und machte sich auf zur Räuberhöhle des schwarzbraunen Michl. Der Einsiedler beschrieb ihm den Weg genau. Kaum aber, dass der Bub zur Höhle kam, wollte ihn die Wirtschafterin vom schwarzbraunen Michl schon wieder verjagen: »Schau zu, dass du weiterkommst, mein lieber Bub!«, rief sie. »Das ist eine Räuber- und Zauberhöhle. Weh dir, wenn der schwarzbraune Michl heimkommt. Bestimmt macht er dir gleich den Garaus.« – »Das glaube ich nicht!«, sagte da der Bub unerschrocken, »denn ich kann seine Kinder vom Aussatz heilen!« – »Ach, Bub, du bist doch noch so jung und so unerfahren! Wie willst du etwas gegen die Krankheit ausrichten, wenn ihr nicht einmal der schwarzbraune Michl mit all seinen Zauberkünsten beikommt!«

Der Bub ließ sich aber nicht beirren. Fest entschlossen blieb er dabei: Er wolle auf den schwarzbraunen Michl warten. »Na gut«, lenkte die Wirtschafterin schließlich ein, »dann muss ich dich aber verstecken. Wenn der schwarzbraune Michl kommt, werde ich ihm das Ganze schön kleinweise beibringen. Sieht er dich gleich, wenn er bei der Tür hereinkommt, dann kann es sein, dass er dich erschlägt, bevor du noch den Mund aufmachen kannst.« Drauf brachte sie den Buben in die hintere Kammer.

Gegen Abend kam der schwarzbraune Michl heim. Nach und nach erzählte ihm die Wirtschafterin von dem Buben, der seine Kinder vom Aussatz kurieren möchte. Da ließ der schwarzbraune Michl den Buben vorführen und sagte: »Der ist doch noch so klein und jung!? Was will der denn ausrichten!? – Da sind schon bessere Doktoren bei uns gewesen und haben meinen Kindern doch nicht helfen können!« Aber der Bub blieb dabei: »Glaubt es mir, Herr!«, sagte er. »In drei bis vier Tagen sind Eure Kinder wieder gesund.« – »Gut. Dann wollen wir es mit dir probieren«, antwortete der schwarzbraune Michl. »Machst du meine Kinder gesund, dann kannst du von mir verlangen, was du willst. Schaffst du das aber nicht, dann ist dein Leben verwirkt.« Der Bub war sich seiner Sache sicher, und so stimmte er der Abmachung freudig zu. Der schwarzbraune Michl rief daraufhin seine Kinder. Eines nach dem anderen rieb sie der Bub mit der Salbe des Einsiedlers ein.

Die Tage vergingen und als drei Tage um waren, da war der Aussatz ganz und gar verschwunden. Der schwarzbraune Michl konnte das kaum fassen. »Ich danke dir«, sagte er zum Buben. »Verlang von mir, was du willst! Wenn es in meiner Macht steht, dann sollst du es bekommen.« Da erzählte ihm der Bub vom Handel mit dem Teufel. »Jetzt aber möchte ich die Unterschrift zurück, damit ich wieder freikomme. Das ist alles, was ich von dir verlange«, sagte er. – »Ich habe die Unterschrift nicht«, meinte der schwarzbraune Michl. »Da müssen wir Luzifer selbst heraufbeschwören.« Gesagt, getan. Bald stand Luzifer vor ihnen. »Was willst du von mir, lieber Vetter?«, fragte er den schwarzbraunen Michl. – »Die Unterschrift, mit der dir der Keuschler den Buben da vermacht hat!« – »Der Bub gehört mir nicht«, sagte Luzifer. »Da müssen wir schon in die Hölle hinunter und fragen, wer ihn gekauft hat.« Was blieb also anderes übrig. Miteinander machten sich die drei auf den Weg in die Hölle.

Unten angekommen nahm Luzifer ein großes Buch und verlas daraus die Namen aller Teufel. Einer nach dem andern kamen sie. »Gehört er dir, der Bub?«, fragte Luzifer. Einer nach dem anderen schauten sie den Buben an und sagten: »Nein, mir gehört der nicht!« Bald war kein Teufel mehr übrig. Was jetzt?

Da fiel dem Luzifer ein: Der krumme Fiestofelus, der zog doch immer herum auf der Welt und kaufte Leute zusammen! Gleich beschwor er den Fiestofelus herbei. »Sag, hast du den Buben gekauft?«, fragte er ihn, als er vor ihm stand. »Ja«, sagte der Fiestofelus, »den hab ich gekauft!« – »Dann gib ihn frei. Der Bub hat die Kinder vom schwarzbraunen Michl wieder gesund gemacht. Wir sind ihm etwas schuldig, also gib die Unterschrift her!« – »Nein!«, sagte der Fiestofelus stur. »Den hab ich teuer gekauft, den geb ich nicht her!« – »Hör zu!«, drohte ihm Luzifer, »wenn du die Unterschrift nicht hergibst, dann lasse ich alle Teufel über dich kommen!« – »Das macht mir nichts! Die Unterschrift geb ich nicht her!« – »Wenn du die Unterschrift nicht hergibst, dann lasse ich eine Säule bauen, die von der Hölle bis in den Himmel reicht. Sie wird gespickt sein mit spitzen Sägen und Messern. Du aber musst die Säule auf und ab kraxeln.« – »Das macht mir nichts! Die Unterschrift geb ich nicht her!« – »Ich warne dich!«, setzte der Luzifer noch eins drauf. »Wenn du die Unterschrift nicht hergibst, dann lasse ich dich in den Kessel hineinwerfen, den wir für den schwarzbraunen Michl gerichtet haben!«

Als der alte Fiestofelus das hörte, schrie er vor Entsetzen auf: »Um aller Teufels willen! Nein, da will ich nicht hinein! Lieber gebe ich die Unterschrift her! Da hast du sie, wenn du sie denn unbedingt willst!«

Glückselig nahm der Bub die Unterschrift entgegen, dankte Luzifer und dem schwarzbraunen Michl und ging vergnügt seiner Wege.

Der schwarzbraune Michl aber war bei dem Ganzen recht nachdenklich geworden: »Was muss das nur für ein furchtbarer Kessel sein, den sie für mich bereithalten, sagte er sich: Dass alle Teufel über ihn herfallen, hat den alten Fiestofelus nicht schrecken können. Selbst die Säule mit den messerscharfen Klingen hat ihm nichts ausgemacht. Aber dass sie ihn in den Kessel werfen wollten, den sie für mich vorbereitet haben, das hat ihn in Angst und Schrecken versetzt! Was muss das nur für ein furchtbarer Kessel sein! »Nein«, sagte er sich, »bevor ich in der Hölle lande und in dem Kessel brate, will ich mich lieber bekehren und meinen Übeltaten abschwören.«

Gleich machte sich der schwarzbraune Michl auf, um einen Geistlichen aufzusuchen und zu beichten. Aber überall, wo er hinkam, da kannten ihn die Pfarrer schon und fürchteten sich vor ihm. Kaum, dass er in Sichtweite war, wurden die Pfarrhäuser und Klöster verriegelt. Nirgends wurde er eingelassen.

Einmal, als er gerade wieder durch einen Wald ging, begegnete ihm ein Geistlicher. »Die Gelegenheit ist günstig!«, sagte sich der schwarzbraune Michl: »So eine wie die kommt so schnell nicht wieder!« Und er lief dem Geistlichen entgegen, um die Beichte abgenommen zu bekommen. Der Geistliche aber sah den schwarzbraunen Michl und nahm Reißaus, so schnell er nur konnte. Der Michl ließ sich dadurch nicht verdrießen, sondern lief ihm nur noch schneller nach. Er sprang über Baumstümpfe, zwängte sich durch das Gestrüpp und setzte mit weiten Sprüngen über Wurzeln, um dem Geistlichen den Weg abzuschneiden. In der wilden Hast stolperte er aber über einen Stein, schlug mit dem Kopf gegen einen Baum und blieb tot liegen.

Jetzt war es aus mit dem schwarzbraunen Michl. Weil er aber so fest entschlossen war, sich zu bekehren, und sein Wunsch nach einem guten Leben so sehr von Herzen gekommen war, fand er Gnade und wurde in den Himmel aufgenommen. Mit einer ganzen Legion Engel stieg er auf und zog ein in das himmlische Reich.

Herunten wartete der Einsiedler auf das Essen. Drei Tage blieb der Engel aus. Erst am vierten Tag kam er wieder. »Was ist denn passiert, dass du so lange ausgeblieben bist?«, fragte ihn der Einsiedler. »Einen Tag bist du wohl schon öfter ausgeblieben. Mitunter auch einen zweiten Tag. Aber, dass du gleich drei Tage ausgeblieben bist, das hat es noch nie gegeben!« – »Wir haben einen großen Sünder begleitet«, sagte der Engel, »dein Bruder ist gestorben.« – »Und was hat das mit dir und mit mir zu tun?«, fragte der Einsiedler. – »Aus Freude über den großen Sünder, der aus ganzem Herzen Buße getan hat, ist eine Legion Engel mit ihm in den Himmel eingezogen. Da hat es auch mich erwischt und ich habe drei Tage Dienst machen müssen«, erklärte ihm der Engel. – »Jetzt sag einmal«, fragte da der Einsiedler, »wenn bei einem solchen Sünder wie meinem Bruder eine ganze Legion Engel mit ihm einfährt in den Himmel, wie viele Engel werden dann mit mir gehen, wenn ich zum Himmel auffahre?« – »Ach«, meinte der Engel, »du bist so heilig, dass es wohl genügt, wenn ich alleine mit dir in den Himmel gehe.« – »Alles was Recht ist!«, schrie da der Einsiedler, »bevor ich mit dir allein in den Himmel fahre, fahre ich lieber mit einer Legion Teufel zur Hölle!«

Kaum, dass er das gesagt hatte, war ein Brummen, ein Rauschen und ein Toben zu hören. Hunderttausende Teufel kamen aus der Hölle, packten den Einsiedler, fuhren mit ihm zur Hölle und warfen ihn in den Kessel, den sie für den schwarzbraunen Michl vorbereitet hatten!

Die sonderbare Braut

*Sonderbar ist dieses Märchen durch und durch.
Der Volkskundler Johann Reinhard Bünker
entdeckte es Ende des 19. Jahrhunderts in Kärnten.*

Es lebte einmal ein König. Der war jung und suchte, wie so viele junge Männer, die richtige Frau fürs Leben. Aber er war auch wählerisch. Als König war er das noch viel mehr als andere. Keine war ihm schön genug, keine war ihm liebreizend genug. Keine konnte es ihm recht machen.
Einmal sah der König eine Dame. Die stolzierte über den Platz vor dem Schloss. Genau sah er sie nicht. Aber was er sah, das gefiel ihm. Sie wirkte geheimnisvoll, und das stachelte seine Neugier an. »Bestimmt werde ich sie am Sonntag bei der Messe in der Kirche sehen«, sagte er sich. So viel er da aber auch nach ihr ausschaute: Er sah sie nicht.
Einmal aber kam sie ihm über den Hauptplatz der Königsstadt entgegen. Jetzt sah er die Frau ganz und gar. Und was er sah, entzündete seine Liebe aufs Heftigste. Ohne lange zu überlegen, trat er auf sie zu und fragte sie unverblümt: »Schöne Jungfrau, schon als ich dich das erste Mal gesehen habe,

spürte ich, wie sehr es mich hinzieht zu dir. Jetzt aber bin ich in Liebe zu dir entbrannt: Sag, willst du nicht die Meine werden?«

Die junge Frau schaute ihn an. Ihr Blick ging tief in ihn hinein. Von seinem Antrag schien sie nicht überrascht. »Gut«, sagte sie, »so will ich denn die Deine werden. Ich habe nur eine Bedingung: Das Hochzeitsfest soll drei Tage, bevor wir eins werden, beginnen und danach noch drei Tage lang dauern. In dieser Zeit müssen die Stadttore gesperrt werden. Kein Mensch darf in dieser Zeit hinein und kein Mensch darf in dieser Zeit hinaus aus der Stadt. Wachen müssen dafür sorgen, dass dieser mein Wunsch strikt eingehalten wird.«

Der König war aus lauter Liebe zu ihr wie von Sinnen. Wenn sie das so wollte, dann musste das eben so geschehen. Ihre Bedingung war für ihn und damit für die Stadt Gesetz.

In aller Eile wurde jetzt der Termin für das Hochzeitsfest angesetzt und alles vorbereitet.

Kaum aber, dass die Stadttore geschlossen waren, kam ein steinalter Mann zu den Wachen und wollte in die Stadt hinein.

»Komm in einer Woche wieder«, sagte der Kommandant der Wachen. »Jetzt feiert der König Hochzeit. Sechs Tage kommt da niemand beim Tor hinein und auch nicht heraus.« – »Ich habe aber etwas Wichtiges zu erledigen in der Stadt«, sagte der Alte. »Das ist dringend! – Schickt doch einen Posten zur königlichen Tafel, um ihm das zu melden!«

Der Alte beharrte darauf so lange und so eindringlich, dass der Wachkommandant tatsächlich einen Posten zur königlichen Tafel schickte. Der berichtete dem König, dass vor dem Stadttor ein greiser Mann stünde. Der behaupte stur, in der Stadt etwas Wichtiges erledigen zu müssen. Die Braut hörte, was der Bote meldete. Schließlich sagte sie zu ihm: »Sag dem Alten: Der König lässt fragen, wann Gott das größte Wunderwerk getan hat.«

Da eilte der Bote zurück zum Stadttor und stellte dem Alten die Frage. Der schaute ihn verschmitzt an. Dann meinte er: »Das größte Wunderwerk hat Gott getan, als er die Menschen erschuf. So viele Millionen Menschen es auch sind: Sie sind alle gleich und doch ganz verschieden.«

Die Antwort gab dem Posten zu denken. Was für ein weiser Mann, sagte er sich und überbrachte die Botschaft der Braut. Die nickte nur und sagte drauf: »Sag dem Alten: Der König lässt fragen, was ist größer als Gottes Allmacht?«

Wieder eilte der Posten mit der Frage zum Stadttor. Dort überlegte der Alte nicht lange: »Größer als Gottes Allmacht ist Gottes Barmherzigkeit«, sagte er. »Wäre sie das nicht, dann wären viele Menschen verloren und verdammt.«

Wieder staunte der Mann über die Antwort und überbrachte sie der Braut. Die nickte einmal mehr und sagte zu ihm: »Sag dem Alten, der König lässt fragen, wie weit Himmel und Hölle voneinander sind. Weiß er das auch, so darf er in die Stadt kommen.«

Auf die Antwort war auch der Bote neugierig. Als er dem Alten die Frage stellte, meinte der nur: »Sag dem König, er soll die fragen, die zu seiner Rechten sitzt. Sie war schon oben. Sie war schon unten. Sie wird das wohl am allerbesten wissen.«

Jetzt war der Bote gespannt, was denn die Braut zu dieser Antwort sagen würde. Kaum aber, dass sie sie gehört hatte, stand sie auf von der Tafel und verschwand durch das Fenster hinaus. Zur gleichen Zeit aber war auch der alte Mann vor dem Tor verschwunden.

Vom langen Schlaf

Dieses Märchen wird auch »Das steirische Dornröschen« genannt. Und damit geschieht diesem Zaubermärchen ganz und gar Unrecht. Auch wenn die Ähnlichkeiten im Motiv unübersehbar sind: Dieses Märchen ist kein Abklatsch des Dornröschen-Motivs, sondern hat seine ganz eigene, sehr steirische Art.
Im Übrigen gibt es in ganz Europa eine Fülle von Märchen, die mehr oder weniger inspiriert von der schlafenden Schönen erzählen – vom türkischen »Rosenbey« bis zum neapolitanischen »Sonne, Mond und Thalia« aus dem 17. Jahrhundert.
Dieses Märchen hier wurde P. Romuald Pramberger um 1930 von der neunzigjährigen Rocherlin im steirischen Laßnitz erzählt.

Es lebte einmal ein Bauer. Der war so stolz wie geizig. Und seine Frau stand ihm dabei in nichts nach. So hartherzig sie aber zu den Anderen waren, so sehr freuten sie sich auf das Kind, das die Bäuerin erwartete.
Einmal klopfte gegen Abend ein Bettler an das Tor. »Was willst du!?«, fuhr ihn die Bäuerin an. »Um ein Nachtquartier bitte ich«, flehte der Bettler: »Ich habe einen wehen Fuß und kann nicht mehr weiter!« – »Weher Fuß hin und weher Fuß her – wir können nicht jeden dahergelaufe-

nen Haderlumpen bei uns aufnehmen. Schau, dass du weiterkommst!«, schimpfte die Bäuerin. – »Aber es wird bald finster und die Nacht ist kalt!«, flehte der Bettler sie an. – »Was geht das mich an! Hättest du dir halt den Weg besser eingeteilt. Scher dich zum Teufel!«, wies ihn die Bäuerin barsch ab.

Da richtete sich der alte Mann mit einem Mal auf: »Na, wart nur, Bäuerin!«, sagte er. »Auch du wirst noch andere Zeiten sehen! – Das Kind, das in dir heranwächst, wird sich an einer Spindel stechen und schlafen, bis die Bäume im Wald vor lauter Alter zusammenbrechen. Ja, der ganze Hof wird in einen tiefen Schlaf verfallen. Und keiner kann euch erlösen. Es sei denn: Er besiegt den Stier, der den schlafenden Hof bewacht.«

Die Bäuerin lachte drauf nur höhnisch. Der Bettler aber humpelte mühsam weiter.

Bei einer armen Keuschlerin fand er doch noch ein Quartier für die Nacht. Eine Keusche ist ein kleines baufälliges Haus. Die Frau hatte also selber nicht viel mehr als eine armselige Hütte. Aber sie hatte auch ein gutes Herz und versorgte den wehen Fuß vom Bettler. Dabei erzählte er ihr von der hartherzigen Bäuerin und von der Verwünschung, mit der er sie gestraft hatte.

Bald darauf kam der Enkel der Keuschlerin vom Viehhüten nach Hause. Er brachte ihr von der Wiese einen Blumenstrauß mit. »Weißt du denn auch, welche Kraft diese Blumen haben?«, fragte der Bettler den Buben. Der schüttelte nur den Kopf. Drauf erklärte ihm der alte Mann den Wert und die Heilkraft der einzelnen Pflanzen. »Schau her!«, sagte er. »Diese Pflanze löst jeden Zauber. Mit ihr kannst du die wildesten Tiere zahm machen. Du musst sie nur dran riechen lassen. Und trägst du diese Pflanze hier bei dir, dann kannst du damit den steilsten Zauberberg hinaufklettern.« Neugierig betrachtete der Bub die Pflanze. So recht konnte er das, was er gerade gehört hatte, nicht glauben.

Jahre vergingen. Kein Mensch dachte mehr an den Bettler. Die Bäuerin aber hatte eine Tochter in die Welt gesetzt. Und jedes Mal, wenn sie sie anblickte, kam ihr die Verwünschung wieder in den Sinn. Schließlich erzählte sie auch ihrem Mann davon. Der lachte nur: »Das werden wir gleich haben!« Er befahl dem Knecht, alle Spinnräder und Spindeln in die Holzhütte zu bringen und dort zu zerhacken. Ein einziges Spinnrad blieb davon verschont. Das hatte die Bäuerin von ihrer Mutter vererbt bekommen.

Genau dieses Spinnrad fand die Kindsmagd kurze Zeit drauf in der Kammer. »Das haben die Herrenleute übersehen!«, sagte sie sich und trug es hinaus. Draußen vor der Tür stellt sie das Spinnrad nieder, um es noch einmal auszuprobieren. Das kleine Kind saß derweil neben ihren Füßen und spielte sich. Flink trieb die Lockerin, die Kindsmagd, das Spinnrad an.

Hui, da sauste die Feder mitsamt der Spindel hinaus und dem kleinen Mädchen in den Schoß. Neugierig packte das Kind zu – und stach sich.

Ein Schrei – dann sank es um und schlief auf der Stelle ein. Mit ihm sank die Lockerin beim Spinnrad in den Schlaf, die Bäuerin, die gerade dabei war, Krapfen zu backen, schlief ein, das Schmalz in der Pfanne, das Feuer auf dem Herd, der Knecht in der Hütte, der Bauer im Stall, ja, sogar die Ochsen, die Kühe, die Schweine, die Hendln und auch der Spatz auf dem Dach: Alle schliefen sie ein.

Beim Brunnen aber hatte gerade ein alter Bettler Wasser geschöpft, um zu trinken. Er war es gewesen, der die Verwünschung ausgesprochen hatte. Keiner kannte ihn mehr. Alle wähnten ihn weiß Gott wo. Jetzt ließ er aber das Wasserhäferl fallen und verwandelte sich in einen gewaltigen Stier. Der bewachte fortan das schlafende Haus.

Bald redete sich im Dorf herum, dass es auf dem Hof nicht geheuer zuging. Aber alle, die es genau wissen und nachschauen wollten, wurden vom wilden Stier verjagt. Er hütete das Haus und mit ihm das schlafende Mädchen. Im Sommer wie im Winter lag sie draußen auf der Wiese vor dem Hof. Ihre langen Haare umhüllten sie wie ein Mantel. Darunter wuchs sie zu einer wunderschönen Jungfrau heran.

Viele lange Jahre lag der Hof schlafend im Bann der Verwünschung. Da kam der Enkelsohn der Keuschlerin wieder zurück in das Tal. Vor Jahren war er hinausgezogen in die Welt, um sein Glück zu finden. Jetzt wollte er seine Großmutter noch einmal besuchen. Aber die war längst gestorben. Traurig ging er hinauf auf die Bergweiden, um ihr wenigstens einen Strauß Alpenblumen auf das Grab legen zu können.

»Was gibt es denn Neues?«, fragte er einen Viehhirten, der ihm am Weg begegnete. »Was soll es schon Neues geben bei uns im Tal!?«, lachte der Hirt: »Selbst am schlafenden Hof ist alles beim Alten!«

Da fiel dem Burschen die Verwünschung des Bettlers wieder ein, und das, was ihm der über die Blumen gesagt hatte. Gleich machte er sich auf die Suche. Unter einem Felsen fand er das Wunderkraut, das so viel Macht haben sollte. Schnell brockte er es und lief damit ins Tal, hin zum schlafenden Hof.

Dort richtete sich der Stier brüllend auf, als er ihn witterte. Der Bursch aber hielt das Kraut vor sich hin und ging dem Stier fest entschlossen entgegen. Schnaubend begann der mit den Füßen zu stampfen. Da wurde der Bursch langsamer. Doch er wich nicht zurück: Schritt für Schritt wagte er sich näher an den Stier heran. Mit einem Mal hob der den Kopf. Stoßweise zog er die Luft in die Nase, so, als ob er etwas ganz und gar Ungewohntes wittern würde. Im nächsten Moment stieß er ein lautes Brüllen aus. Polternd rannte er zum Brunnen und verschwand dahinter.

Der Bursch aber ging langsam weiter. Auf der Wiese vor dem Haus fand er die schlafende Schöne. Sie war eingehüllt in einen Mantel aus Haaren. Er beugte sich nieder. Langsam und bedächtig schob er die Haarpracht auseinander, sodass ihr Gesicht zum Vorschein kam. Dann drückte er ihr sacht einen Kuss auf den Mund.

Erstaunt wachte sie auf und mit ihr der ganze Hof: Der Bauer im Stall, der Knecht in der Hütte, die Bäuerin bei ihren Krapfen und auch die Kindsmagd auf der Türschwelle. Das Feuer flackerte wieder im Ofen. Und das Schmalz prasselte in der Pfanne. Hinter dem Brunnen aber kam ein alter Mann zum Vorschein und machte sich auf und davon.

Jetzt waren alle wieder munter und lebendig. Älter waren sie aber auch geworden. So übergaben der Bauer und die Bäuerin bald darauf den Hof an ihre Tochter. Die hatte mit dem Keuschlerbuben den Richtigen gefunden. Miteinander lebten sie noch lange lustig und vergnügt. Hartherzigkeit aber, die hat der Hof nicht mehr gesehen.

Von der schönen Jungfrau Pomeranze

Unter dem Titel »Tirols Volksdichtungen und Volksgebräuche« veröffentlichten die Gebrüder Zingerle dieses Zaubermärchen schon 1852 in der Sammlung »Kinder- und Hausmärchen«. Wobei sich sehr schnell zeigt, dass diese Geschichte mit einem Kindermärchen wenig zu tun hat.

Es lebte einmal ein reicher Grafensohn. Der war ein stattlicher junger Mann, schön und voller Kraft. Frau aber hatte er noch keine gefunden, mit der er das Leben teilen wollte. Seine Eltern redeten ihm wieder und wieder zu, es sei an der Zeit, die Richtige zu finden und sie zu heiraten. Für den Grafensohn gab es aber keine, die ihm wirklich gefiel. Und von denen, die ihm seine Eltern zubrachten, wollte er auch keine. Er hatte sich nämlich eines fest in den Kopf gesetzt – und das sagte er schließlich auch: »Ich möchte nur eine Braut heiraten, die von keiner Mutter geboren wurde.« – »Aber, mein lieber Sohn«, meinte da sein Vater, »so eine wirst du nicht finden. Die gibt es nämlich nicht.« – »Doch«, beharrte der Grafensohn trotzig, »und gibt es sie hier nicht, dann finde ich sie wohl anderswo auf der Welt.«
So machte er sich zum Kummer seiner Eltern auf, um irgendwo in der großen, weiten Welt die Richtige zu finden.

Lange ritt er kreuz und quer durch die Länder, bald dahin und bald dorthin. Von einer Braut aber, die von keiner Mutter geboren worden war, wusste niemand etwas und die war auch nirgends zu finden.

Einmal kam er zu einer Wegkreuzung. Da stand eine alte Frau. Die war klein, krumm und buckelig. Aus ihrem Mund ragte gerade noch ein Zahn hervor, und die Wimpern ihrer Augenbrauen waren so lang, dass die Augen selbst kaum zu sehen waren. »Gute Frau«, sagte der Grafensohn zu der Alten, »könnt ihr mir sagen, wo diese zwei Wege hinführen und welcher für mich der richtige ist?« Dabei musste er laut schreien, denn die Frau war vor lauter Alter schon fast taub.

Als sie endlich verstanden hatte, worum es ging, fragte sie neugierig zurück: »Wo willst du denn überhaupt hin, junger Herr?« Da erzählte er ihr die ganze Geschichte.

Als er geendet hatte, nickte sie beifällig und wackelte mit dem grauen Kopf. Mit einem Haselstock zeigte sie ihm dann den richtigen Weg. »Schmucker Bursch«, sagte sie, »geh den Weg zu meiner Rechten. Du wirst dort ein großmächtiges Haus finden. In das Haus gehst du hinein. Hör gut zu: Hinter der Tür steht ein Kehrbesen. Den nimmst du und kehrst damit die Stiege. Oben wirst du zu einem großen Löwen kommen. Der hält einen goldenen Schlüssel in seinem Maul. Den Schlüssel musst du ihm mit Gewalt aus dem Rachen reißen. Mit ihm kannst du die Zimmertür, vor der der Löwe steht, aufsperren. So wirst du in ein prächtiges Zimmer kommen. Dort sitzt wieder ein Löwe mit einem Schlüssel im Maul vor einer Tür. Den Löwen musst du jetzt erlegen, den Schlüssel nehmen und die Tür aufsperren. So kommst du in eine Küche. Dort findest du drei rot-gelbe Pomeranzen. Daneben liegt ein Messer mit einem Griff aus Ebenholz. Nimm das Messer und schneide eine von den drei Pomeranzen auf. Es wird ein wunderschönes Mädchen herauskommen. Geh mit ihr gleich hinunter zum Brunnen vor dem Haustor und halte das

Mädchen dort unter das Wasser. Tust du das nicht, dann wird es auf der Stelle verwelken und sterben.«

Der Grafensohn hatte aufmerksam zugehört, um sich ja alles, was die Alte gesagt hatte, zu merken. Er dankte ihr für den Rat und ritt auf dem rechten Weg hinein in den dunklen Wald. Nach einer Weile kam er zu einem großen Schloss. Das war aus weißem Marmor. Durch ein Portal trat er ein. Wie die Alte gesagt hatte, lehnte hinter der Haustür der Besen. Er nahm ihn und kehrte damit die Stiege. Oben sah er schon den Löwen. Groß und majestätisch saß der da. In seinem Maul hielt er einen goldenen Schlüssel. Unverzagt nahm der Grafensohn den goldenen Schlüssel und sperrte damit die Tür aus Ebenholz auf. Dahinter war ein weiter Saal.

Auf der anderen Seite des Saals saß ein zweiter Löwe. Der hielt einen noch viel größeren goldenen Schlüssel im Maul und gebärdete sich unbändig. Unerschrocken ging der Grafensohn auf den Löwen zu. Er erlegte ihn, wie es ihm die Alte aufgetragen hatte, und sperrte die Tür dahinter auf. So kam er in die Küche. Da lagen sie, die drei Pomeranzen. Sie waren gelb wie Gold und leuchteten wie die Sonne. Daneben das Messer mit dem Griff aus Ebenholz.

Kurz zögerte der Grafensohn, die glänzenden Früchte anzugreifen. So makellos schön leuchteten sie ihm entgegen.

Aber schließlich griff er nach der ersten, packte das Messer mit dem Griff aus Ebenholz und schnitt die Pomeranze glatt in der Mitte auseinander. Aber kaum, dass er die obere Hälfte hob, da wuchs aus der unteren Hälfte eine wunderschöne junge Frau heraus. Sie wurde immer größer und größer und größer. Er setzte sie ab. Strahlend wie der helle Tag stand sie schließlich vor ihm. Ihre Augen waren so blau, wie der Himmel an einem lauen Frühlingstag. Der Grafensohn starrte sie ungläubig an. Es war ihm ganz wunderlich ums Herz. Da begann sie plötzlich zu welken. Sie fiel zusammen und starb vor seinen Augen. »Ich Dummkopf«, schimpfte der Grafen-

sohn sich selber, »hat mich denn die Alte nicht gewarnt? Aber warte nur, beim nächsten Mal will ich es geschickter angehen.«

Er nahm die zweite Pomeranze und das Messer. Dann ging er über die Marmorstiege hinunter in den Hof. Dort plätscherte unter den Linden ein Brunnen. Zu dem ging er hin, setzte das Messer an und schnitt die goldene Pomeranze in der Mitte auseinander.

Im nächsten Moment war er wie geblendet. Eine junge Frau wuchs da vor ihm aus der Pomeranze. Die war viel schöner als jede, die die Sonne je beschienen hat. Geschwind packte sie der Grafensohn. Er hielt sie unter den Strahl vom Brunnenwasser und setzte sie ab. Da wurde sie noch größer und größer, bis sie so groß war wie er selber. Verzückt schaute er sie an und konnte den Blick nicht abwenden von ihr. Schließlich nahm er sie bei ihren weißen Händen und ging mit ihr Hand in Hand hinein ins Marmorschloss. Dort standen sie sich dann gegenüber – Auge in Auge. Ihm lachte das Herz bei ihrem Anblick – und ihr wohl nicht weniger. Was sollte er jetzt sagen? Es war, als würden ihm die Worte fehlen für das, was zwischen ihnen war.

»Ich bitte dich«, sagte er schließlich, »willst du meine Frau werden?« Sie überlegte nicht lange und willigte voller Freuden ein. Jetzt war der Himmel für die zwei voller Geigen. »Eine Frau wie du verdient einen ganz besonderen Empfang«, meinte er drauf. »Ich will nach Hause reiten zu Vater und Mutter und alles für ein großes Hochzeitsfest richten. Warte hier auf mich. Wenn alles bereit ist, dann werde ich dich in einer prächtigen Kutsche holen.« Zum Abschied gaben sich die zwei einen innigen Kuss. Drauf ritt er auf und davon.

Der jungen Frau wurde jetzt freilich bald die Zeit lang. Sie ging hinaus zum Brunnen und holte Wasser. Dann kochte sie sich etwas zu essen. Von Zeit zu Zeit spazierte sie durch den Schlossgarten.

Neben dem Schloss stand ein kleines Haus. Das war nicht viel größer und auch nicht ansehnlicher als eine Hütte. Darin wohnte eine Hexe mit ihren zwei Töchtern. Die waren so schiach, also so hässlich, wie die Nacht. Wobei: Eine Nacht kann sehr schön sein!

Wie dem auch sei: Immer wieder sahen die drei jetzt die junge Frau im Schloss herumspazieren. Einmal, als sie wieder Wasser vom Brunnen holte, redeten sie sie an: »Was machst du denn so ganz alleine hier im Schloss?« »Ach«, meinte sie, »ich warte auf meinen Liebsten.« In aller Unschuld erzählte die schöne junge Frau Pomeranze der Hexe und ihren Töchtern die ganze Geschichte. »Komm doch zu uns«, meinte die Hexe drauf. »Im Schloss ist es doch langweilig – so alleine. Bei uns hast du Gesellschaft. Ich habe auch einen guten Kuchen gebacken. Der wird dir bestimmt schmecken.« Die schöne junge Frau Pomeranze war so unschuldig wie ein neugeborenes Kind. Sie dachte an nichts Böses. So ging sie mit in das Haus der Hexe.

Dort aßen und tranken die vier vergnügt miteinander. Schließlich meinte eine von den Töchtern der Hexe: »So schön, wie du bist, solltest du eine Königin sein. Komm! Lass uns deine Haare bürsten und flechten und dich ankleiden wie eine Königin.« Die Pomeranzenfrau ließ das mit sich geschehen. Die Hexentöchter kleideten sie prächtig ein. Danach bürsteten sie ihre Haare und flochten ihr kunstvolle Zöpfe.

Während sie das machten, steckte die Hexe einer ihrer Töchter hinterrücks eine Nadel zu. Die schnappte die Nadel und stach sie der Pomeranzenfrau durch die Zöpfe in den Kopf.

Im nächsten Moment wurde aus der jungen Frau eine weiße Taube. Die flog auf und davon.

Jetzt ging eine von den hässlichen Hexentöchtern hinauf ins Marmorschloss und wartete auf den Grafensohn. Der kam auch bald darauf in einer prächtigen Kutsche angefahren. Als er aber statt der wunderschönen Jungfrau Pomeranze die grausige Hexentochter sah, da verschlug es ihm schier die Rede. »Liebste, was ist denn mit dir geschehen?«, fragte er entsetzt.

»Warum schaust du denn auf einmal ganz anders aus?« Die Hexentochter kam mit allerhand Ausreden. Sie sprach von der mühsamen Zeit des Wartens, von der endlosen Langeweile und vom Verdruss, den Liebsten so lange nicht gesehen zu haben. Auch meinte sie, dass nur Freude einen Menschen zum Leuchten bringen könne. Na ja, der Grafensohn hörte das und ließ es gelten. Er fühlte sich durch sein Versprechen, sie abzuholen, gebunden. So bat er sie einzusteigen in die Kutsche. »Vielleicht täuschen mich meine Augen«, sagte er sich verdrossen. Es war ihm, als ob da ein ganz und gar fremdes Wesen in die Kutsche steigen würde. Noch hatte er ihre Anmut und ihren Liebreiz in bester Erinnerung. Wo war all das hin? Aber vielleicht würden die Schönheit und das Leuchten, so unverhofft, wie sie verschwunden waren, auch wieder zurückkehren. So ging es also in der Prunkkutsche zurück ins gräfliche Schloss.

Am Weg durch den Wald flatterte neben dem Wagen mit einem Mal eine weiße Taube. Der Grafensohn hielt seine Hand hinaus, damit sich die Taube draufsetzen konnte. Das gefiel der Hexentochter gar nicht. »Was machst du denn da, Liebster?«, knurrte sie missmutig.

Er aber machte keine Anstalten, die Hand zurückzuziehen. Im Gegenteil: Jetzt setzte sich die Taube auch noch auf die ausgestreckte Hand. Voller Freude zog der Grafensohn drauf den Arm wieder ein. »Hinaus mit dem Vieh!«, schimpfte die Hexentochter. Sie wusste nur zu gut, was das für eine Taube war. »Aber warum denn?«, meinte der Grafensohn besänftigend. »Schau doch nur, wie zutraulich sie ist.«

Er nahm die Taube auf seinen Schoß und streichelte sie. Die ließ sich das mit gefalteten Flügeln gefallen. »Schmeiß sie hinaus!«, schrie die Hexentochter im Befehlston. »Wer weiß, vielleicht macht sie noch herein!« – Sanft streichelte der Grafensohn der Taube über den Kopf. »Was ist denn das?«, meinte er, als er die Nadel spürte: »Das arme Tier hat eine Nadel im Kopf!« Langsam und vorsichtig zog er der Taube die Nadel aus dem kleinen Kopf.

Kaum aber, dass sie heraußen war, da saß statt der Taube die schöne Jungfrau Pomeranze auf seinem Schoß.

Ihr könnt euch die Freude vorstellen. Glückselig umarmten sich die zwei. Auf der Stelle musste sie ihm erzählen, wie sich alles zugetragen hatte. Als sie mit der Geschichte geendet hatte, war der Grafensohn so fuchsteufelswild, dass er die Hexentochter packte und aus der fahrenden Kutsche warf. Zurück im Grafenschloss feierten sie ein rauschendes Hochzeitsfest. Dann lebten die zwei noch lange glücklich und vergnügt. Wer weiß, wie viele Kinder sie miteinander gehabt haben. Und wenn sie nicht gestorben sind, dann leben sie wohl heute noch.

Von der weißen Feder

*Diese Überlieferung stammt vom begnadeten Erzähler Johann Ribarics aus Mitterpullendorf im Burgenland. Dem Volkskundler Károly Gaál ist es zu danken, dass sie aufgeschrieben wurde. Hoch war die Kunst des Johann Ribarics in Mitterpullendorf nicht angesehen. Meist versammelte sich eine Runde verarmter Leute in seiner kargen Stube, um den Erzählungen zu lauschen. Für sie musste er seine Märchen immer und immer wieder erzählen.
Professor Gaál berichtete, dass die »Besseren«, also die Vermögenderen, im Dorf mit dieser Gesellschaft und dem Erzählen nichts zu tun haben wollten. Für sie war in den 60er-Jahren des vergangenen Jahrhunderts der Fernseher das neue Statussymbol.*

Vor langer, langer Zeit, wars gestern oder wars heut, da lebte einmal ein armer Glöckner. Der hatte einen Sohn. Der war ein junger, fescher Bursch. Kein Wunder, dass die Tochter des Dorfvorstehers in ihn verliebt war. Und er war es genauso in sie. Damals war es Brauch, dass ein Bursch, der zu seiner Liebsten ging, auch seinen Suba mitnahm. Ein Suba ist etwas ganz Spezielles. Er ist in Sachen Liebe sowas wie ein Maskottchen, und – um ihn genau zu beschreiben – ein ganz persönlicher Schafspelz.
Wenn der Bursch nach seinem Besuch wieder fortging vom Haus seiner Liebsten, hängte er seinen Suba beim Tor auf und ließ ihn dort hängen. Kam er tags darauf wieder und der Suba war immer noch beim Tor, dann

war der Bursche unerwünscht und der Eintritt war ihm verboten. War der Schafspelz aber weg, dann konnte er mit Recht in das Haus gehen.

Der Sohn des Glöckners ging also zur Tochter des Dorfvorstehers. Sechs Jahre lang ging das so. Als er aber seine Liebste wieder einmal aufsuchen wollte, hing sein Suba draußen am Tor. Jetzt wusste er, dass er ab sofort hier nichts mehr verloren hatte. Und wenn er eins und eins zusammenzählte, wusste er auch, warum: Er war zu arm für die Tochter des Schulzen. Darum wollte ihm der seine Tochter nicht geben.

Wehen Herzens kehrte der Bursch nach Hause zurück. Voller Kummer setzte er sich hin und zerbrach sich den Kopf: Was sollte er nur tun?

Da tauchte mit einem Mal ein steinalter Mann vor ihm auf. »Mein Sohn, hänge nicht weiter deinen trüben Gedanken nach, sondern pack dich zusammen und mach dich auf!«, sagte der Greis zu ihm. »Geh so lange gegen Osten, bis du zu einem ausgetrockneten Fluss kommst. Dort biegst du links ab und ziehst weiter, so lange bis du vor einem großen Felsen stehst. Bei dem setz dich hin und warte, bis der erste Abendstern zum Vorschein kommt. Wenn du den siehst, klopfe auf den Felsen. Und was immer danach geschieht und passiert: Lass dich nicht schrecken! Es wird dir kein Leid geschehen. Das verspreche ich dir.«

Gleich darauf war der Alte wieder verschwunden. Der Bursche aber überlegte nicht lange. Er folgte dem Rat des Alten und ging so lange, bis er vor dem Felsen stand. Dort setzte er sich nieder und wartete auf die Nacht.

Während er so saß, flog immer wieder ein kleiner weißer Vogel hin und her. Der Bursch haschte nach ihm, erwischte ihn aber nicht. Ein zweites und ein drittes Mal versuchte er, den Vogel mit der Hand zu fangen. Der kam ihm immer wieder aus. Einmal aber erhaschte der Bursch im Greifen eine Feder. Neugierig betrachtete er sie, strich mit der Hand darüber und auf wundersame Weise wurde aus der Feder ein Schlüssel.

Die Sonne war inzwischen untergegangen. Der Abendstern kam heraus. So klopfte der Bursch mit dem Schlüssel dreimal gegen den Felsen. Eine Tür ging auf. Eigenartig. Die war vorher nicht zu sehen gewesen.

Neugierig trat der Bursch ein und erreichte einen Gang. Plötzlich war ein Bellen zu hören. Dutzende Hunde rannten ihm entgegen und fletschten die Zähne. So wild sie sich auch gebärdeten: Er dachte an das, was der Alte gesagt hatte, fasste sich ein Herz und ging entschlossen weiter. Da liefen die Hunde winselnd zur Seite.

So kam er zu einer Tür. Die war verschlossen. Also versuchte er, sie mit dem Schlüssel zu öffnen. Und wirklich – der Schlüssel sperrte. So kam er weiter und durch eine Tür wieder in einen Gang.

Da waren Löwen. Die brüllten laut auf, als sie ihn sahen. Wieder dachte der Bursch an das, was der Alte gesagt hatte. Er fasste sich ein Herz und zeigte keine Angst. Entschlossen ging er weiter und kam in ein großes Zimmer. Ausgang war hier keiner zu sehen. Nur der Eingang, durch den er gekommen war.

Verwundert schaute er sich um. Da platzte von oben ein Goldregen auf ihn herunter. Was für ein Glück!

Schnell raffte er zusammen, was er vom Gold in die Hände bekam. Sein Felleisen hatte er mit. Das war so groß wie ein Ranzen. Da hatte reichlich Platz. So steckte er das Gold da hinein. Auch die Hosentaschen packte er so voll, wie er nur konnte. Immer noch nahm der Regen kein Ende. Unauf-

hörlich prasselte das Gold auf ihn nieder. Bald stand er bis zum Bauch in Gold, dann bis zur Brust, schließlich ging ihm die glänzende Pracht schon bis zu den Schultern. Da fiel ihm der Schlüssel ein.

Durch das viele Gold vermochte er sich kaum mehr zu rühren. So gut er noch konnte, schlug er mit dem Schlüssel hin und her. Das half. Der Goldregen versiegte.

Jetzt ging eine Tür auf und drei Mädchen schauten bei der Tür herein. »Warum bist du gekommen? Willst du mich holen?«, rief eine von den dreien. – »Nein!«, sagte der Bursch. »Ich bin um einen Schatz gekommen!« – »No«, sagte sie, »Schätze kriegst du, so viel du willst. Mich aber sollst du lieben!« – »Frau brauche ich keine auf der Welt, denn die eine, die ich liebe, habe ich schon. Aber Geld habe ich keines und so wollen mir ihre Eltern auch die Frau nicht geben!« – »Also liebst du mich nicht!?«, fragte das Mädchen noch einmal. – »Nein!« Darauf verschwanden die drei so schnell, wie sie gekommen waren.

Der Bursche aber steckte immer noch fest. Was er auch machte: Es gelang ihm einfach nicht, sich aus dem Gold zu befreien. Er steckte drin fest. Selbst mit aller Kraft konnte er nicht heraus.

Nach einer Weile tauchte die, die ihn angesprochen hatte, wieder auf: »No«, sagte sie, »liebst du mich denn wirklich nicht?« – »Nein!« – »Hör zu!«, sagte sie drauf. »Ich werde dich beschenken. Nimm an Schätzen, was du willst. Es soll dir gehören. Wenn du mich aber schon nicht lieben kannst, dann lehre mich wenigstens, wie es ist, jemanden zu lieben! – Du hast die Löwen und die Hunde gesehen. Sie waren hinter mir her und wollten mich zur Frau. Ich aber habe keinen von ihnen geliebt und sie deshalb in Tiere verwandelt. Wenn du mich lehrst, jemanden zu lieben, dann schenke ich dir drei Wagenladungen Gold. Und wenn du noch mehr brauchst, dann kannst du zu mir kommen, wann immer du willst, und du wirst es erhalten.«

Das Schlimme war: Sie konnte deshalb niemanden lieben, weil sie überhaupt nicht lieben konnte. Nur ihn, den Glöckner-Burschen, hätte sie gerne gehabt.

Der Bursche überlegte. Das Gold lastete schwer auf ihm. Von selbst kam er sicher nicht frei. Schließlich sagte er: »Hilf mir heraus und komm mit mir ins Freie.« So half sie ihm aus dem Gold.

Unter freiem Himmel befahl er ihr: »Jetzt verwandle alle diese Tiere zurück in Menschen.« Das geschah. Im Handumdrehen stand ein Haufen junger Männer auf der Wiese. »Sag ihnen, dass sie sich in einer Reihe aufstellen sollen.« Auch das geschah.

Darauf nahm er sie bei der Hand und führte sie an den Männern entlang. »Schau einem jeden von ihnen in die Augen. Achte darauf, wie stark nach all dem, was du ihnen angetan hast, das Feuer der Liebe noch immer in ihnen lodert. Den, der dir der Liebste ist, umarmst du. Gib ihm einen Kuss so innig und so saftig, dass sein Herz weich wird, selbst wenn es aus Stein wäre. Durch den Kuss wird das Feuer seiner Liebe auch auf dich überspringen.«

Die Jungfrau wusste nicht, war es aus Neugier, Ungeduld, Lust am Spiel oder doch aus einer tiefen Sehnsucht heraus. Sie tat einfach das, was er ihr geraten hatte. So fand sie wirklich einen, der ihr Herz zum Hüpfen und ihre Liebe zum Lodern brachte.

Der Glöckner-Bursch aber fuhr als reicher Mann mit drei Wagenladungen voller Gold heim. Erst mitten in der Nacht kam er nach Hause. Die Glocken schlugen an. Es brannte im Dorf. Das Haus des Dorfvorstehers stand in Flammen. Leute liefen kreuz und quer herum.

Der Dorfvorsteher selber wusste vor lauter Aufregung und Verzweiflung nicht, was er tun sollte: »Meine Tochter!«, rief er. »Rettet meine Tochter! Sie liegt krank in ihrer Kammer!«

Mit einem Satz war der Glöckner-Bursch mitten in den Flammen. Den

Weg zur Kammer seiner Liebsten wusste er nur zu gut. Geschwind packte er sie samt den Decken und gab sie beim Fenster hinaus.

»Mein Sohn«, sagte da der Dorfvorsteher, »wenn du schon meine Tochter gerettet hast, dann rette auch mein Geld!« – »Das brauchst du jetzt nicht mehr!«, lachte der Glöckner-Bursche, »aber wenn du es schon willst, dann hol es dir doch selbst!«

Da begann der Alte laut zu jammern und zu klagen: »Meine Tochter ist gerettet, aber unser Leben ist ruiniert! – Ich bitte euch, ihr Leute, rettet meinen Besitz! Rettet meine Habe! Es wird sich für euch lohnen.« – »Hör auf zu jammern!«, sagte der Bursch. »Wenn du willst, dann bekommst du binnen einer Woche ein neues Haus. Eines, dass sich auf goldenen Rädern dreht.«

Da beruhigte sich der Alte, auch wenn er das, was ihm der Bursch versprochen hatte, nicht so recht glauben konnte. Immerhin gab der Dorfvorsteher jetzt seiner Tochter und dem Glöckner-Burschen seinen Segen. Mit einem großen Fest wurde Hochzeit gefeiert.

Nach dem Fest sagte sich der Bursch: »An Schätzen fehlt uns nichts, aber ich möchte doch sehen, ob das Versprechen gilt. Darauf ritt er wieder hinaus zu dem Felsen und bat die Frau: »Ich bin meinem Schwiegervater im Wort. Stell ihm binnen einer Woche ein neues Haus hin. Eines, das sich auf goldenen Rädern dreht. Ich bitte dich darum.«

»Geh ruhig nach Hause«, sagte die Frau. »Wenn du zurückkommst, wird das Haus schon stehen.«

Und wirklich – am Heimweg kam ihm sein Schwiegervater entgegen. Er konnte kaum fassen, wie er zu dem neuen Haus gekommen war. Es war wirklich aus Gold!

So lebten sie alle miteinander noch lange und vergnügt, und wenn sie nicht gestorben sind, dann leben sie wohl heute noch.

Von der Zaubermühle

Schon in den alten nordischen Überlieferungen taucht eine Zaubermühle namens Grotti auf. Die schicksalskundigen Frauen Fenja und Menja können mit ihr umgehen. Menschen haben damit ihre liebe Not. Durch sie mahlt die Mühle zuerst Gutes für Glück und Segen, danach aber Unheil. Helene Haidinger hat die alpenländische Fassung dieses alten Mythos um 1900 in Salzburg aufgezeichnet.

Vor langer, langer Zeit, wars gestern oder wars heut, da lebte einmal eine arme Witwe. Die hatte einen einzigen Sohn. Kaum, dass der den Kinderschuhen entwachsen war, beschloss er hinauszuziehen in die Welt, um sein Glück zu finden. Den Sohn fortziehen zu lassen, fiel der alten Frau freilich schwer. »Mein lieber Sohn«, sagte sie, »wer weiß, ob wir uns jemals wiedersehen werden. Aber gleich, was geschieht, um eines bitte ich dich: Vergiss mich nicht!« – »Ach, Mutter«, sagte der Sohn, »wie könnte ich dich je vergessen! – Aber du siehst ja selbst, wie hart das Leben hier ist und wie sehr uns die Not drückt. Ich mache mich auf, um mein Glück zu finden, und habe ich es gefunden, dann komme ich wieder zu dir zurück.« – Schweren Herzens gab die alte Frau ihrem Sohn den Segen. Jetzt war sie ganz allein. Oft saß sie in ihrem kleinen Haus beim Spinnrad und sagte sich: »Ach, wenn mein Bub doch wieder nach Hause kommen würde. Alles ist mühsam für eine alte Frau ohne Hilfe.«

Einmal saß die alte Frau wieder beim Spinnrad und war in Gedanken bei ihrem Sohn. Da ging die Tür auf – und wer kam herein? Ihr Sohn. Aus dem Knaben von einst war ein junger Mann geworden. War das eine Freude! Die alte Frau wusste ihr Glück kaum zu fassen. »Liebe Mutter«, sagte der Bursch, »die Sorgen sind jetzt vorbei. Ich hab etwas mitgebracht, das wird uns ein schönes Leben bescheren.«

Drauf holte er aus seinem Bündel eine alte Kaffeemühle hervor und stellte sie auf den Tisch. »Aber Bub«, sagte da die Mutter, »du willst mich wohl zum Narren halten. Gegen diese alte Kaffeemühle ist doch die unsere noch ein Schmuckstück.« – »Warte nur ab, Mutter«, sagte der Bursch. »Du wirst gleich sehen, was ich meine. Jetzt hab ich aber Hunger. Geh, mach uns doch einen Kaffee.« – »Den kann ich schon zustellen. Aber zum Essen habe ich nichts. Semmeln sind keine im Haus, und es hat kein Bäcker mehr offen.« – »Stell du das Wasser zu«, sagte der Sohn. »Ich sorge für die Semmeln.« Da schlurfte die alte Frau in die Küche. Bald darauf kam sie mit einem Topf voll Kaffee wieder zurück. »So, Mutter«, sagte drauf der Bursch, »zuerst machen wir die Vorhänge zu, damit keiner hereinschauen kann.« – »Was willst du denn machen, das niemand sehen darf?«, fragte die Frau. Der Sohn zog inzwischen die Vorhänge zu. Dann ging er zum Tisch, nahm die alte Kaffeemühle unter die Achsel und drehte an der Kurbel. Dazu murmelte er: »Mühle, Mühle, mahle mir, frische Semmeln für und für.«

Kaum, dass das letzte Wort verklungen war, ging die kleine Lade von der Mühle auf und eine Semmel nach der anderen hüpfte heraus. Als genug Semmeln auf dem Tisch lagen, sagte der Bursch:

»Mühle, Mühle, halte still, bis ich etwas and'res will.« Drauf ging die Lade der Mühle wieder zu.

Die alte Frau konnte kaum glauben, was sie da gesehen hatte. »Wie hast du denn das gemacht?«, fragte sie den Sohn. »Du hast es selbst gesehen, liebe Mutter. Die Mühle mahlt alles, was man will. Aber eines musst du mir versprechen: Verrate niemandem unser Geheimnis. Sonst ist es schnell aus mit dem Frieden im Haus, wenn die Leute rundum wissen, welche Zauberkraft unsere Kaffeemühle hat.« Das Versprechen fiel der Mutter freilich leicht.

Die zwei hatten jetzt ein gutes Leben. Der Bursche war ein fleißiger Mann, und die Mutter saß auch weiterhin viel beim Spinnrad und machte ihre Arbeit. Was sie sonst noch brauchten, verschaffte ihnen die Mühle. Ein ums andere Mal hieß es: »Mühle, Mühle mahle mir, Golddukaten für und für«. Und schon sprudelte Gold aus der Mühlenlade. So brachten es die zwei zu einem bescheidenen Wohlstand. Weil sie aber selbst wussten, wie hart es ist, wenn die Not drückt, darum gaben sie auch den Armen reichlich ab.

So ein gutes Herz hatte ihr Nachbar nicht. Der verjagte alle, die ihn um eine milde Gabe anbettelten, mit Schimpfen und Flüchen von seinem Haus. Ja, er drohte ihnen sogar Schläge an. Dem Nachbarn fiel auch auf, dass die alte Frau und ihr Sohn zu mehr und mehr Wohlstand kamen.

»Die haben doch früher selbst nichts gehabt als die schiere Not«, wunderte er sich, »aber seit der Junge zurück ist, geht es ihnen sichtlich besser. Jetzt haben sie sogar etwas für die Bettler übrig. Wer weiß, wie die zu ihrem Geld kommen!« Der Nachbar war nicht nur geizig, sondern auch ein rechter Neidhammel. Er beobachtete, wann immer er konnte, was die alte Frau und ihr Sohn machten. Er belauschte ihre Gespräche. Gingen sie fort, so schlich er ihnen mitunter nach. Vor allem den Burschen hatte er im Visier. Manchmal spähte der Nachbar auch beim Fenster hinein. Deshalb ärgerte es ihn immer besonders, wenn sie die Vorhänge zuzogen. »Die haben doch etwas zu verbergen«, sagte er sich: »Wer weiß, was die hinter verschlossenen Vorhängen treiben? – Welcher normale Mensch zieht am Tag die Vorhänge zu? Da stimmt etwas nicht.« Einmal hatte die alte Frau die Vorhänge schlampig zugezogen. Ein Spalt blieb offen. Da sah der Nachbar, wie der Bursch die Mühle in die Hand nahm, zu kurbeln begann und murmelte: »Mühle, Mühle, mahle mir, Golddukaten für und für!« Gleich darauf sprudelten blanke Golddukaten aus der Mühlenlade heraus. Jetzt war das Geheimnis gelüftet! Das war es, was der Nachbar sehen hatte wollen. Seine Augen funkelten vor lauter Habgier. »Die Mühle muss ich haben«, sagte er sich, »koste es, was es wolle.«

In den Tagen darauf war der Nachbar ausgesprochen freundlich zu der alten Frau und ihrem Sohn. Schließlich lud er sie gar zum Essen ein. Die zwei wunderten sich wohl, dass der sonst so unfreundliche Nachbar auf einmal so freundlich war. »Schön, dass der alte Grantscherben auf seine alten Tage auch noch sein Herz entdeckt«, meinte der Bursch. »Ja«, sagte seine Mutter, »besser spät als nie. Er hat sich und uns das Leben lang genug mit seiner unleidlichen Art vergällt.« Natürlich freuten sich die zwei über diese Einladung und folgten ihr gerne.

Der Nachbar bat sie in seinem Haus in den Keller. Da war in einem prächtigen Gewölbe die Tafel reich gedeckt. »Bitte setzt euch! Greift zu und lasst

es euch schmecken.« Die alte Frau und ihr Sohn waren baff über diese Einladung. Der Nachbar aber meinte, er müsse noch etwas holen, und huschte hinaus. Flugs eilte er hinüber ins Haus der Nachbarn. Die Mühle war schnell gefunden.
Aber was wünschen?
Er war Getreidehändler. So fiel ihm zuallererst Weizen ein. Ein paar Säcke davon und die Ausgaben für das Essen wären wieder zurückverdient. So schnappte er die Mühle, drehte an der Kurbel und sagte schnell: »Mühle, Mühle, mahle mir, viel Getreide für und für.«
Und schon ging die Lade auf. Getreidekörner über Getreidekörner sprudelten aus der Mühle. War das eine Freude! Der Nachbar holte schnell ein paar Säcke, um den Weizen gleich abfüllen zu können. Auch die Tür verriegelte er. Nur um sicherzugehen, dass ihn niemand störte. Unaufhörlich sprudelten die Körner aus der Mühle. Sack für Sack füllte er an. Bald war mehr als genug vom Weizen da. »Hör auf, Mühle«, sagte der Nachbar, »es reicht!« Aber die Mühle hörte nicht auf. Die Körner gingen ihm schon bis zu den Knien. »Es reicht!«, rief er noch einmal. »Mühle, es ist genug!« Weiter sprudelte das Getreide heraus. »Lass es sein, Mühle! Hör auf!« Sie hörte nicht auf. Zu seinem Schrecken versank er halb im Getreide. Ja, er kam nicht einmal mehr bis zur Tür. »Genug, Mühle! Hör auf mit dem Mahlen!« – Alles Rufen half nichts, gar nichts.
Im Winkel stand eine Hacke. Die schnappte er sich und hieb damit auf die Mühle ein. Ja, er hackte sie in der Mitte auseinander. Da waren es aber zwei Mühlen, die losprudelten – Getreide über Getreide! – Jetzt schrie der Nachbar schon aus Verzweiflung. Er brüllte mit aller Kraft: »Ach, hört doch auf! Aus! Aus! Aus! Genug gemahlen!«
Sein Glück, dass ihn die Nachbarn hörten. Dem Burschen war gewesen, als ob da jemand gerufen hätte. So war er herausgekommen aus dem Keller, auch um nachzuschauen, wo denn der Nachbar blieb. Das Rufen kam aus

ihrem Haus. Schnell lief er hin. Die Tür ist verschlossen! Das kann doch nicht sein. Mit Gewalt brach er sie auf.

Da schoss das Getreide heraus. Und dann kam der Nachbar zum Vorschein. »Nachbar, was machst du denn da?«, fragte der Bursch.

Der Nachbar winkte nur ab: »Ich danke dir. Aber was für eine Schande!«, sagte er zum Burschen: »Frag nicht und sag nichts!« Mit gesenktem Kopf machte sich der Nachbar auf und davon.

Der Bursch sagte sein: »Mühle, Mühle, halte still, bis ich etwas and'res will.« Dann holte er seine Mutter. Das Getreide war schnell herausgeräumt. Sie schenkten es dem Nachbarn. »Irgendwie gehört es ja dir«, lachte der Bursch. Der Nachbar aber war von dem Tag an ein anderer Mensch: Seine Habgier, der Geiz und der Neid waren wie verflogen. Über das, was geschehen war, wurde nicht mehr geredet. Das Leben war jetzt ein anderes. Immerhin hatten die alte Frau und ihr Sohn jetzt zwei Mühlen.

So haben sie alle noch lange und gut gelebt, glücklich sind sie auch gewesen, und wenn sie nicht gestorben sind, dann leben sie wohl heute noch.

Vom Wunderbaum

Unverkennbar sind in diesem Waldviertler Märchen die Anklänge an keltische Mythen und die Weltenesche Yggdrasil der germanischen Edda. Darauf weisen auch die hier im Dialekt noch erhaltenen Bezeichnungen der Wochentage nach keltischen Gottheiten hin, z. B. ist der Erida, der Dienstag, Tag des Gottes Erer oder Erex.
Theodor Vernaleken wurde es um 1860 in Niederösterreich zugetragen.

Es lebte einmal ein Bauer. Der hatte drei Söhne. Die älteren zwei waren geschickt, gescheit und tüchtig. Der Jüngste war aus einem anderen Holz geschnitzt. Hansl hieß er. Und nichts, aber auch gar nichts konnte der Hansl den anderen recht machen. Was er anpackte, ging schief. Warum? Das wusste er oft selber nicht. Es war halt so.

Der Vater versuchte ihm die Dummheit mit Schlägen auszutreiben. Aber das half erst recht nichts.

Einmal wuchs in dem Land ein Baum aus der Erde. Der wuchs immer höher und höher. Bald ragte er bis in die Wolken, ja, bis in den Himmel hinein. Kein Mensch wusste, welche Früchte dieser Baum trug – wenn denn da überhaupt welche waren.

Sogar in der Königsstadt redeten die Leute über den Wunderbaum. So hörte auch die Prinzessin davon. Zu gern hätte sie gewusst, welche Frucht denn da droben auf diesem Baum wachsen würde.

Aber sie war ja die Prinzessin. Das machte vieles sehr viel einfacher. So ließ sie verkünden: »Wer immer mir vom himmelhohen Baum eine Frucht bringt, soll reich belohnt werden.«

Auf das hin probierten viele, hinaufzukraxeln und vom Baum eine Frucht zu holen. Aber keine und keiner schaffte es. Die einen kamen bald wieder zurück, weil ihnen die Kletterei zu anstrengend geworden war. Andere fielen gar herunter. Wieder andere verschwanden droben am Baum auf Nimmerwiedersehen. Aber niemand brachte eine Frucht mit.

Schließlich hörten auch die drei Buben vom Bauern davon. »Das kommt uns recht«, sagten da die Ältesten. »Wir sind geschickte Baumkraxler. So gut, wie wir klettern, schaffen wir das bestimmt. Wir werden für die Prinzessin eine Frucht vom Baum holen.«

Frisch entschlossen machten sie sich auf den Weg und kraxelten auf den Baum hinauf. Aber der Weg war steil und weit. Irgendwann konnten auch die zwei Brüder nicht mehr weiter. Es war einfach zu anstrengend. Schließlich mussten auch sie klein beigeben.

Da sagte der Hansl: »Jetzt werde ich es wagen!« – »Was!?«, lachten da die zwei Älteren, »du willst das schaffen, was wir nicht zusammengebracht haben!?« – Auch der Vater meinte: »Bleib lieber zu Hause, Hansl. Deine Brüder sind viel gescheiter und geschickter als du. Wenn es die nicht geschafft haben, was willst denn du dann ausrichten!?«

Der Hansl machte sich nichtsdestotrotz auf und ging in die Stadt. Dort trat er vor den König und sagte: »Majestät, ich werde Eurer Tochter eine Frucht vom himmelhohen Baum holen.« – »Du willst das tun!?«, sagte da der König ungläubig. »Kühne Helden und stolze Ritter haben versagt, und jetzt kommt ausgerechnet einer wie du und will die Frucht holen?« – »Ja«,

sagte der Jüngste, »ich hole sie. Aber ich bitte Euch: Gebt mir dazu einen Rucksack mit Essen und Trinken, zwölf Paar hölzerne Schuhe, damit ich sie wechseln kann, wenn sie abgenützt sind, und eine Hacke aus Blei.«
Der König ließ ihm das alles bringen. Dann machte sich der Hansl auf den Weg.
Beim Baum warteten schon seine Brüder. »Schaut euch den an!«, spotteten sie, »was starke Männer nicht geschafft haben, das will er vollbringen?« Und sie rieten ihm ab: »Lass es gut sein, Hansl! So tollpatschig wie du bist, rutschst du beim Kraxeln bestimmt aus. Du fällst herunter und brichst dir ein Bein oder eine Hand, und – wenn es ganz dumm ausgeht – sogar das Genick!«
Aber der Hansl drehte nicht um. Fest entschlossen kraxelte er hinauf auf den Baum. »Ihr werdet sehen«, sagten die Brüder zu den umstehenden Leuten, »gleich fällt er wieder herunter.«
Aber der Hansl fiel nicht. Im Gegenteil: Er kraxelte und kraxelte und kraxelte. Bald war er so hoch droben, wie ein Kirchturm hoch ist. Unverdrossen kraxelte er weiter. Er kraxelte und kraxelte und kraxelte.
Gegen Abend kam er zu einer Höhle im Baum. Neugierig schaute er hinein. Da hauste eine steinalte Frau. Die war so alt, dass drin in ihrem Mund gerade noch ein Zahn wackelte. Buckelig war sie auch und die langen grauen Haare hingen ihr in Strähnen nach unten. »Ja, was willst denn du da, mein lieber Bub?«, fragte sie ihn.
»Ach, Großmutter, eine Frucht will ich holen vom Baum. Aber jetzt bin ich schon müde und erschöpft.« – »Dann komm nur herein«, sagte sie. Bei ihr bekam er zu essen und zu trinken. Auch ein Nachtlager richtete sie ihm. So schiach, also so hässlich, sie auch war, so freundlich war sie auch zu ihm.
In der Früh richtete sie ihm ein Frühstück. »Sag, Großmutter«, fragte er sie, »ist es noch recht weit bis zum Wipfel?« – »Das ist wohl noch ein

weiter Weg, mein lieber Bub. Ich bin erst der Monda, also der Montag, dann kommt der Erida, der Dienstag, danach der Midwo, der Mittwoch, der Pfingsta, der Donnerstag, der Freida, der Freitag, und der Såmsta, der Samstag. Erst wenn du über den draußen bist, dann wirst du sehen, was kommt.«

Da dankte er ihr für die Auskunft. Unverdrossen kletterte er weiter. Bald hatte er das erste Paar von den Schuhen durchgewetzt. Da ließ er sie hinunterfallen und zog sich neue an. Am Fuß vom Baum aber machten die Leute große Augen: Wie gewaltig die Schuhe aufschlugen! »Der muss schon weit oben sein!«, sagten sie.

Gegen Abend kam er wieder zu einer Höhle. Auch da hauste eine alte Frau drin. Sie war noch schiacher, also noch hässlicher als die in der ersten Nacht, aber auch sie war gut und freundlich zu ihm. Beim Frühstück fragte er sie: »Sag, Großmutter, ist es noch recht weit zum Wipfel?« – »Uuhh, mein lieber Bub, da hast du noch einen gewaltigen Weg vor dir«, sagte sie. »Und pass gut auf: Der Midwo ist kein Guter. Der ist ein Menschenfresser. Weh dir, wenn er dich sieht.«

So kraxelte er weiter. Hatte er ein Paar Schuhe durchgewetzt, so ließ er sie herunterfallen und zog neue an.

Gegen Abend kam er wieder zu einer Höhle. Vorsichtig schaute er hinein: Ein wilder Unhold war drin zu sehen. Den bedeckte über und über ein zottiges Fell. Gewaltige Hauer standen aus seinem Mund. Die Hände waren wie Pranken. Nein, mit dem wollte sich der Hansl nicht einlassen. Vorsichtig kletterte er um die Höhle herum, kraxelte und kraxelte und kraxelte, bis er endlich wieder zu einer Höhle kam. Dort lebte wieder eine Frau: der Pfingsta, also der Donnerstag. Bei ihr hatte er ein gutes Übernachten. Und nach ihr kam er zum Freida und zum Såmsta. Die waren alles uralte Frauen, eine hässlicher als die andere. Aber alle waren sie gut und freundlich zu ihm.

»Sag mir, liebe Großmutter«, sagte der Hansl schließlich zum Såmsta, »ist es noch recht weit bis zum Wipfel?« – »Es wird wohl noch ein schönes Stück sein«, antwortete sie.

So stieg er weiter. Aber jetzt war er schon müde und erschöpft. Alles tat ihm weh. Das letzte paar Schuhe hatte er durchgewetzt. Die bleierne Hacke war stumpf. Sollte er sich denn wirklich noch weiterschleppen!? – Er war schier am Verzweifeln – aber schließlich gab er sich einen Ruck und kraxelte weiter. Da tauchte vor ihm eine Mauer auf. Der Baum war hier heroben, weit, weit, weit über den Wolken, in eine Mauer hineingewachsen. Was jetzt!?

Da entdeckte der Hansl ganz in der Nähe eine kleine Tür. Zu der kraxelte er hin, hob sie wie einen Deckel und schlüpfte mit letzter Kraft hinein.

Aber was war das!? – Ohnmächtig sank er nieder. Als er wieder zu sich kam, rieb er sich die Augen: Strahlendes Licht blendete ihn. Er lag in einer goldenen Wiese. Goldene Blumen blühten da und goldene Kräuter. Goldene Schmetterlinge schwirrten herum. Nicht weit weg sah er goldene Hasen herumhüpfen und goldene Rehe äsen. Alles leuchtete golden. In der Ferne glänzten die Dächer und Kuppeln einer goldenen Stadt. Als er aufschaute, sah er jetzt den Wipfel vom Baum. Auch der war ganz und gar aus Gold. Und welche Früchte hingen da? – Goldene Äpfel!

Mit einem Mal war der Hansl wieder frisch und voller Kraft. Geschwind kraxelte er hin und pflückte einen von den goldenen Äpfeln. Wie der glänzte!

»Jetzt bin ich wohl im Paradies!«, sagte sich der Hansl. Ja, einige behaupten, dass es ihm dort oben so gut gefiel, dass er gleich oben blieb. In diesem Fall weiß ich es aber besser: Er kletterte wieder herunter, brachte der Prinzessin einen goldenen Apfel und wurde dafür reich belohnt. Mir aber erzählte er die Geschichte, und ich habe sie euch erzählt, damit ihr es auch wisst, das Märchen vom Wunderbaum.

Von der Jungfrau am gläsernen Berg

»Dem Volke treu nacherzählt«, schrieb Theodor Vernaleken 1891 unter seine »Kinder- und Hausmärchen«. Daraus stammt auch die nachfolgende Waldviertler Überlieferung aus Göpfritz an der Wild.

Es lebte einmal eine arme Frau. Die hatte einen Sohn. Der hieß Hans.
Einmal kam der Hans im Wald zu einem Teich. Kaum aber, dass er das Ufer erreichte, sprangen drei wunderschöne Frauen aus dem Wasser und warfen sich Federhemden über. Flugs verwandelten sie sich da in Enten und flogen schreiend davon. Die mittlere von den drei Frauen hatte dem Hans besonders gut gefallen. Aber jetzt war sie fort. Er überlegte hin und her, was er denn tun könnte, und wusste sich doch keinen Rat. So ging er nach Hause und erzählte seiner Mutter, was er gesehen hatte.
»Geh wieder in den Wald«, sagte drauf die Mutter, »und bau dir nahe am Teich eine Hütte. Dann siehst du gleich, wenn die Entenfrauen wiederkommen.«
Diesen Rat beherzigte der Hans. Unweit vom Teich baute er sich eine Hütte. Vor allem rund um den Neumond untersuchte er das Ufer des Teiches in der Früh und am Abend.
Als er sich gegen Abend wieder einmal zum Ufer schlich, sah er die drei Hemden dort liegen. Schnell schnappte er sich das mittlere und huschte zurück zur Hütte. Dort legte er es in eine Truhe.

Gleich darauf klopfte es an die Türe. Eine Stimme rief: »Ich bitte Euch, lasst mich ein! Ich habe mein Hemd verloren.« Aufgeregt sprang der Hans zur Türe, riss sie auf und stellte sich selbst dahinter.

Die Jungfrau trat ein. Sie schaute sich um. Auf dem Bett lag der Mantel vom Hans. Den warf sie sich über. Dann bat sie ihn um ihr Hemd. Vor lauter Verlegenheit wusste der Hans nicht so recht, was tun: Geben wollte er ihr das Hemd auf jeden Fall nicht.

Schließlich ging er, um seine Mutter zu holen. Am Weg fiel ihm ein, dass er vergessen hatte, die Truhe, in der das Federhemd lag, abzusperren.

Auf der Stelle machte er kehrt. Als er aber zur Hütte kam, waren die Tür und die Truhe offen – und die Jungfrau war fort. Auf dem Tisch fand er einen Zettel. Darauf stand mit goldenen Buchstaben: »Meine Heimat ist auf dem gläsernen Berg.«

Da gab's nicht viel zu überlegen. Gleich machte sich der Hans auf, um den gläsernen Berg zu finden. Kam er in ein Dorf oder eine Stadt, so fragte er laut, ob denn jemand wüsste, wo der gläserne Berg sei. Aber niemand konnte ihm eine Auskunft geben.

In einer Stadt kam er zu einem großen Haus mit einem Eckfenster. Dort schaute ein Mann heraus. »Wisst Ihr, wo der gläserne Berg zu finden ist?«, fragte er ihn. »Ich weiß es nicht, aber vielleicht weiß es einer meiner Knechte«, sagte der Mann. Er holte eine silberne Pfeife hervor und tat einen lauten Pfiff. Drauf kamen allerlei Tiere daher – Bären, Wölfe, Hirsche. Eines nach dem anderen fragte sie der Mann: »Weißt du, wo der gläserne Berg ist?« Die Antwort war immer die gleiche: »Nein, keine Ahnung!«

Schließlich humpelte ein alter Hase auf drei Füßen herbei: »Hast du eine Ahnung, wo der gläserne Berg ist?«, fragte der Mann ihn. »Den gläsernen Berg, den kenne ich wohl!«, murmelte der Hase. »Dann bring den Burschen hin!«, befahl ihm der Mann.

So hatte der Hans nun einen Führer, der ihm voraushoppelte und den Weg zeigte.

Als sie in einen großen Wald kamen, meinte der Hase: »Geh nur weiter geradeaus, dann wirst du den gläsernen Berg finden.« Sprachs und hoppelte auf und davon.

So marschierte der Hans alleine weiter. Bei einer Wegkreuzung sah er ein totes Pferd liegen. Dabei standen ein Bär, ein Wolf, ein Rabe und eine Ameise und stritten sich um den Leichnam. Als der Hans näherkam, redete ihn der Rabe an: »Du kommst wie gerufen. Sei so gut und teile du das Pferd unter uns. Unser Streit nimmt sonst kein Ende.«

Ohne lange zu reden, machte sich der Hans an die Arbeit. Zuerst schnitt er den Kopf des Pferdes ab und warf ihn der Ameise hin. »Du kriechst gerne in Höhlungen herum«, sagte er, »also nimm du den Kopf.« Dann brach er den Kadaver auf. Die Eingeweide bekam der Rabe, der Wolf die Knochen und etwas Fleisch und der Bär den Rest vom Fleisch. Damit waren alle zufrieden. Zum Dank gaben der Wolf und der Bär dem Hans ein Haar. Die Ameise steckte ihm ein Bein von ihr zu und der Rabe eine Feder. »Wenn du in Not bist, dann lege das Geschenk unter die Zunge, und du wirst dich in das Tier verwandeln, von dem du das Geschenk bekommen hast«, sagten die Tiere. Hans dankte ihnen und zog weiter.

Nach einer Weile bemerkte er weit vor sich ein Leuchten und Blitzen. Beim Näherkommen sah er: Das war der gläserne Berg. Vergnügt schritt der Hans umso schneller aus. Bald war er am Fuß des Berges angelangt. Hoch droben sah er ein Schloss. Dorthin musste er wohl hinauf.

Der Berg aber war spiegelglatt. So sehr sich der Hans auch mühte: Er fand einfach keinen Halt. Immer wieder rutschte er ab. Was jetzt? – Er legte das Bärenhaar unter seine Zunge und verwandelte sich in einen Bären. Mit seinen Pranken schlug er sich einen Weg. Krachend zersplitterte das Glas. Das riss ihm die Tatzen auf. Also versuchte er sein Glück als Wolf. Mit den

scharfen Zähnen wollte er sich festhalten. Auch damit kam er nicht weiter. Also verwandelte er sich in einen Raben und flog hinauf zum Schloss.
Ein Fenster war offen. Dort sah er seine Liebste. Gleich flog er hin zu ihr. Ein Purzelbaum – und er war wieder ein Mensch.
In der ersten Überraschung erschrak die Jungfrau, dann aber war die Freude umso größer: »Du hast es wirklich geschafft, hierherzukommen!«, staunte sie. »Noch steht dir aber eine schwere Aufgabe bevor! – Meine Mutter ist eine Hexe. Sie wird mich nicht so einfach freigeben. Du musst ihr so lange zusetzen, bis sie dir erlaubt, mich zu heiraten.«
Da überlegte der Hans. Was könnte er tun? – Gegen Abend verwandelte er sich in eine Ameise und kroch in das Bett, in dem die Alte schlief. Dann biss und soachte er sie. Er bespritzte sie also am ganzen Körper mit Ameisensäure. Drei Nächte ging es so. Am Morgen des vierten Tages erwischte sie ihn, als er gerade aus dem Bett kriechen wollte. »Ich weiß, dass du keine gewöhnliche Ameise bist«, sagte sie und verwandelte ihn wieder in einen Menschen: »Also? – Was willst du?« – »Ich bitte dich, gib mir deine mittlere Tochter zur Frau.« – »Du sollst sie bekommen, wenn du sie dir verdienst!«, sagte die Hexe: »Als Erstes musst du dieses Ei austrinken, ohne dass ein Loch zu sehen ist.« Drauf gab sie ihm ein Ei und ging fort.
Der Hans verwandelte sich wieder in eine Ameise, biss ein Loch in das Ei und trank es als Mensch aus. Dann verklebte er das Loch mit Kalk und brachte das Ei der Hexe. Erstaunt betrachtete die die Schale. »Gut«, sagte sie drauf, »zum Zweiten musst du binnen drei Tagen den Wald unterhalb vom gläsernen Berg fällen. Die Stämme musst du entästen, entrinden, zu Scheitern klieben, also spalten, und in Holztristen aufschichten.«
Als der Hans den großen Wald sah, da verließ ihn schon beim Hinschauen der Mut. Niedergeschlagen setzte er sich nieder und schlief ein. Als er erwachte, konnte er kaum fassen, was er sah. Verdutzt rieb er sich die Augen. Wo gerade noch der Wald gestanden war, lagen jetzt tausend Klafter Klein-

holz. Da hörte er mit einem Mal die Stimme seiner Braut: »Während du geschlafen hast, habe ich die Arbeit für dich gemacht. Ich werde dir auch bei der dritten Aufgabe helfen. Hab keine Angst und vertrau mir!«

Die Hexe staunte nicht schlecht, als er ihr das Holz zeigte.

»Morgen kommst du gleich in der Früh hierher!«, sagte sie, »dann heißt es, die dritte Aufgabe bestehen.«

Tags darauf stand der Hans zeitig in der Früh vor einem gewaltigen Holzhaufen. All das Holz, das er gespalten und geschlichtet hatte, lag auf einem großen Haufen durcheinander. Wie die Hexe das geschafft hatte, wusste er nicht. Jetzt aber zündete sie das Holz an. Schnell loderten die Flammen hoch auf.

»So, und jetzt spring mitten ins Feuer!«, sagte sie. »Tust du das nicht, dann bekommst du meine Tochter nicht zur Frau.«

Fest entschlossen nahm der Hans Anlauf, um ins Feuer zu springen, und rannte los. Aber je näher er kam, desto schlimmer wurde die Hitze. Seine Schritte verlangsamten sich. Schwitzend und mit rotem Kopf blieb er stehen. Er machte ein paar Schritte zurück. Sonst hätte ihm das Feuer wohl die Haare versengt.

Noch einmal nahm er Anlauf. Wie eine Wand schlug ihm die Hitze entgegen. – Wieder drehte er um. Mit aller Kraft versuchte er gegen die Gluthitze anzukämpfen, aber die Flammen loderten ihm schier unüberwindlich entgegen.

Plötzlich war ihm, als ob er die Stimme seiner Liebsten hörte: »Spring!«, rief sie: »Vertrau mir und spring! – Spring!«

Da fasste er sich ein Herz, nahm noch einmal Anlauf – und sprang mitten in die Flammen.

Weit schnellten die brennenden Scheiter auseinander. Der Hans aber blieb unversehrt. Wo ein Holzscheit hinfiel, erhob sich ein Haus. Statt mitten im Feuer stand er unverhofft in einer Stadt. Vor ihm ragte ein Schloss aus Karfunkelstein auf. Beim Tor erwartete ihn schon seine Liebste. War das eine Freude! – Bald darauf wurde Hochzeit gefeiert. Zum Fest ließ der Hans auch seine alte Mutter holen. Die hatte auf ihre alten Tage im Schloss ein gutes Sein.

Alle miteinander lebten sie noch lange und vergnügt, glücklich und zufrieden. Und wenn sie nicht gestorben sind, dann leben sie wohl heute noch.

Quellenverzeichnis

In diesen Sammlungen sind Fassungen von Erzählungen aus diesem Buch, aber auch viele weitere zu finden:

Österreichs Märchenschatz, ein Hausbuch für Jung und Alt, Karl Haiding, Wien, 1953
Sagen und Märchen aus Kärnten, Georg Graber, Graz, 1935
Tirols Volksdichtungen und Volksgebräuche, Ignaz und Josef Zingerle, **Kinder- und Hausmärchen**, Innsbruck, 1852
Kinder- und Hausmärchen aus Süddeutschland, Ignaz und Joseph Zingerle, Regensburg, 1854
Schwänke, Sagen und Märchen in heanzischer Mundart, J.R. Bünker, Leipzig, 1906
Weststeirische Sagen, Märchen und Schwänke, Walter Kainz, Graz, 1974
Kinder- und Hausmärchen, Theodor Vernaleken, Wien, 1900
Märchen aus der Steiermark, Romuald Pramberger, Seckau, 1946
Kinder- und Hausmärchen aus der Steiermark, Viktor von Geramb, Graz, 1941
Der Senavogel und andere Kärntner Märchen, Elli Zenker-Starzacher, Klagenfurt, 1975
Märchen und Schwänke aus Oberösterreich, Karl Haiding, Berlin, 1969
Alpenländisches Märchenbuch, Max Mell, Wien, 1946
Die Volksmärchen der Magyaren im südlichen Burgenland, Károly Gaál, Berlin, 1970
Die Sagen Vorarlbergs, Franz Joseph Vonbun, Feldkirch, 1950
Romani-Texte aus dem Burgenland, Johann Knobloch, Eisenstadt, 1953
Kroatische Märchen und Totenklagen aus Stinatz im Burgenland, Károly Gaál und Gerhard Neweklowsky, Zagreb, 1991
Österreichische Volksmärchen, Franz Ziska, Leipzig, 1906

Helmut Wittmann ist seit über 30 Jahren Märchenerzähler von Beruf. Auf seinen Antrag hat die UNESCO das Märchenerzählen in Österreich in das Verzeichnis des immateriellen Kulturerbes aufgenommen. Ein immaterieller Schatz des schöpferischen Denkens sind auch die Volksmärchen mit ihrer bildreichen Sprache und ihrer freundlichen Weisheit. Mehr unter www.maerchenerzaehler.at

Anna Vidyaykina ist Malerin, Illustratorin und tritt live mit Sandmalerei-Performances auf. Sie studierte Malerei und Animationsfilm an der Universität für angewandte Kunst Wien. 2014 gewann sie den internationalen Illustrationswettbewerb Notte di fiaba. Mehr unter www.vidyaykina.com

Für den Duft der weißen Rosen und die Engelsmusik in diesem Buch und für das fortwährende Märchen ihres Lebens dankt die Illustratorin Nikita Gerkusov, Marie Janssen, ihrer Familie und Freunden.

Nachhaltige Produktion ist uns ein Anliegen; wir möchten die Belastung unserer Mitwelt so gering wie möglich halten. Über unsere Druckereien garantieren wir ein hohes Maß an Umweltverträglichkeit: Wir lassen ausschließlich auf FSC®-Papieren aus verantwortungsvollen Quellen drucken, verwenden Farben auf Pflanzenölbasis und Klebestoffe ohne Lösungsmittel. Wir produzieren in Österreich und im nahen europäischen Ausland, auf Produktionen in Fernost verzichten wir ganz.

2020
© Verlagsanstalt Tyrolia, Innsbruck
Umschlaggestaltung und Layout: Tyrolia-Verlag,
unter Verwendung von Bildern von Anna Vidyaykina
Druck und Bindung: FINIDR, Tschechien
ISBN 978-3-7022-3868-1
E-Mail: buchverlag@tyrolia.at
Internet: www.tyrolia-verlag.at